U0794231

示范性职业教育新形态教材“十四五”建设项目 ——轨道交通

城市轨道交通车站设备运用

（智媒体版）

主　编　倪　伟
副主编　罗　闯　罗艺斌

西南交通大学出版社
·成　都·

图书在版编目（CIP）数据

城市轨道交通车站设备运用 ：智媒体版 / 倪伟主编
. —成都：西南交通大学出版社，2021.8
ISBN 978-7-5643-8205-6

Ⅰ. ①城… Ⅱ. ①倪… Ⅲ. ①城市铁路 - 车站设备 - 高等职业教育 - 教材 Ⅳ. ①U239.5

中国版本图书馆 CIP 数据核字（2021）第 165130 号

Chengshi Guidao Jiaotong Chezhan Shebei Yunyong
城市轨道交通车站设备运用
（智媒体版）

主　编 / 倪　伟
责任编辑 / 宋浩田
封面设计 / 吴　兵

西南交通大学出版社出版发行
（四川省成都市金牛区二环路北一段 111 号西南交通大学创新大厦 21 楼　610031）
发行部电话：028-87600564　028-87600533
网址：http://www.xnjdcbs.com
印刷：成都蓉军广告印务有限责任公司

成品尺寸　185 mm × 260 mm
印张　17　　字数　384 千
版次　2021 年 8 月第 1 版　　印次　2021 年 8 月第 1 次

书号　ISBN 978-7-5643-8205-6
定价　48.00 元

课件咨询电话：028-81435775
图书如有印装质量问题　本社负责退换
版权所有　盗版必究　举报电话：028-87600562

前 言

PREFACE

本教材是结合城市轨道交通专业人才培养方案，并在参考现有的城市轨道交通专业书籍和职业教育教材的基础上编写而成的。全书涵盖城市轨道交通车站设备的全部内容，分别为项目一，自动售检票系统的运行管理；项目二，电梯、自动扶梯的运行管理；项目三，屏蔽门系统的运行管理；项目四，火灾自动报警系统的运行管理；项目五，低压配电及照明系统的运行管理；项目六，消防及给排水系统的运行管理；项目七，通风、空调与采暖系统的运行管理；项目八，综合监控系统的运行管理。在八个项目下，共有 17 个工作任务，全面介绍了城市轨道交通车站的自动检售票系统、电梯、自动扶梯、通风、空调及采暖、消防及给排水、配电及照明、屏蔽门、FAS 系统和 BAS 系统等各种设备的基本组成、内部结构、工作原理以及设备的操作运用和故障处理案例。

在教材编写过程中，通过专业调研，结合城市轨道交通职业岗位能力分析及岗位标准，按照工作过程系统化的开发方式进行编写，在教学的形式和教学的内容方面运用行动导向教学模式，采用项目教学、任务驱动、案例分析等教学方法，力求体现职业教育新理念，紧跟城市轨道交通行业发展，使教材内容保持一定的先进性和新颖性，体现 “工学结合”的职业教育新理念。教材以真实工作任务及其工作过程为依据设计的教学内容和情境，将职业工作岗位的综合素质培养融入教学中，科学安排和设置学习性工作任务，融教、学、做于一体，强调对工作过程知识的学习及理论与实践的结合。通过对工作任务的分析和实践达到对学生专业能力和实践能力的培养。通过本课程学习，培养学生的实际工作能力和职业素养，培养学生能运用资讯、决策、计划、实施、检查、评估的分析方法进行项目教学开发能力，为后续核心课程、定岗实习以及毕业后从事城市轨道交通职教工作打下坚实的基础。

全书编写分工如下：项目一由倪伟负责编写，项目二由方万鼎负责编写，项目三由曾洁负责编写，项目四由袁楷智、陈果负责编写，项目五由曾洁负责编写，项目六由袁楷智、陈果负责编写，项目七由马进先负责编写，项目八由何旭东负责编写。本书由贵阳职业技术学院倪伟担任主编；贵阳职业技术学院罗闯和深圳开放大学罗艺斌任副主编，协助全书统稿，完成课件制作、数字资源文案编写等工作。

本教材在体例设计上突破了传统教材的编写模式，强调理论与实践的结合，突出职业教育的实践性。教材每个项目的任务包含了学习指导、任务导入、知识准备、任务实施、知识拓展、案例展示、学习评估等模块。在编写中，尽量做到语言通俗易懂，图文并茂，重点突出。

因编者水平有限，书中有不妥之处在所难免，恳请广大读者给予指正。

编者

贵阳职业技术学院

2021 年 2 月

目　录

CONTENTS

项目一

城市轨道交通自动售检票系统

AFC 系统的基本构架
扫码观看

AFC 系统其他架构类型
扫码观看

AFC 系统设备管理
扫码观看

城市轨道交通系统中为旅客提供票务服务的设备及其背后支持它运作的一套庞大的系统被称为自动售检票系统，它是基于计算机、通信、网络、自动控制等技术，实现轨道交通售票、检票、计费、收费、统计、清分、管理等全过程的自动化系统，是城市轨道交通系统中的运营核心子系统。各类车票按一定规则进行初始化后，由自动售票机或人工售票机按乘客需求发售经赋值的车票，实现售检票的自动化。售出车票经进站检票机验证有效后，放行乘客进站。到达目的地车站后，乘客经由出站检票机验票出站。人工补票机可以对不能出站的失效车票所显示的信息进行处理。因此本项目从自动售票机、自动检票机、半自动售票机这三个自动售检票系统的终端设备的操作与管理来展开学习。

学习指导

学习指导书

名称	城市轨道交通自动售检票系统	
学习目标	知识目标	1: 了解城市轨道交通自动售检票系统的架构及各架构层的功能 2. 掌握城市轨道交通车票的类型及适用范围 3. 掌握自动售检票系统终端设备的种类及功能 4. 掌握自动售票机的工作模式 5. 理解自动检票机的工作原理，掌握自动检票机的工作方式 6. 掌握半自动售/补票机的功能、操作模式 7. 掌握 AFC 系统的日常运行管理制度 8. 掌握 AFC 系统终端设备的常见故障、故障原因及处理办法

续表

<table>
<tr><th>名称</th><th colspan="2">城市轨道交通自动售检票系统</th></tr>
<tr><td>学习目标</td><td>技能目标</td><td>1. 能叙述自动售检票系统各层次的主要功能
2. 能熟练地说出终端设备的内、外部结构
3. 能够熟练使用自动售票机购买单程票
4. 能够在自动售票机上熟练的进行记录查询、更换钱箱、补充硬币、补充单程票等操作
5. 能够对闸机进行票箱的更换
6. 能够在半自动售/补票机上熟练地进行售票、充值等操作
7. 能够正确处理自动售票机的常见故障
8. 能够正确处理自动检票机的常见故障
9. 能够正确处理半自动售/补票机的常见故障</td></tr>
<tr><td>学习内容</td><td colspan="2">任务一　自动售票机的操作与管理
知识准备：自动售检票系统简介，自动售票机功能、结构及工作模式
工作任务一　自动售票机的操作
工作任务二　自动售票机的日常维护
任务二　自动检票机的操作与管理
知识准备：自动检票机功能概述，自动检票机结构及工作原理、工作方式介绍
工作任务一　自动检票机的使用和操作
工作任务二　自动检票机的日常维护
任务三　半自动售票机操作与管理
知识准备：半自动售票机结构及功能描述
工作任务一　半自动售票机的操作
工作任务二　半自动售票机的日常维护</td></tr>
<tr><td>学习准备</td><td colspan="2">收集各个城市轨道交通运营公司自动售检票系统终端设备及车票相关资料，收集各个地铁公司自动售票机、半自动售/补票机的工作界面图</td></tr>
</table>

任务一
自动售票机的操作与管理

【任务导入】

自动售票机安装在地铁车站的非付费区内，用于乘客自助式购买单程票。通过该任务的教学，使学生掌握城市轨道交通车站自动售票机的外观、内部结构及其可实现的功能。

【知识准备】

AFC 结构扫码观看

一、自动售检票系统简介

自动售检票系统（AFC），全称 Automatic Fare Collection，是基于计算机、通信、网络、自动控制等技术，实现轨道交通售票、检票、计费、收费、统计、清分、管理等全过程的自动化系统，是城市轨道交通系统中的运营核心子系统，该系统综合了机械、电子、通信、计算机等学科，替代传统的人工售检票，实现了地铁运营环境中售票、进站检票、出站检票、票务数据统计和处理等环节的自动化，杜绝了人为因素的影响，体现了地铁票务管理的现代化水平，同时也极大地方便了乘客。

二、城市轨道交通自动售检票系统架构

城市轨道交通自动售检票系统是处理城市范围内众多轨道交通线路的售检票业务，涉及路网业务、线路业务、车站处理、终端处理和车票媒介等方面的内容。根据业务和应用，自动售检票系统架构的参考模型包括五个层次，它们分别是：第一层，轨道交通清分中心；第二层，线路中心计算机系统；第三层，车站计算机系统；第四层，车站终端设备；第五层，车票。自动售检票系统架构图如图 1.1.1 所示。

（一）轨道交通清分系统（ACC）

轨道交通清分系统负责对整个路网进行运营管理和票务管理，包括车票管理、车票发行、票务清分、票务结算、财务管理、运营参数管理、安全管理、报表统计、运营模式管理、运营监控、票务监控监视、系统维护以及与外部接口交换数据等。

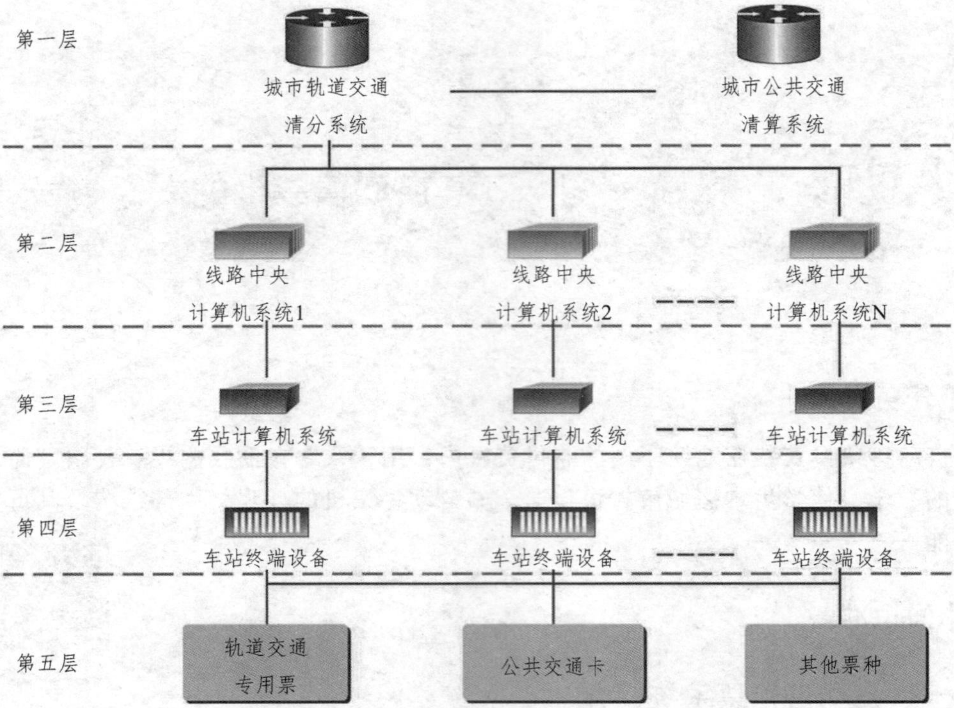

图 1.1.1 自动售检票系统架构图

（二）线路中心计算机系统（LCC）

线路中心计算机系统具有对本线路区域内的 AFC 系统设备进行监控、票款清算、对账、数据审核、设备维护、管理等功能，具体如下：

（1）接收 ACC 下载的车票种类、票价表、运营模式等参数并通过 SC（车站计算机系统）下载到 AFC 车站终端设备。

（2）能自动采集各车站上传的各种交易数据，产生各种报表。审计每站每日票务、核准所售票值及现金数额、统计分析票务数据、客流分析、财务记账和结/转账管理，查询和报表处理，完成与 ACC 清算对账和收益管理工作，为运营管理决策提供有效依据。

（3）运营管理：对 AFC 车站终端设备进行管理，下载运营参数、运营模式、控制参数、同步时钟、黑名单等，含操作权限和设备运行状态监控等，并能建立维修档案、向维修部门提供各车站 AFC 车站终端设备故障报警信息和故障类型。

（4）通信处理：线路中心计算机系统通过通信专业的通信传输网与各车站计算机进行数据传输及交换。

（5）时钟校对功能：能接收清分中心下载的时钟信号、自动校对本地主机时钟，同时实时下发给各车站计算机系统。

（6）权限管理：设置工作站，管理和设置操作权限，负责系统内各层面操作权限的设置和管理。

（7）系统电源中断时，依靠 UPS（不间断电源）的供电，能保证系统在一定时间内正常工作。

（三）车站计算机系统（SC）

车站计算机系统是 AFC 系统中的重要组成部分，在整个 AFC 系统中，车站计算机系统负责对本车站内部的所有设备进行实时监控，并可对车站 AFC 系统的运营、票务、收益以及维修等功能进行集中管理。车站计算机能够收集、处理车站内各类数据，并上传到 LCC，接收 LCC 下传的各类系统参数，并下载到车站各终端设备；车站计算机可接收 LCC 下达系统各类命令，并下传到各终端设备，同时可根据需要自行向车站设备下达控制命令，并将该操作记录上传到 LCC。

（四）车站终端设备（SLE）

AFC 系统的服务功能主要是通过设置在车站现场的自动售检票设备来完成的，车站终端设备安装在各车站的站厅，是直接为乘客提供售检票服务的设备。按应用分类，车站终端设备主要包括自动售票机、半自动售票机、自动检票机、自动查询机等。车站设备布局如图 1.1.2 所示。

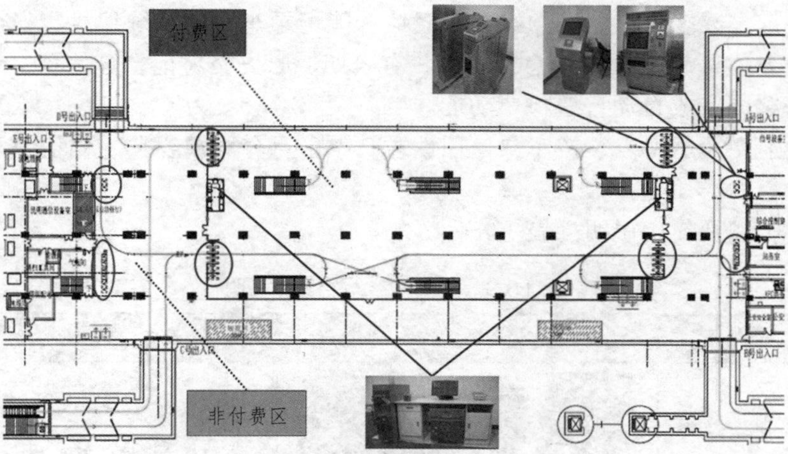

图 1.1.2　车站设备布局

1. 自动售票机（TVM）

TVM 被安装在非付费区内，主要用于乘客自助式购买轨道交通单程票及对轨道交通储值票进行充值操作，同时自动售票机通过车站局域网与车站计算机连接，接收有关参数及控制命令，同时上传有关的交易、现金、钱箱更换、票箱更换及设备状态等数据。

2. 半自动售票机（BOM）

BOM 为功能较全面的终端设备，设于车站客服中心。半自动售票机可以同时向付费区乘客提供售票服务和向非付费区的乘客提供补票服务，也可以只向付费区或非付费区乘客提供服务，具体根据其所在票亭的位置，通过不同的设置来实现其向乘客提供差异化功能。

3. 自动检票机（AGM）

AGM 包括进闸机、出闸机、双向闸机。自动检票机设在公共区付费区和非付费区的分隔带上。自动检票机满足乘客右手持票快速通过闸机，同时通过车站局域网与车站计算机连接，接收有关参数及控制命令，同时上传有关的交易、班次及设备状态等数据。在时段客流方向明显的车站，如果站厅面积狭窄，可根据实际情况设置可调的双向闸机。

4. 自动查询机（TCM）

TCM 安装在非付费区，主要是供乘客自助查看车票的信息及有效性，显示车票基本信息（票种、车票有效期等）及车票内记录的使用历史（交易类型、交易时间、交易地点、交易金额等），同时读取过程中不修改车票上的任何数据。

车票使用规定动画
扫码观看

（五）车票

车票是记录乘客乘车信息的媒介和载体，能记录车票的系统编号、安全信息、车票种类、个人信息、进/出站信息、金额、有效期、历史交易记录等信息，与车站售检票终端设备共同完成自动售票检票功能。

根据轨道交通的特点，按车票使用性质，票卡可分为单程票、储值票和许可票三大类。

各车票类型及使用说明见表 1.1.1。

表 1.1.1 车票类型及使用说明

车票类型		图标	使用说明
单程票	普通单程票		乘客购票时完成对票卡的赋值，当日当站、限时限距、出站回收。
	应急票		预先对一定数量的车票进行预赋值，在发生大客流时由工作人员人工发售
	出站票		出站时由半自动售/补票设备发售补票使用，发售当日当站有效，出站回收
储值票	普通储值票		包括记名储值票和不记名储值票
	优惠储值票		包括学生票、老年票等

续表

车票类型		图标	使用说明
储值票	纪念票		包括计次纪念票、定期纪念票和区段票
许可票	员工票		供轨道交通相关从业人员工作使用的车票
	工作人员票	 	由车站工作人员持有，仅限指定车站使用，不检查进出站次序。
	测试票	 	对自动售检票系统设备进行维护诊断用的特殊车票，只能在设备属于维护模式由维修人员测试设备时使用

三、自动售票机概述

自动售票机简称 TVM 机（TVM，Ticket Vending Machine），TVM 机设于车站非付费区，用于乘客自助式购买地铁单程票和对储值票进行充值，如图 1.1.3 所示。

图 1.1.3　自动售票机

四、自动售票机外观结构认知

自动售票机外部结构如图 1.1.4 所示。

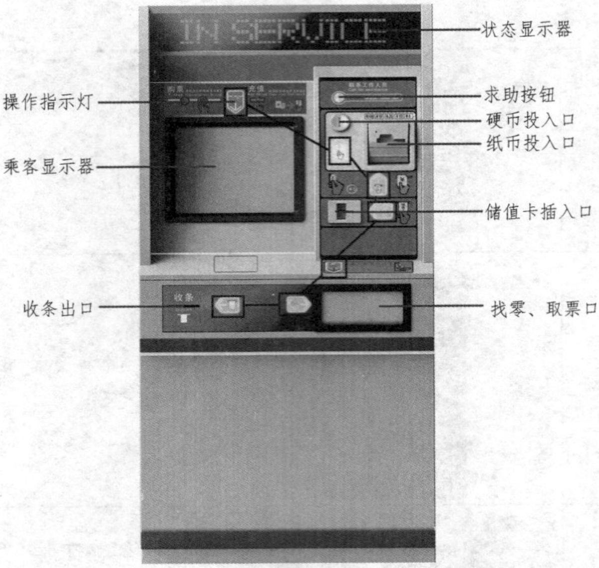

自动售票机外部结构扫码观看

图 1.1.4　自动售票机外观结构图

1. 状态显示器

显示设备的运行状态，如正常服务中、维修模式、暂停服务模式等。

2. 乘客显示器

轨道交通自动售检票系统中使用的自动售票机以液晶显示器作为乘客显示器，以触摸屏作为乘客的基本操作工具，来购买单程票或为储值卡充值。乘客显示器显示字体为中文，在需要时可选择用英文显示，显示语言类型作为参数设置。

3. 操作指示灯

在乘客购票或储值卡充值过程中给出提示信息。

4. 求助按钮

在自动售票机出现故障时，乘客通过求助按钮寻求帮助。自动售票机通信网络直通车控室，当乘客按下求助按钮时，车控制值班员得到信息通知站务人员到现场处理。

5. 硬币、纸币投入口

可以接受乘客投入的现金并自动完成识别，并安全存放。购买单程票时，根据中央计算机下发的参数决定接受纸币或硬币。

6. 储值卡插入口

可读取储值卡的相关信息，使乘客完成储值卡充值。

7. 找零、取票口

乘客购买完单程票后，自动售票机可自动计算乘客投入的现金数量及购票金额，自动找零，自动完成车票校验、车票发售及出票。

8. 收条出口

乘客为储值卡充值成功后，通过凭条出口取得相应收据。

五、自动售票机内部结构认知

自动售票机内部结构图如图 1.1.5 所示。

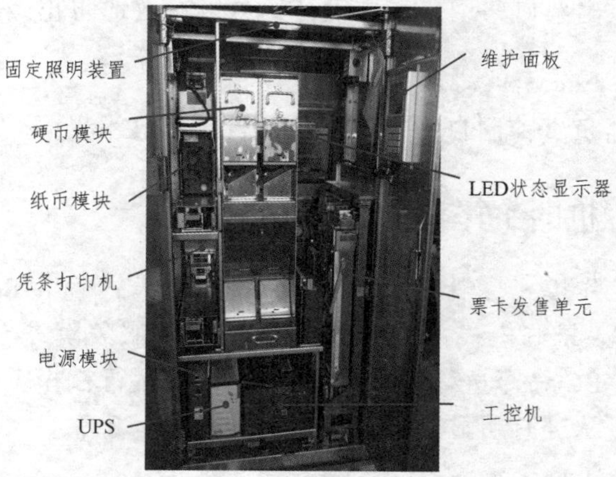

自动售票机内部结构扫码观看

图 1.1.5　自动售票机内部结构图

1. 工控机

TVM 机主控单元能一天工作 24 h，并能提供充分的指定功能。即使电源中断，数据也不会丢失。主控制器负责运行控制软件，完成车票处理、现金处理显示、数据通信、状态监控等功能。

2. 维护面板

维护面板如图 1.1.6 所示。其作用是提供车站管理人员对设备进行设备维护、故障诊断及参数设置等操作。维修人员根据需要，通过输入密码进入维修面板的维修系统进行维护。

3. 现金处理模块

现金处理模块包括硬币模块和纸币模块，通常包括入币口、传输装置、识别模块、暂存器和钱箱等部件。当现金通过入币口被送入识别器后，传输装置将钱币输送到识别模块，识别模块将对钱币进行面额和防伪标记的识别，合法的钱币将被送入暂存器，不合法(无法识别)的钱币将被退回给乘客。钱箱采用全密封的结构，通过两把安全锁来保证现金安全。

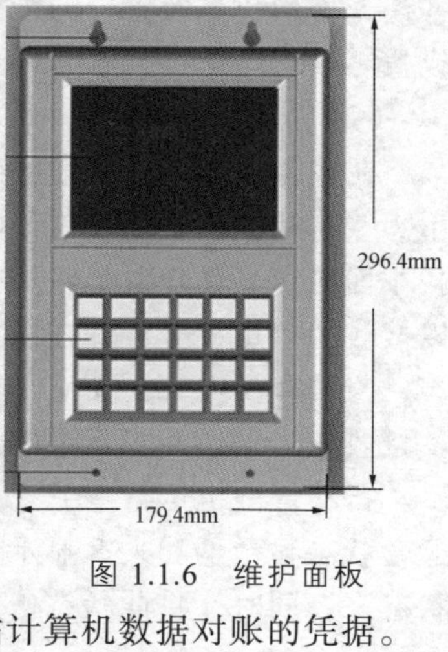

图 1.1.6　维护面板

4. 凭条打印机

凭条打印机具备打印结算报表的功能，报表是与车站计算机数据对账的凭据。

5. 电源模块

电源模块为自动售票机的运行提供电源，UPS 电源是不间断供电电源，保证车站在发生断电时自动售票机能完成最后一笔交易。

6. 票卡发售单元

票卡发售单元负责售卖单程智能 IC 卡车票，单程车票票额购票数量可选择，一次可出售多张车票，在出票口采用了特殊设计，可以有效地防止飞票情况出现。

7. LED 状态显示器

LED 状态显示器负责控制自动售票机的运行状态显示界面。

六、自动售票机的工作模式

自动售票机的工作模式一般有四种，分别是服务模式（In Service）、暂停服务模式（Out of Service）、维修模式（Maintenance）、关闭服务模式（CLOSE）。上述四种模式可通过 TVM 或 SC 命令进行设置与切换。TVM 运行在相应工作模式时，在运行状态显示屏和乘客显示屏有明显的提示信息。

（一）服务模式（In Service）

服务模式即指 TVM 处在正常状态，此时 TVM 具备完整的售票和找零功能。当其中某个与票款相关的模块发生故障时，TVM 将自动降级运营。此时按支付方式的不同又可分为下列几种模式。

1. 找零 / 无找零模式

（1）切换条件。

① 可通过参数或车站计算机系统下达的命令进行设置。

② 当找零装置中的纸币和硬币低于最少存币值时，自动售票机能自动转换为无找零模式；当找零装置中的纸币和硬币数量达到最少存币值时，自动售票机能自动转换成找零模式。纸币找零和硬币找零的最少存币量可通过参数进行设置。

（2）技术分析。

在找零模式下，自动售票机无论是接收硬币还是纸币均具备找零功能。纸币和硬币零钱将从同一找零口返还给乘客。找零策略是：先找纸币后找硬币，先找大面额后找小面额。自动售票机将根据当前找零资源、最大允许找零金额等数据，实时计算可以接收的钱币种类，并在乘客显示器上显示，引导乘客操作。

当乘客投入较大面额纸币，使找零金额超出最大允许找零金额时，自动售票机将不接收该纸币，并提示乘客使用较小面额纸币。最大允许找零金额可通过参数设置。

自动售票机运行在无找零模式时，可以接收硬币和通过储值卡进行交易，同时在运营状态显示器和乘客显示器上将有明显的提示，告知乘客当前设备运行在无找零的状态下。同时，将此状态信息上报到车站计算机系统。

2. 只收硬币模式

（1）切换条件。

① 可通过参数或车站计算机系统下达的命令进行设置。

② 当纸币接收装置不能继续工作（包括纸币钞箱满、发生故障、模块维护后未恢复到位等）时，自动售票机也将自动转为只收硬币模式。

③ 纸币找零存币量低于参数设置的最少纸币存币量时。

（2）技术分析。

在只收硬币模式下，自动售票机只接收硬币和储值卡，纸币投币口关闭，不接受纸币。

自动售票机以只收硬币模式运行时，在运营状态显示器和乘客显示器上将有明显的提示，告知乘客当前设备只能接收硬币。

自动售票机进入只收硬币模式时，将此信息上报到车站计算机系统。

3. 只收纸币模式

（1）切换条件。

① 可通过参数或车站计算机下达的命令进行设置。

② 当硬币接收装置不能继续工作（包括硬币钱箱满、硬币接收装置发生故障和维护后未恢复到位等）时，自动售票机也将自动转为只收纸币模式。

（2）技术分析。

在只收纸币模式下，自动售票机只接收纸币和储值卡，硬币投入口关闭，不接受硬币。

自动售票机以只收纸币模式运行时，在运营状态显示器和乘客显示器上将有明显的提示，告知乘客当前设备只能接收纸币。

自动售票机进入只收纸币模式时，将此信息上报到车站计算机系统。

4. 操作模式之间的转换

自动售票机可以接受乘客以硬币、纸币和储值票来进行支付，根据支付方式的不同，可以开户 7 种不同的操作模式，如表 1.1.2 所示。这 7 种操作模式包含了上文描述的“只收硬币模式”“只收纸币模式”。所有操作模式均可通过参数设置及车站计算机系统下达的命令进行设置。自动售票机运行在相应操作模式时，在运行状态显示屏和乘客显示屏有明显的提示信息。同时，将相应操作模式的状态信息上报到车站计算机系统。

表 1.1.2　7 种操作模式

序号	模式	纸币	硬币	储值票
1	正常模式	√	√	√
2	接收纸币、硬币模式	√	√	
3	接收纸币、储值票模式	√		√
4	接收硬币、储值票模式		√	√
5	只收纸币模式	√		
6	只收硬币模式		√	
7	只收储值票模式			√

（二）暂停服务模式（Out of Severice）

1. 切换条件

当自动售票机发生故障、票盒空或钱箱满不能继续提供服务时，自动售票机将自动转为暂停服务模式。自动售票机在下列条件下，进入暂停服务模式：

① 2 个票盒内的车票用完。

② 硬币、纸币和储值卡都不能接收。

③ 车票传输机构故障。

④ 其他故障。

2. 技术分析

自动售票机以暂停服务模式运行时，不再提供售票服务，在运营状态显示器和乘客显示器上将有明显的提示。故障排除后，自动售票机自动进入取消暂停服务模式，恢复售票服务。

自动售票机进入暂停服务模式时，将此信息（包括故障代码）报告车站计算机系统。

（三）维修模式（Maintenance）

1. 切换条件

（1）可通过参数或车站计算机系统下达的命令进行设置。

（2）通过自动售票机内部维护面板或移动维护终端进行设置。

2. 技术分析

在维护模式下，自动售票机停止售票服务，可以对自动售票机进行维护，查看或打印维护信息。

（四）关闭服务模式（ Close）

1. 切换条件

当接受到中央计算机系统、车站计算机系统启动关闭运行模式指令时，或每天运行结束后，自动售票机能自动转为关闭模式。

当接受到中央计算机系统、车站计算机系统解除关闭模式指令时，或每天运行开始后，自动售票机能自动解除关闭模式。

2. 技术分析

在关闭服务模式下，自动售票机停止车票发售，并自动进入节能状态，但自动售票机仍处于与车站计算机通信连接的状态。并可以报告自动售票机的运行状态和其他信息。

七、自动售检票系统终端设备运行管理制度

自动售检票系统是轨道交通路网中面向乘客，由其直接进行操作使用的自动化系统。为了确保 AFC 设备的运营可靠，严格控制维修质量，力争将故障消灭在萌芽状态，加强预防性维护保养力度，以保证 AFC 设备处于良好的运行状态。因此，科学地管理自动售检票系统的设施设备，使设备的维护管理工作有组织、有计划、有原则、有标准的进行，以达到统一服务标准和保证设备运行质量的目标，更好地为乘客服务，是城市轨道交通车站管理人员的必备技能。因此，本任务的主要学习内容为车站自动售检票系统终端设备的简单故障处理与维护。

自动售检票系统设备维修需贯彻预防与整修相结合，以预防为主的原则，建立日常、周期（计划）性维护保养结合专项整修的维护保养制度，严格控制维修质量，力争将故障消灭在萌芽状态，保证设备完好，确保系统的正常运行。

八、自动售检票系统的运行管理

（一）运行管理的任务和内容

1. 运行管理的任务

AFC 系统是城市轨道交通机电设备中承担客运组织的重要环节。对 AFC 设备的运行进行有效的管理，是城市轨道交通客运及票务组织有序、高效运作的前提保证。

（1）必须制定合理的设备运营管理方案，规范车站票务人员的操作。通过制定和完善 AFC 设备的操作手册、指引及流程，使得车站操作人员可以安全可靠地控制和科学管理车站设备，最大限度地利用 AFC 系统的功能为城市轨道交通运行服务。

（2）需要建立专门的 AFC 设备维护及维护队伍，加强对 AFC 设备故障处理的组织及研究，明确故障类型及等级的划分，保证系统设备良好的技术及经济性能。

（3）要加强对 AFC 系统的高科技含量的应用，利用系统提供的各种原始数据（数据库）、日志、审核、报警信息来提高城市轨道交通对安全事件的反应处理能力，保证乘客的人身安全和系统的收益安全。

（4）要加强对乘客使用设备的教育和宣传，让乘客了解票务政策和票价政策。熟悉设备的使用特性，爱护设备，维护设备的完整性。

2. 运行管理的内容

AFC 设备按功能权限不同大致可以分为中央系统维护人员、制票人员、票务审查及核对人员、车站督导员、车站售票员、车站维护人员等几个级别。其中，中央系统维护人员负责中央计算机系统各种设备的日常管理及维护；票务制票人员利用编码/分拣机对车票进行编码、赋值、分拣、注销等操作；票务审查及核对人员利用中央计算机系统的各个功能进行工作站票务收益的审查及核对工作；车站督导员及售票员负责车站设备的日常使用及管理；票务稽查人员会定期和不定期地对车站票务的运作情况进行抽检，根据公司的票务政策对票务违章或违规行为进行处理；车站维护人员负

责车站设备的维护，确保车站设备的正常使用。

另外，财务部门、营销部门、车务部门和稽查部门也可以通过中央计算机的工作站进行客流统计、票价分析、营收统计、客流断面分析、员工票使用分析等工作。

（二）运行管理组织及职责

（1）票务管理和维护部门职责。

负责 AFC 系统设备的运营维护，确保系统设备的正常运行；负责对系统设备的使用提供功能及技术上的支持；负责为票务相关的部门提供相应的设备运营数据；负责为公司在制定票务相关的政策和决策时，提供技术支持和专业建议；负责配合相关部门开展与“一卡通”管理中心的技术协调工作；负责制定 AFC 系统的操作手册、维护规程；负责对票务相关部门进行 AFC 系统新功能的操作培训。

负责车票的初始化、编码、赋值、注销等工作；负责售检票机的日常清洁维护工作和简单的故障处理；负责运营相关收益数据的核对、分析，产生每日的营收日报；负责依据 AFC 系统的功能，制定票务规章制度、作业程序；负责参与票务政策的制定工作。

负责 AFC 系统现场设备（包括 BOM、TVM、AGM、SC、TCM）的日常运作管理；负责车站 AFC 设备的表面清洁维护以及简单设备故障的处理。

（2）票务稽查部门负责从收益安全的角度审核整个 AFC 系统票务运作的程序以及 AFC 设备使用的稽查工作；负责 AFC 系统密钥的管理，AFC 系统参数的管理，黑名单车票的管理。

（3）营销调控部门根据市场的调研及 AFC 系统的实际运营数据，制定并完善公司票务政策；利用 AFC 系统的功能，适时推出针对票种、票价、优惠时段等方面的优惠促销活动。

（4）财务部门根据 AFC（包括城市轨道交通一卡通）系统的收益数据报表进行票款的结算，以及相应的收益分析工作。

（三）车站 AFC 设备的运行管理规定

1. 正常情况下车站的运行管理

车站设备的运作是通过系统的运作参数进行控制的，AFC 系统可以针对每个车站的每类设备设置开启、关闭的时间。同时，根据车站运作的需要，也可以通过车站计算机临时关闭某些设备。

每日运营开始前，车站人员对 TVM 进行补币、补票，然后 TVM 开始运营服务。在运营过程中，值班员通过车站计算机监视 TVM 内车票和现金的状况，并及时安排补票、补币。售票员也通过 BOM 进行售票、充值、乘客事务处理等工作。

在运营过程中，某一班次售票员下班后，应与下一班次售票员进行交接班，包括半自动售票机结算，车票、备用金交接；交接结束后，到票务部门（或收益部门）进行售票员本班次结算，票款上交等工作。运营结束后，车站人员进行设备盘点、回收车票及票款，将其上交至票务部门，售票员到票务部门（或收益部门）进行上交车票、备用金、票款及进行售票员本班次结算工作。

当设备发生故障时，车站人员通过 AFC 轮值人员通知 AFC 维护人员进行抢修。AFC 维护人员修理完工后将故障处理情况反馈给轮值人员，由后者对故障及处理情况、故障处理的人员、修复故障消耗的材料和备件、故障发生时间、故障修理完毕时间等进行登记，便于日后的维护统计。

2. 特殊情况下车站的运行管理

当车站出现突发客流、火灾等情况，或出现列车晚点、列车运行中断等情况时，车站可以将 AFC 系统设为以下几种降级运营模式中的一种或几种的组合来满足客运服务工作的需要。这些降级模式是：列车故障模式、紧急模式、进出免检模式、时间免检模式、日期免检模式、车费免检模式。

当车站 AFC 设备部分或全部发生故障，影响车站的正常运作时，车站人员需按照提前制定好的应急预案开展工作。同时维护人员根据相应的 AFC 系统重大故障处理预案进行故障抢修，保证车站 AFC 系统在尽可能短的时间内恢复运作。

3. 设备的维护保障

AFC 系统通过 AFC 轮值来进行维护的调度，可以第一时间将系统内发生的情况通报给票务主任及相应的设备工程师，同时轮值又代表票务主任行使维护调度的权利，这样就可以保证维护工作有序、高效地进行。

AFC 轮值通过 AFC 故障管理系统可以随时跟踪现场设备的故障情况和故障处理情况，保证了维护信息的快速、准确传递。AFC 故障管理系统记录了大量的维护数据，通过对这些数据的分析，可以掌握各种设备以及设备内的各个部件的运作性能，从而为科学、合理地安排设备及其部件的定期维护检修流程提供有益的参考，保证了对设备的科学维护。

票务管理部门应制定检修工的岗位职责和维护规程，并通过对员工进行维护技能、技巧以及设备重大故障应急预案的培训，来提高检修工的故障判断能力和故障处理能力。

九、自动售检票系统设备的巡视

AFC 系统车站级设备的巡视由 AFC 车站检修工完成，目的是了解车站自动售检票系统设备当前的现场运行状况，以便及时进行相应的维护工作。

（一）巡视的一般要求

巡视过程中发现故障时，如故障设备量少且对车站运营没有太大的影响，AFC 车站检修工可继续巡视且暂不处理故障；如故障设备多或对车站运营造成影响，则必须立即处理，具体的处理按照相应的自动售检票故障管理规则进行。

车站巡检工班至少巡视各自管辖的车站两次，早班在到达指定的车站后即开始对站内的设备状况进行巡视，巡视结果必须进行记录。巡视结束后与日班的同事一起对发现的故障进行处理；晚班在运营结束之前也要对站内的设备进行巡视，统计所有当日遗留未处理的故障数量并上报。

（二）巡视内容

1. 车站计算机的运行情况

① 查看车站计算机应用程序的运行状况。
② 检查车站计算机与中央计算机的通信。
③ 检查车站计算机与车站级设备的通信。
④ 检查车站计算机数据备份完成情况。
⑤ 通过车站计算机查看车站级设备的当前状况。

2. 进/出站闸机的运行情况

① 查看进/出站闸机的当前运行状况，包括故障设备数量、性质、分布等。
② 查看进/出站闸机的外部状况，包括乘客显示屏、指示灯的工作状况。
③ 询问车站相关人员设备的使用情况。
④ 随机选 1～2 台进/出站闸机，用员工票做过闸测试。

3. 自动售票机的运行情况

① 查看自动售票机的当前运行状况，包括故障设备的数量、性质、分布等。
② 询问车站相关人员设备的使用情况。
③ 查看自动售票机的乘客显示模块和触摸屏模块。

4. 半自动售票机的运行情况

① 查看半自动售票机的当前运行状况，包括故障设备的数量、性质、分布等。
② 询问车站相关人员设备的使用情况。
③ 查看各售票员操作显示模块和乘客显示模块。

【任务实施】

工作任务一　自动售票机的操作

自动售票机有外部和内部两种操作，外部操作指乘客购买单程票的操作，内部操作指车站票务人员进行加票操作、加币操作、清币操作、钱币箱操作。

一、购票操作

（一）购票操作区域

自动售票机正面操作区域分成三个部分，分别为选定票价区域、付费区域、取票区域。

1. 票价区域

选定票价区域即乘客显示器及触摸屏区域，位于前面板中部，乘客通过触摸屏选择目的车站、票价及购票数量。

2. 付费区域

付费区域位于自动售票机上部。具有纸币、硬币和储值卡插入、投币口。使乘客便于在一个区域内操作。

3. 取票区域

取票区域位于自动售票机下部，取票口内置照明灯，方便乘客取票和取找零。

（二）购票过程

乘客购票过程，可以分为三个主要流程：乘客选定票价流程、乘客付费流程、乘客取票流程。

自动售票机现金购票流程扫码观看

乘客购票流程示意图如图 1.1.7 所示。

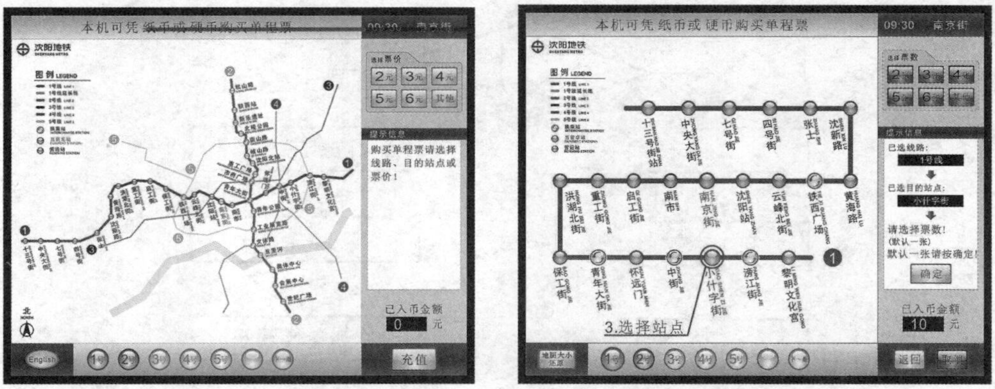

（a）

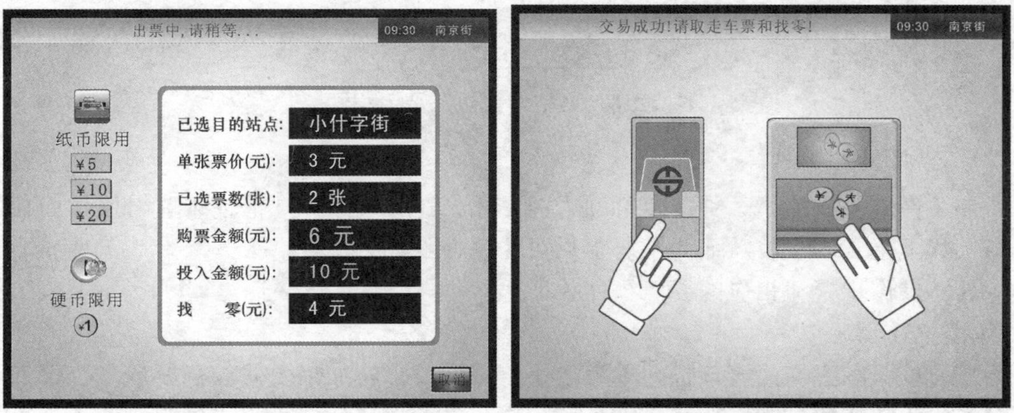

（b）

图 1.1.7 乘客购票流程示意图

对于图 1.1.8 的操作流程,熟悉地铁票价的乘客和不熟悉的乘客可以有不同的操作顺序。熟悉的乘客可直接选择票价和数量购买车票，以节约时间；不熟悉票价的乘客可以通过选择线路和目的站点的方式，帮助乘客得到票价信息完成购票。

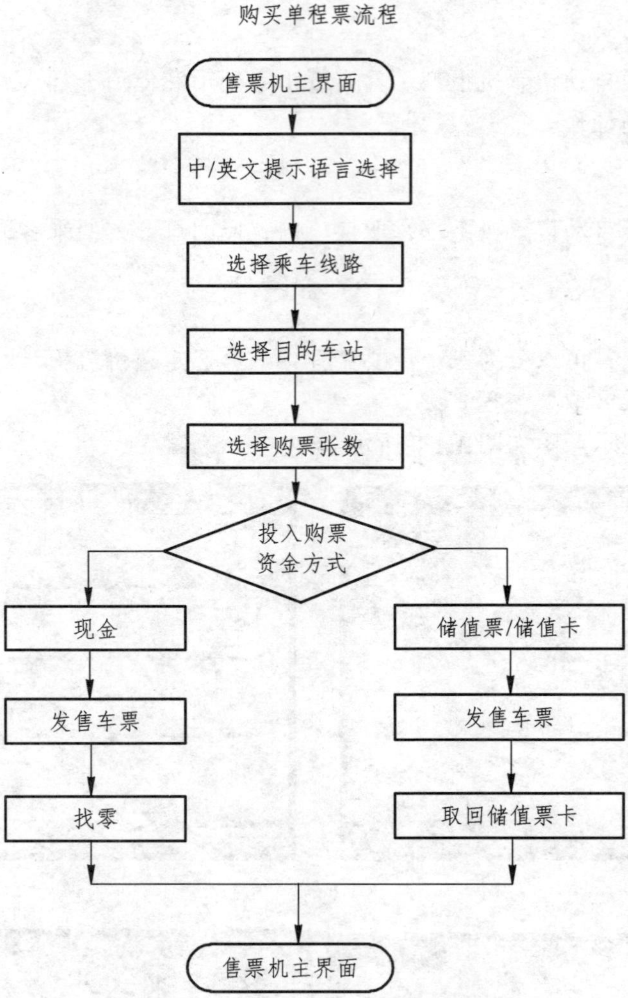

图 1.1.8　自动售票机购票流程图

1. 按票价购票

自动售票机提供了一种按票价购票的方式，这种购票方式能使乘客对操作面板的点击次数下降到一次，从而为乘客提供更为快捷的购票服务。

具体操作步骤和相应的界面描述如下。

（1）先选票后投币。

第一步，在主界面直接选择单程票票价，此时乘客如果要修改购票数量，可直接点击购买张数按钮，乘客在完成站点和购票数量的选择后，可投入硬币或纸币进行付款，界面如图 1.1.9 所示。

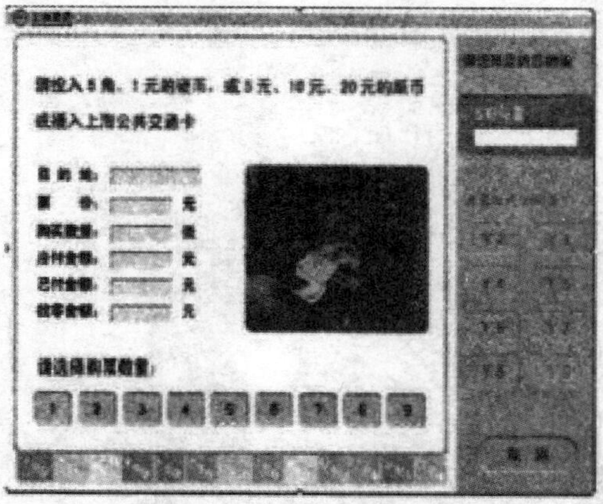

（a）投币

（b）出票界面

（c）取票和找零界面

（d）取消

图 1.1.9　按票价购票 ——先选票后投币

第二步，乘客投入购票款，可根据自动售票机状态显示器的提示，选择付款方式，如：硬币、纸币、硬币和纸币组合等。购票信息窗口实时显示乘客投入的购票款金额。当投入的购票款足够后，界面上“确定”按钮变为可选，乘客点击确定按钮后，自动售票机将自动完成出票，并计算找零。

第三步，出票完成之后，自动售票机显示屏弹出提示框提醒乘客取票和取找零，并结束购票流程。操作面板显示主界面，系统等待下一个乘客的操作。

若乘客在未投足购票款时要取消购票，则可在购票信息窗点击“取消”按钮，自动售票机将返还投入的所有购票款。

（2）先投币后选票。

第一步，在主界面直接投入纸币和硬币，设备直接显示所接收到的现金总数。

第二步，在主界面直接选择单程票票价。

第三步，此时用户如果要修改购票数量，可直接点击购买张数按钮，按确认按钮开始出票。

第四步，出票完成之后，自动售票机弹出提示框提醒乘客取票和取找零，并结束购票流程。操作面板显示主界面，系统等待下一个乘客的操作。

若乘客在未投足购票款时要取消购票，则可在购票信息窗点击“取消”按钮，自动售票机将返还投入的所有购票款。操作流程如图 1.1.10 所示。

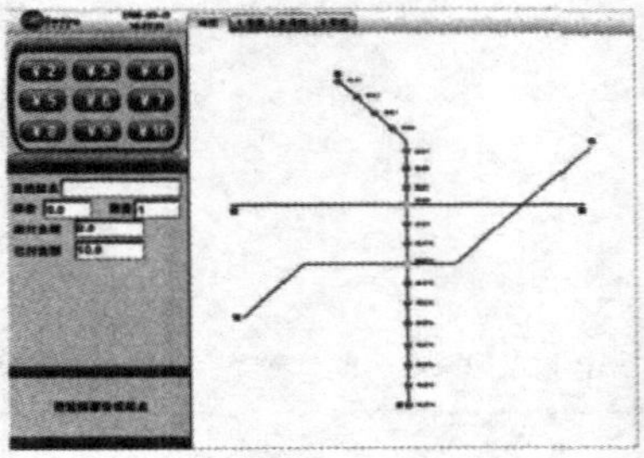

（a）先投币

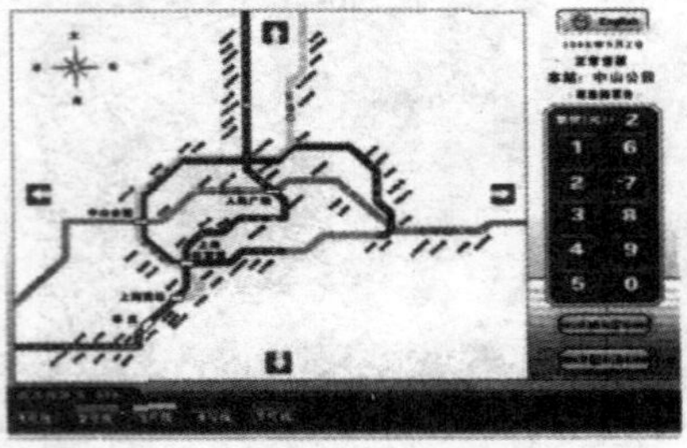

（b）选票价

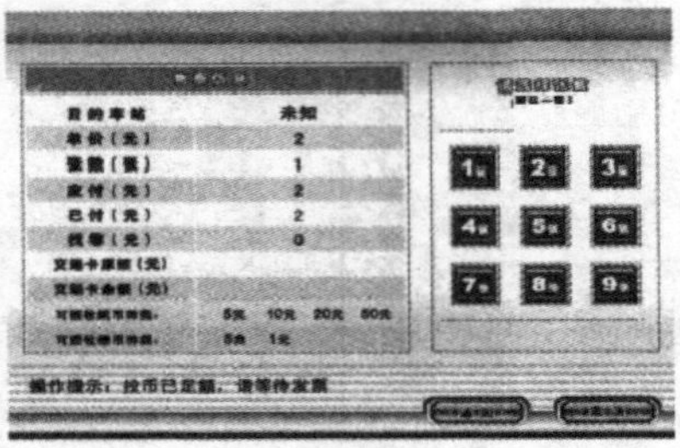

（c）出票界面

图 1.1.10　按票价购票 ——先投币后选票

2. 按线路购票

按线路购票的方式适用于熟悉地铁线路的乘客，用该方式进行购票的过程中，系统界面向乘客显示其所选择的线路图，使得乘客能够快速选择目的站点。除在选择站点界面上不同外，该方式的其他操作步骤和提示信息都与地图浏览购票方式一致。

（1）先选票后投币。

购票步骤和相应的界面描述如下：

第一步，乘客在主界面选择所要乘坐的线路按钮，站点显示区将显示该线路地图，乘客在线路地图中选择目的车站。如果此时乘客希望采用地图浏览购票的方式，可以点击地图按钮进行切换。

第二步，在站点选择区域选择目的地车站后，购票信息窗口显示所到目的车站的票价、数量（默认为 1 张）、应付金额，乘客此时如果要修改购票数量，可直接点击购买票数按钮。

第三步，乘客投入现金后，显示屏提示投入购票款。

第四步，乘客投入购票款，购票信息窗口显示乘客投入的购票款金额。当投入的购票款足够后，界面“确定”按钮变为可选，乘客点击确定按钮后，自动售票机将自动完成出票，并计算找零。

第五步，出票完成之后，自动售票机弹出提示框提醒乘客取票和取找零，并结束购票流程。操作面板显示待购票界面，系统等待下一个乘客的操作。

若乘客在未投足购票款时要取消购票，可在购票信息窗点击“取消”按钮，自动售票机将返还投入的所有购票款。

（2）先投币后选票。

第一步，在主界面直接投入纸币和硬币，设备直接显示所接收到的现金总数。

第二步，乘客在操作面板选择所要乘坐的线路按钮，站点显示区将显示该线路地图，乘客在线路地图中选择目的车站。如果此时乘客希望采用地图浏览购票方式，可以点击地图按钮进行切换。

第三步，在站点选择区域选择目的地站点后，购票信息窗口显示所到目的站点的票价、数量（默认为 1 张）和应付金额，用户此时如果要修改购票数量，可直接点击购买票数按钮。

第四步，乘客确认后，自动售票机将自动完成出票，并计算找零。

第五步，出票完成之后，自动售票机弹出提示框提醒乘客取票和取找零，并结束购票流程。操作面板显示主界面，系统等待下一个乘客的操作。

若乘客在未投足购票款时要取消购票，可在购票信息窗点击“取消”按钮，自动售票机将返还投入的所有购票款。

3. 按地图浏览购票

提高乘客的购票速度是用户接口设计所要考虑的一个非常重要的因素，应通过为乘客提供形象的地图引导，协助乘客快速找到目的站点，提供便利的购票指引。

操作步骤分为四步，乘客屏幕点击次数应小于三次。下面是详细购票步骤和相应的界面描述：

（1）先选票后投币。

第一步，乘客在主界面图点击自动售票机的地图区域，地图区域放大，此时乘客可以点击站点，或通过位移按钮调整显示区域并选择站点。

第二步，选择目的地站点后，购票信息窗口将显示所到目的站点的名称、票价、数量（默认为 1 张）、应付金额和提示信息，乘客此时如需要修改购票数量，可直接点击购买车票数量按钮。乘客按确认后进入投币画面。

第三步，乘客投入购票款，可根据自动售票机状态显示器的提示，选择付款方式，如：硬币、纸币、硬币和纸币组合等。购票信息窗口实时显示乘客投入的购票款金额。当投入的购票款足够后，界面“确定”按钮变为可选，乘客点击确定按钮后，自动售票机将自动完成出票，并计算找零。

第四步，出票完成之后，自动售票机弹出提示框，提醒乘客取票和取找零，并结束购票流程，操作面板显示主界面，系统等待下一个乘客的操作。

若乘客在未投足购票款时要取消购票，则可在购票信息窗点击“取消”按钮，自动售票机将返还乘客投入的所有购票款。

（2）先投币后选票。

第一步，在待购票界面直接投入纸币和硬币，设备直接显示所接收到的现金总数。

第二步，乘客在主界面点击自动售票机的地图区域，地图区域放大，此时乘客可以点击站点，或通过位移按钮调整显示区域并选择站点。

第三步，选择目的地站点后，购票信息窗口将显示所到目的站点的名称、票价、数量（默认为 1 张）、应付金额和提示信息，乘客此时如需要修改购票数量，可直接点击购买票数量按钮。乘客按确认后，自动售票机将自动完成出票，并计算找零。

第四步，出票完成之后，自动售票机弹出提示框，提醒乘客取票和取找零，并结束购票流程，操作面板显示主界面，系统等待下一个乘客的操作。

若乘客在未投足购票款时要取消购票，则可在购票信息窗点击“取消”按钮，自动售票机将返还乘客投入的所有购票款。

二、开机与关机操作

（一）开机准备工作

钥匙打开自动售票机后门，检查下列部件是否连接正常，安装是否到位。

① 纸币处理单元（包括纸币回收箱）。

② 硬币处理单元。

③ 纸币找零单元（包括纸币找零箱）。

④ 车票处理单元。

⑤ 票据打印机。

⑥ 工控机上各个串口。

⑦ 确认各个组件是否到位，并确认 220 V 电源连接是否正确。

（二）开机步骤

① 打开自动售票机总电源控制模块开关。

② 打开 UPS 后备电源。

③ 打开电源控制箱开关。

④ 打开工控机。

⑤ 打开工控机电源开关，启动操作系统，自动售票机的应用程序将会自动启动。在这个启动界面上，维护人员可以看到自动售票机的各个功能模块的自检状态，可以判断这些组件是否处于正常工作状态。当出现问题时，启动界面上会有明确的提示信息，可以帮助维护人员快速地确定故障部件，方便维护人员及时有效地排除故障。

（三）关机步骤

① 正确打开自动售票机的后门。

② 登录维护面板，输入关闭自动售票机命令。

③ 按照与开机相反的顺序，依次关闭工控机主机、电源控制箱、UPS、电源总开关。

（四）正确开关自动售票机门

1. 打开自动售票机门

使用钥匙打开自动售票机的后门，在参数设定时间内登录维护面板，输入维护人员的员工编号（ID）和密码，否则系统会发出报警声。操作步骤如下：

① 维护面板提示输入员工编号。

② 输入员工编号并按“Enter”。

③ 维护面板提示输入密码。

④ 输入密码并按“Enter”。

2. 关闭自动售票机门

操作步骤如下：

① 若使用过维护面板命令，请确认已经退出的维护模式。

② 将门把手推入钥匙孔中。

③ 对齐两扇门，用力将门推到位。

④ 转动钥匙，锁紧自动售票机门。

三、钱币操作

（一）硬币补币操作

（1）自动售票机检测到硬币找零箱内的硬币数量低于设定下限值时，则发送报警信号，通知工作人员补币。

操作步骤如下：

① 开门，在维护面板上正确登录 ID，

② 在维护面板输入补币指令。

③ 打开扣具，将整个硬币机构拉出。

④ 补币时，将补币箱放置在硬币找零单元上方，自动售票机自动记录钱箱的 ID，操作员将补币箱固定在补币箱座上并打开补币箱封门。当操作员旋转钥匙固定补币箱的同时，找零箱上部封门自动打开，硬币进入找零箱。

⑤ 补币完成后，可将补币箱取下，找零箱入口自动关闭。操作员此时可以旋转硬币封门锁关闭封门。整个操作过程，硬币处于封闭状态。

（2）自动售票机添加硬币的数量确认分两种操作：

① 需要操作员手工输入添加硬币数量。

操作步骤如下：

· 若是对 0.5 元硬币进行补币操作，则需要在维护面板上输入相应数量指令，手工输入 0.5 元硬币添加数量。

· 若是对 1 元硬币进行补币操作，则需要在维护面板上输入相应数量指令，手工输入 1 元硬币添加数量。

· 输入确认指令，并退出功能界面。
· 设备自动打印补币账单信息进行确认。

② 设备自动清点硬币数量。

操作步骤如下：
· 确认补币操作成功后，退出功能界面。
· 设备自动对添加 0.5 元硬币和 1 元硬币进行清点。
· 设备自动打印补币账单信息进行确认。
· 若无其他操作，关闭自动售票机门。

（二）硬币清币操作

找零通道备有币种选择装置，当自动售票机工作在正常运营状态下（默认状态）需要找零时，找零箱推出硬币待找零；当进行清币操作时，通道转换装置动作，硬币进入硬币钱箱，清币完成后，通道转换装置自动恢复到默认状态。

操作步骤如下：
· 正确登录。
· 在维护面板输入清币指令。
· 人工回收硬币回收箱的硬币。
· 设备自动打印补币账单信息进行确认清币数量。
· 若无其他操作，请关闭自动售票机门。

四、钱箱操作

（一）取出硬币回收钱箱操作

操作步骤如下：
· 正确登录。
· 使用封门钥匙关闭钱箱封门，取出硬币钱箱。
· 状态码显示钱箱已取出。
· 装入新的钱箱。
· 使用封门钥匙打开硬币钱箱的封门。
· 在维护面板上输入确认，退出。
· 若无其他操作，请关闭自动售票机门。

（二）打开硬币钱箱操作

硬币箱的硬币封门锁和箱盖开启锁采用互锁的方式进行保护，其中硬币封门锁只能做一次开关操作，完成一次开关操作以后，只有使用箱盖开启锁解开互锁机构后才能再次进行开锁操作。打开补币箱，即在加币的时候打开硬币封门加币，加完后关上硬币封门后将不能打开硬币门。开启锁则在任何时候都可以打开钱箱的上盖，添加或收取硬币。同时在封门锁开启一次被锁死以后，只有再次使用箱盖开启锁才能解开封门锁的锁死状态。

（三）更换纸币钱箱操作

纸币钱箱位于自动售票机内部中间靠右处，纸币识别器的下方。

纸币钱箱具有独立的电子标签和存储单元来记录钱箱的操作和纸币数据。

存储单元记录信息掉电不会丢失。移动或更换钱箱的操作需在正确登录后进行，否则自动售票机报警。

钱箱操作需进行钱箱登录，输入××登录，登录成功后需在 60 s 内完成钱箱取出或安装操作，否则自动退出。图 1.1.11（a）为纸币钱箱操作图。

步骤如下：

① 正确登录。

② 在维护面板选择相应菜单指令或输入相应指令。

③ 将拉杆从其固定位置拉开。

④ 使用钥匙打开钱箱固定锁，取下纸币钱箱。

⑤ 确认纸币钱箱上的状态孔中的颜色是否为红色，如图 1.1.11（b）所示。此时纸币钱箱不能再次固定在自动售票机中。

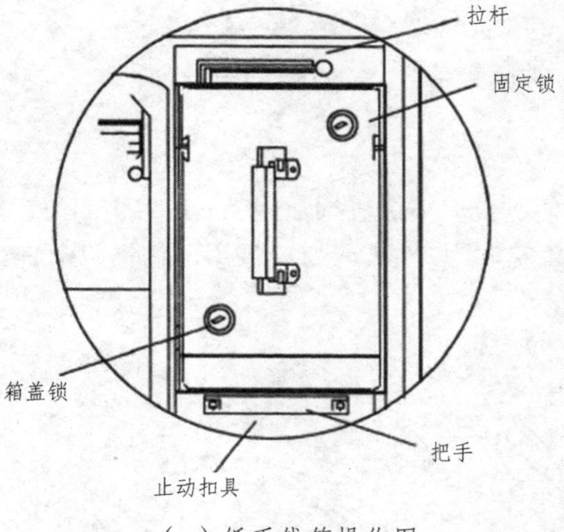

（a）纸币钱箱操作图

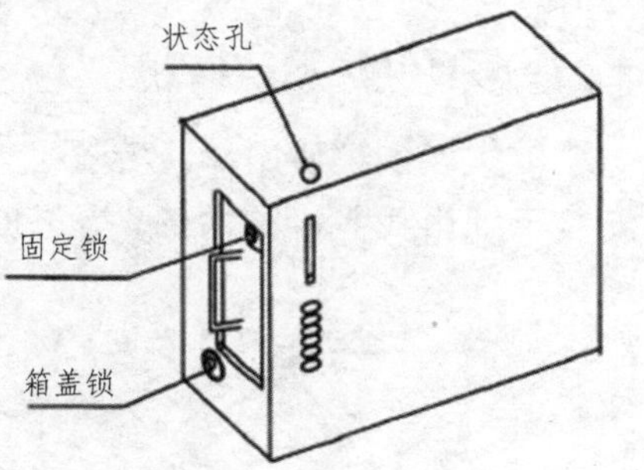

（b）纸币钱箱状态孔图

图 1.1.11　纸币钱箱

⑥ 状态码显示钱箱已取出。

⑦ 装入新的钱箱，确认其状态孔中的颜色是否为绿色，如图 1.1.11（b）所示，否则纸币钱箱将无法转动固定锁将其固定在机器中。

⑧ 转动固定锁将其固定在机器中。

⑨ 状态码显示钱箱已装入。

⑩ 装入钱箱并锁住。

⑪ 在维护面板上输入确认，退出维护模式。

· 若无其他操作，关闭自动售票机门。

（四）打开及关闭纸币钱箱操作

纸币箱具有双锁功能，一把用来取出钱箱，另一把用来打开钱箱。只有两把钥匙共同作用时，才可打开钱箱取出所保存的现金。当钱箱从自动售票机的存放座上取走时，钱箱的入币口能自动关闭，操作人员无法接触到纸币。此时再使用第二把钥匙即可把纸币钱箱打开。图 1.1.11（b）为纸币钱箱状态孔图。

其操作步骤如下：

① 确认纸币钱箱上的状态孔为红色。

② 使用箱盖锁钥匙，打开钱箱。

③ 此时若没有其他操作，请跳到第 10 步。

④ 若在第 2 步之后还转动过固定锁，状态孔中的颜色将变为红色，即使锁上箱盖以后也无法将钱箱固定在自动售票机中。

⑤ 在第 4 步之后，再次转动箱盖锁钥匙打开箱盖，使状态孔中的颜色变为绿色。

⑥ 转动箱盖锁钥匙，关闭箱盖。

⑦ 转动固定锁钥匙到底．使锁处在锁紧状态。

⑧ 转动固定锁钥匙到底，使锁处在开启状态。

⑨ 转动箱盖锁钥匙，开启箱盖。

⑩ 扣紧箱盖，转动箱盖锁钥匙，关闭箱盖。

（五）纸币找零箱操作

纸币找零钱箱使用导轨装置，方便更换。整体机构如图 1.1.12 所示，纸币找零钱箱安装于纸币找零机构内部，为了提高安全性，在其入口处采用不锈钢门锁将其封闭。

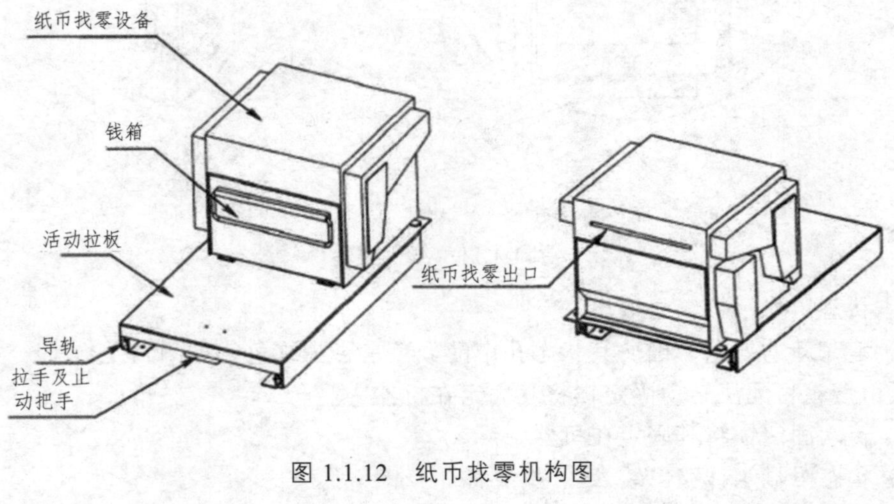

图 1.1.12　纸币找零机构图

1. 纸币找零钱箱取出

纸币找零箱底板安装导轨并具有止动把手。需要维护时可向上扣住止动把手将纸币找零单元向后拉出。纸币找零单元备 1 个纸币找零钱箱用于纸币找零，找零金额为单一的 10 元纸币，并可根据自动售票机需要，更改为其他币种。

当纸币找零钱箱被拉出来以后，钱箱上盖会自动关闭，可使操作人员无法接触到纸币，只有拥有开箱钥匙的人员才可打开钱箱。

钱箱操作需在维护面板进行钱箱登录，输入 × × 登录，登录成功后需在 60 s 内完成钱箱取出，否则自动退出登录。图 1.1.12、图 1.1.13 是纸币找零箱图。

操作步骤如下：

· 正确登录。

· 在维护面板选择相应菜单指令或输入相应指令。

· 打开纸币找零单元门。

· 扣住止动把手，向后拉出整个纸币找零单元。平行拉出纸币找零钱箱把手（见图 1.1.12），取下钱箱。

· 确认纸币找零箱的状态孔中的颜色为红色[见图 1.1.13（b）]。

· 状态码显示纸币找零钱箱已取出。

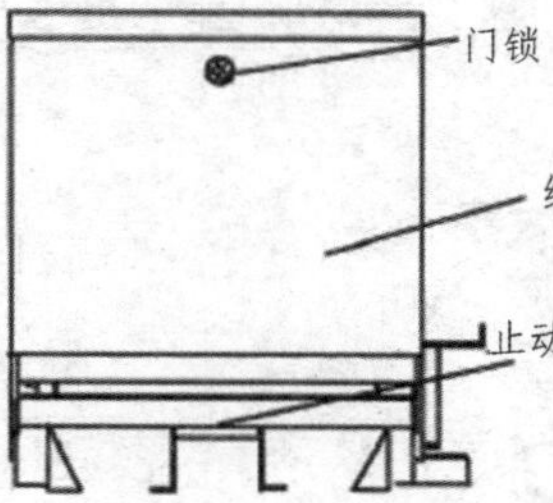

（a）纸币找零机构门锁

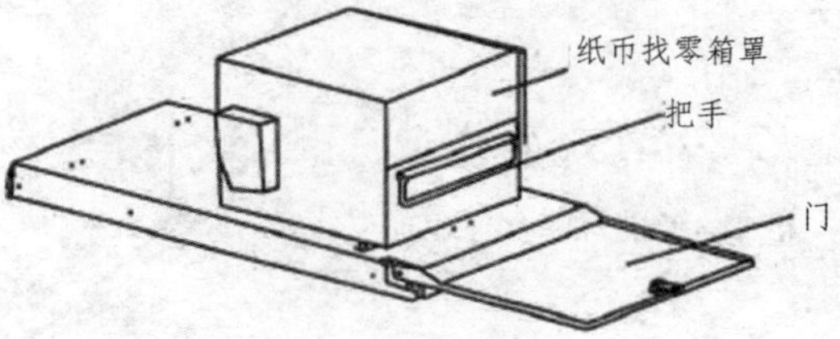

（b）纸币找零箱图

图 1.1.13　纸币找零箱

· 将纸币找零单元推入自动售票机中。

· 在维护面板输入确认，退出维护面板。

· 若无其他操作，关闭自动售票机门。

2. 纸币找零箱安装

安装纸币找零钱箱时，方法较为简单，操作步骤如下：

· 正确登录。

· 在维护面板选择相应菜单指令或输入相应指令。

· 手工输入添加本次找零箱的补币张数。例如输入 60 100，表示本次添加 100 张找零纸币。

· 打开纸币钱箱门。

· 确认纸币找零机构位于导轨末端，处于未拉出状态。

· 确认纸币找零箱的状态孔（如图 1.1.12 所示）中的颜色为绿色。

· 稍稍抬起纸币找零钱箱，使其前面板底部的两个导轨口对准纸币找零箱罩内部的两根导轨。

·推入纸币找零钱箱，使其到位。

·关闭纸币找零箱罩门，锁紧门锁。

·在维护面板输入确认，退出维护面板。

·若无其他操作，请关闭自动售票机门。

3. 纸币找零钱箱复位

操作步骤如下：

·确认状态孔中的颜色为红色。

·将钥匙插入钥匙孔中，用力按下并顺时针旋转。观察状态孔中的颜色是否变为绿色（见图 1.1.14）。

·拔下钥匙。

·将纸币找零钱箱放在辅助板上。

·对准两根导轨，用力推入。

·即可打开纸币找零钱箱。

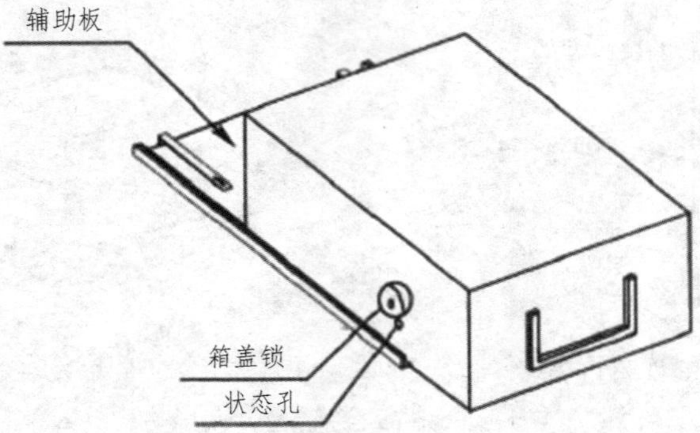

图 1.1.14　纸币找零箱辅助板

五、加票和打印操作

（一）加票操作

1. 车票发售单元

车票发售单元由控制单元、天线板、车票读写器、传输单元、刮票单元、传感器、前票箱、后票箱、废票箱、票箱机架等组成。控制单元负责控制刮票机构、车票传输机构等以实现车票传输、废票回收及判断票箱空等操作。

2. 拆卸票箱的方法

正确登录后，即可进行票箱的移动、取出等操作。

操作步骤如下：

·将整个车票发售单元拉出。

·移开票箱挡板装置或卡口反向移出，即可分别把前后两个票箱取下。

3. 加入新的车票方法

自动售票机的票箱和检票机的回收箱通用，从检票机回收的车票经过分拣以后可以直接放在自动售票机发售。安装的操作方法与票箱的拆卸方法相同，其操作顺序相反。

4. 取废票箱

废票箱位于票卡发售系统的下方，操作步骤如下：

· 正确登录。
· 直接把废票箱拉出，取出其中的废票。
· 重新安装废票箱。
· 若无其他操作，请关闭自动售票机门。

（二）打印模块操作

1. 打印机安装操作

打印机通过两个导轨固定在底板上，侧面具有止动把手，用于卡住打印机，需要添加打印纸及维护操作时，按下止动把手，即可向外拉出。图 1.1.15 打印机安装图。

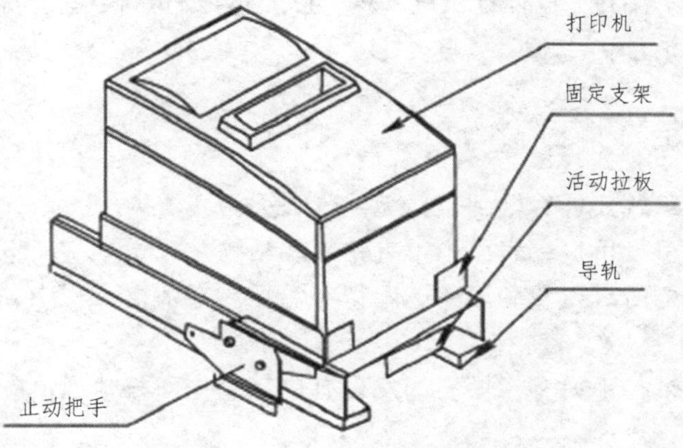

图 1.1.15　打印机安装图

2. 打印当日账目操作

操作员在登陆维护面板以后，可以进行打印报表的操作。

操作步骤如下：

正确登录后：

· 在维护面板输入指令，打印报表 1。
· 在维护面板输入指令，打印报表 2。
· 在维护面板输入指令，打印报表 3。
· 在维护面板输入指令，打印报表 4。

3. 补充打印纸操作

· 装入规定大小的纸张。
· 把要打印一面朝上，左边靠紧送纸边框。

· 长时间按住打印机上的进纸按钮。打印纸将自动卷入打印机。

· 纸张随即被送至打印头可打印的位置准备打印。

· 如果没有放正打印纸，请先脱机后，按“装纸/退纸”钮退纸，重新装纸。

4. 更换色带操作

· 打开打印机上盖，拆下打印架，注意拆开时应从靠近打印头的那端往上去拉，打印架就能很轻松地被卸下来。

· 然后可以打开打印架，观察原色带的绕法，否则色带是很有可能无法正常转动而导致打印失效的。需要注意打印架中的两个齿轮要夹着色带，而且应该跟它们平行，否则会导致色带随着齿轮的转动发生移位，最后卡住齿轮从而导致无法转动。

· 色带装好之后，把打印架装回到原位。

工作任务二　自动售票机的日常维护

为了确保 AFC 设备的运营可靠，严格控制维修质量，力争将故障消灭在萌芽状态，加强预防性维护保养力度，以保证 AFC 设备处于良好的运行状态。自动售票机的日常维护工作以设备的清洁为主。

一、设备清洁（每日 1 次）

· 清洁显示屏、触摸屏，做到表面无浮尘、无污渍。

· 清洁硬、纸币投币口，表面不得有粘纸和粘物。

· 清洁出票机构所有压轮和滚轮，不得有污垢。在清洁过程中，检查紧固件，如有松动及时紧固。

· 清洁传输皮带，不得有污垢，如发现有皮带老化、松弛现象应及时更换。

二、设备检查（每日 2 次）

显示器状态检查内容：

· 触摸屏。

· 液晶屏。

· 状态指示器。

屏幕显示亮度适中，无笔划缺损，无漂移、抖晃、色差和功能缺失等现象。如发现异常及时调节或更换。

三、设备所有指示灯检查

如发现以下器件无指示功能，及时调整或更换，严禁故障状态滞留。

· 纸币识别器运行指示灯。

· 取票口指示灯。
· 投币口是否到位。

四、设备运行状态巡视

· 设备是否有异常声响。
· 设备是否故障。
· 设备运行是否保持稳定（指是否会频繁重复发生故障）。

五、用测试代码对设备进行功能性测试

（一）模式原因

1. 功能描述

模式原因中列出了可能导致设备运营模式发生变化的要素，以及各要素的当前状态，从而帮助操作人员尽快定位问题。

2. 操作流程

具体操作流程如下：

（1）登录后维护。

（2）根据“主菜单”界面标记的“模式原因”的快捷键为“6”，在维护键盘上按数字键“6”，进入“模式原因”界面（如图 1.1.16 所示）。

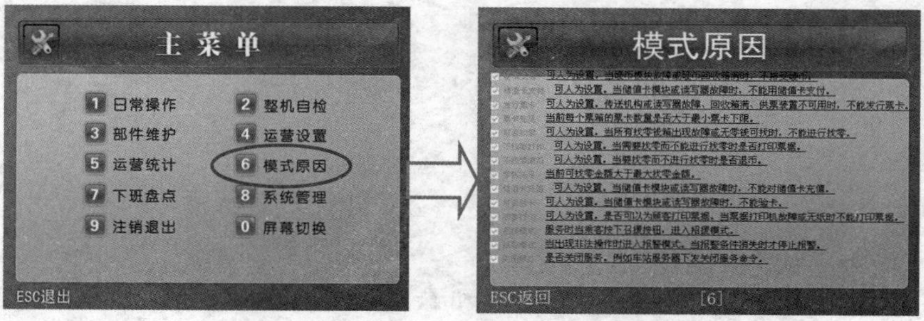

图 1.1.16　模式原因查看操作示意图

（3）模式原因界面上的要素项的前面打了勾的，表明该要素项是正常的；没有打勾的，表明该要素项有异常，需根据后面的文字提示查明原因。

（4）查看操作完成后，在维护键盘上按“ESC”键，返回“主菜单”界面。

（二）系统管理

1. 功能描述

系统管理主要是对操作系统和系统软件进行维护操作。

2. 操作流程

具体操作流程如下：

（1）登录后维护。

（2）根据“主菜单”界面显示的“系统管理”快捷键为“8”，在维护键盘上按数字键“8”，进入“系统管理”界面（如图 1.1.17 所示）。

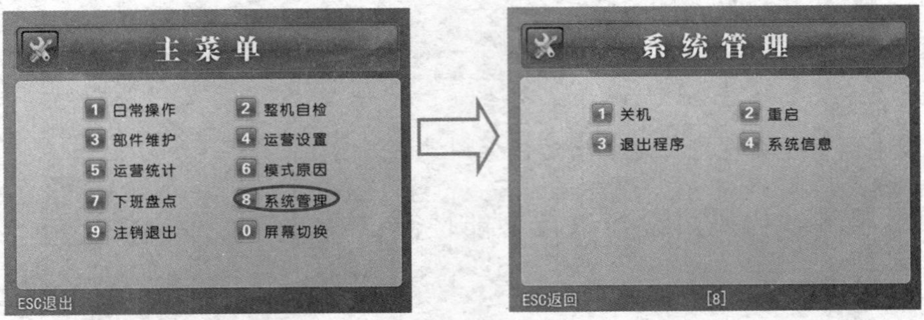

图 1.1.17　系统管理操作示意图

（3）根据界面的显示，在维护键盘上按相应的操作键，系统将进入相应的工作状态。各功能说明如下：

① 关机：关闭 Windows 操作系统。

② 重启：重新启动 Windows 操作系统。

③ 退出程序：关闭 TVM 运营程序。

④ 系统信息：显示 TVM 当前系统的信息及硬盘使用情况。

（三）整机自检

1. 功能描述

对 TVM 构成的全部业务部件进行自检，快速定位故障。

2. 操作流程

具体操作流程如下：

（1）登录后维护。

（2）根据“主菜单”界面显示的“整机自检”快捷键为“2”，在维护键盘上按数字键“2”，TVM 设备会自动对各部件进行自检操作，并返回结果（如图 1.1.18 所示）。

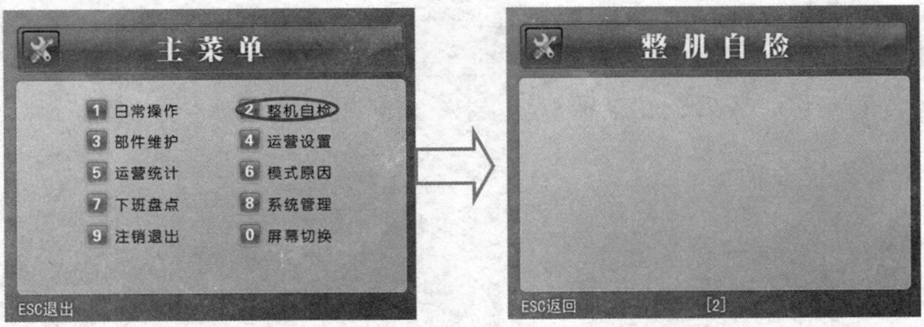

图 1.1.18　整机自检操作示意图

（3）根据界面的显示，在维护键盘上按“ESC”键，返回主菜单。

（四）部件维护

1. 功能描述

对 TVM 构成的各业务部件进行自检、功能测试及状态查询，帮助定位故障。

2. 操作流程

具体操作流程如下：

（1）登录后维护。

（2）根据“主菜单”界面显示的“部件维护”快捷键为“3”，在维护键盘上按数字键“3”，进入部件维护界面（如图 1.1.19 所示）：

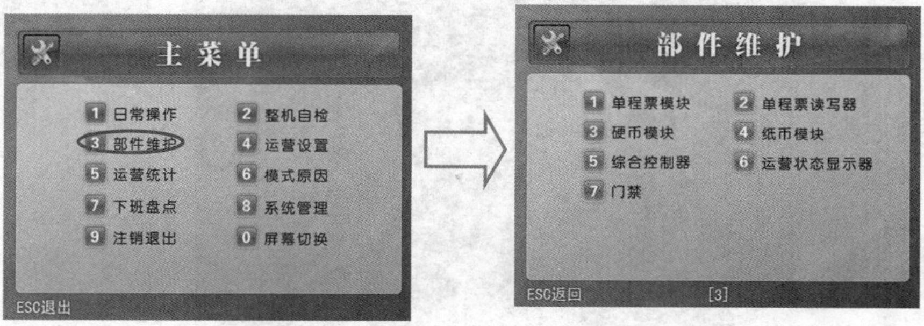

图 1.1.19 部件维护操作示意图

（3）根据“部件维护”界面的标记，在维护键盘上按相应数字键，进入各部件的操作菜单。界面罗列如图 1.1.20 所示。

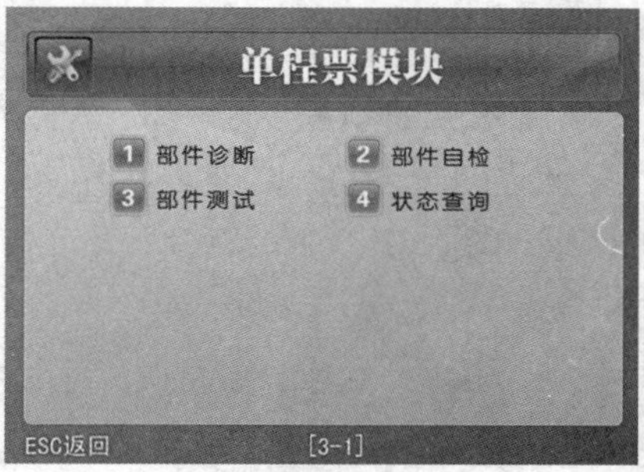

“1”键

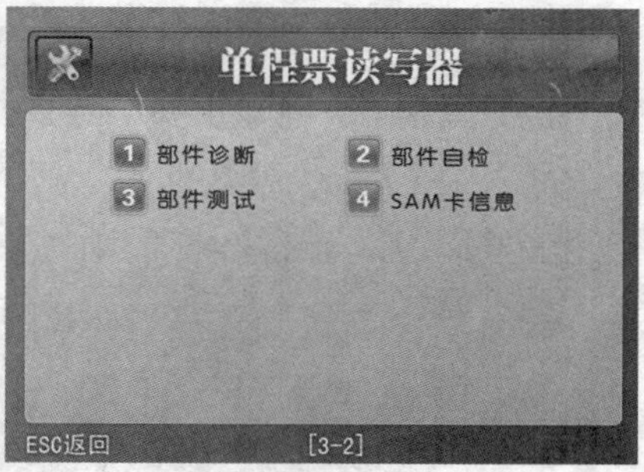

“2”键

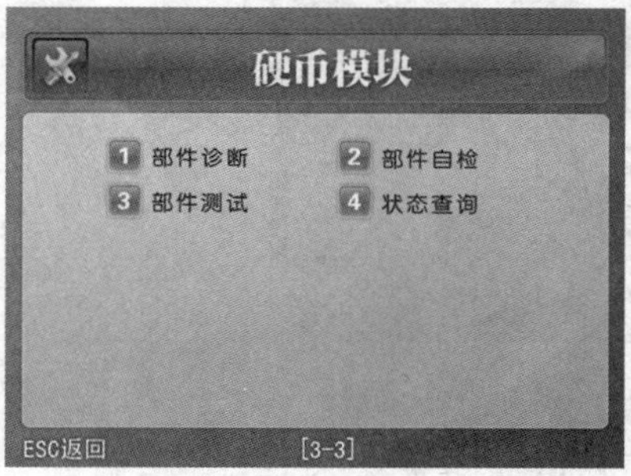

“3”键

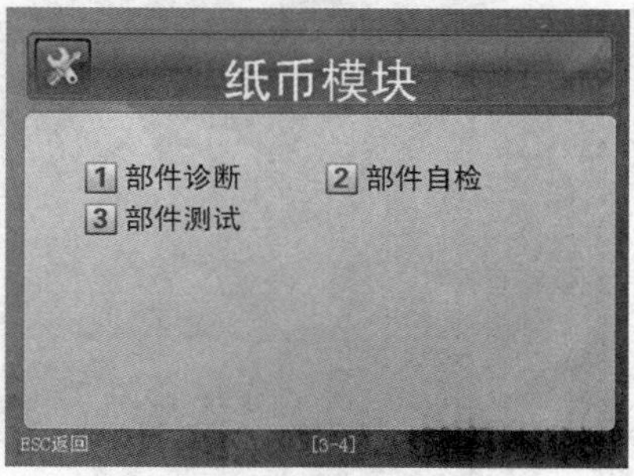

“4”键

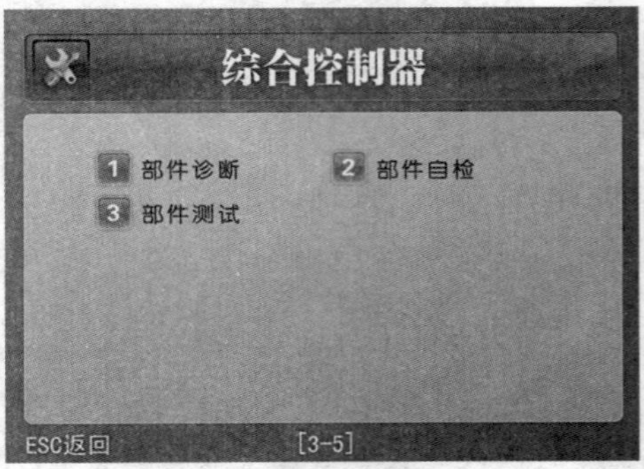

“5”键

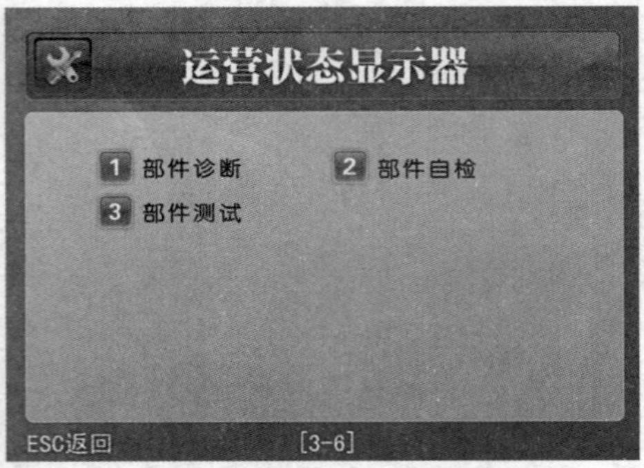

“6”键

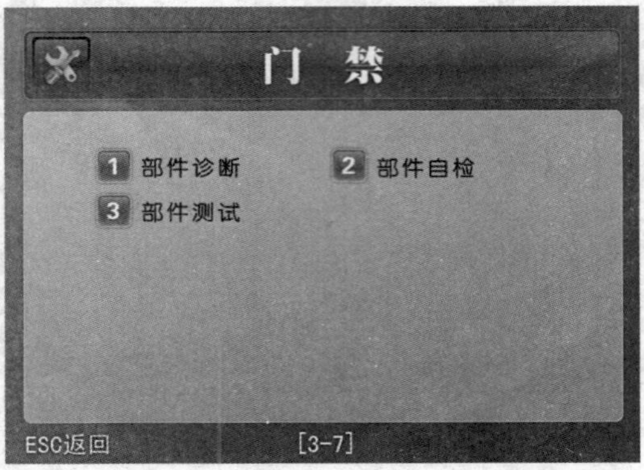

“7”键

图 1.1.20　各部件的维护操作界面

（4）在以上相关的操作界面，选择标记功能项的数字键进入相应执行界面。下面以硬币模块为例：在维护键盘上按数字键“3”，进入“硬币模块”维护执行界面，具体见图 1.1.20。

（5）按数字键“1”进行部件诊断，返回结果如图 1.1.21 所示。

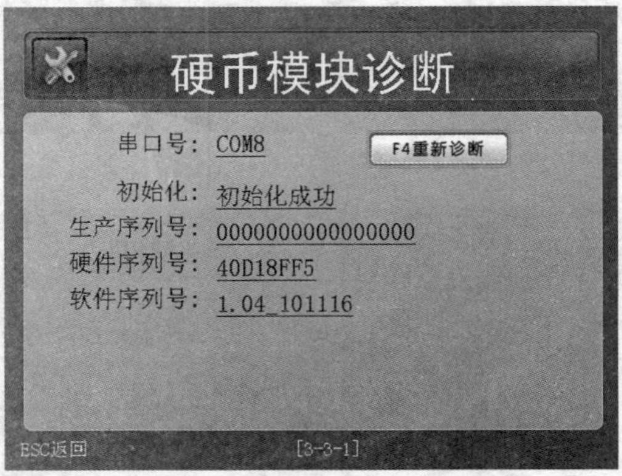

图 1.1.21　硬币模块诊断结果界面

（6）按数字键“2”进行部件自检，返回结果如图 1.1.22 所示。

（7）按数字键“3”进入硬币模块测试界面，如图 1.1.23 所示。

图 1.1.22　硬币模块自检结果界面

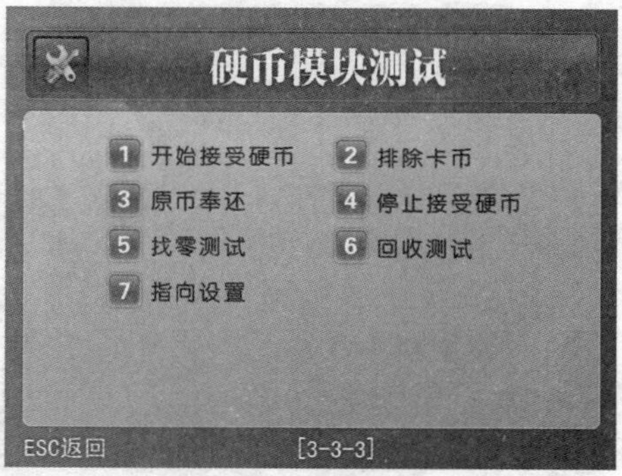

图 1.1.23　硬币模块测试界面

（8）选择标记功能项的数字键进入相应执行界面，选择数字键“1”“2”“3”“4”直接执行相应功能，可以听到执行动作的声音；选择数字键“5”“6”“7”则进入相应功能执行设置的子界面，如图 1.1.24 所示。

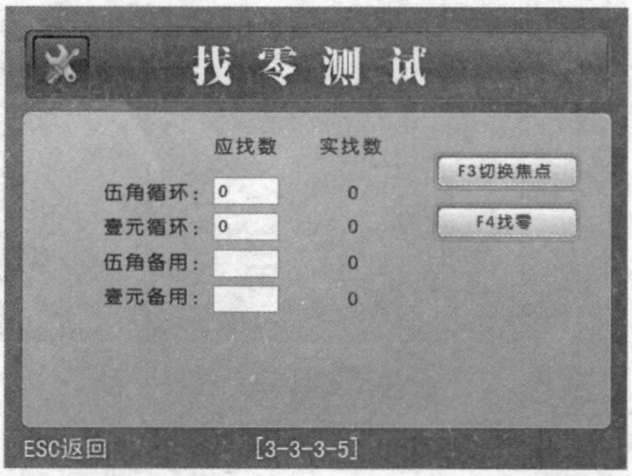

“5”键

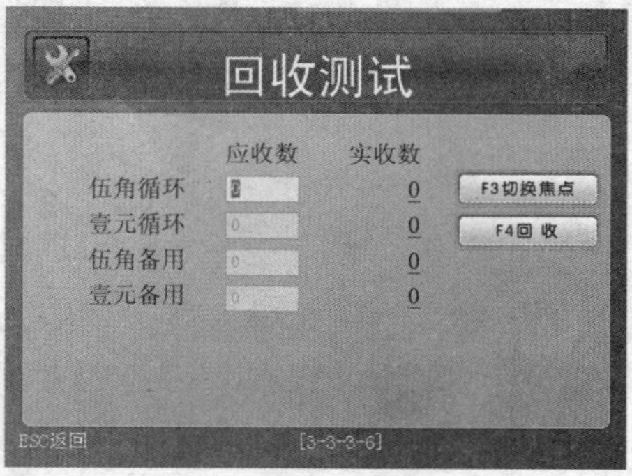

“6 键”

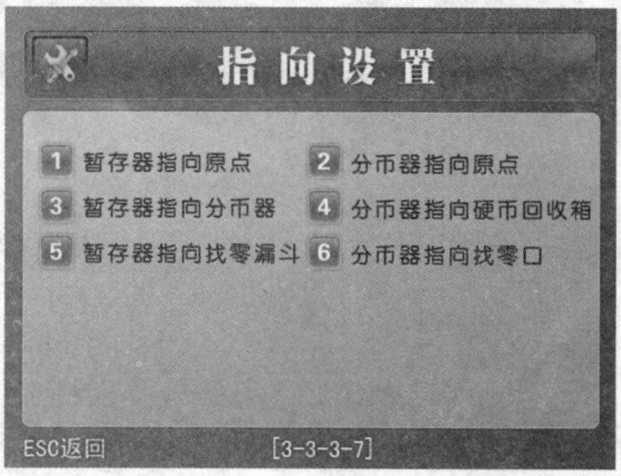

“7”键

图 1.1.24　硬币模块测试功能子界面

（9）在“找零测试”和“回收测试”界面，按“F3”键在各输入框间切换，输入测试数据，按“F4”键执行找零和回收；在“指向设置”界面，按下标记功能项的数字键执行相应功能。

（10）按“ESC”键返回硬币模块维护操作界面，按“4”键执行状态查询，可以得到当前硬币模块各组件的状态。

其他模块的维护操作方法与硬币模块一致，测试界面罗列如图 1.1.25 所示。

图 1.1.25 模块测试界面

（五）运营设置

1. 功能描述

运营设置功能用以查询 TVM 设备当前的本地参数配置及网络状态。

2. 操作流程

具体操作流程如下：

（1）登录后维护。

（2）根据“主菜单”界面显示的“运营设置”快捷键为“4”，在维护键盘上按数字键“4”，进入运营设置界面，如图 1.1.26 所示。

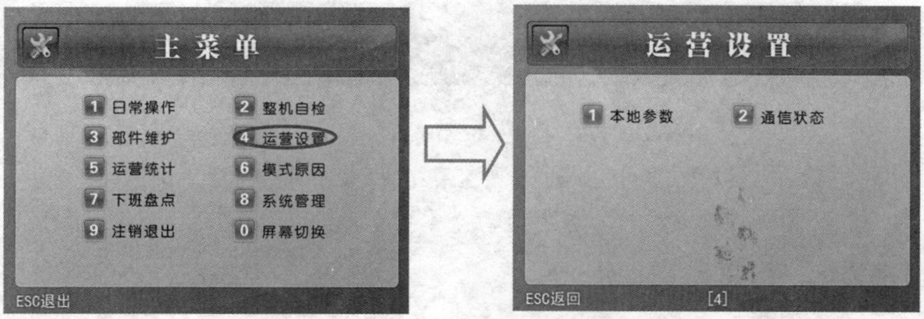

图 1.1.26　运营设置界面

（3）根据界面的显示，在维护键盘上按“1”键，返回当前参数设置，如图 1.1.27 所示；按“2”键，返回当前通信状态。

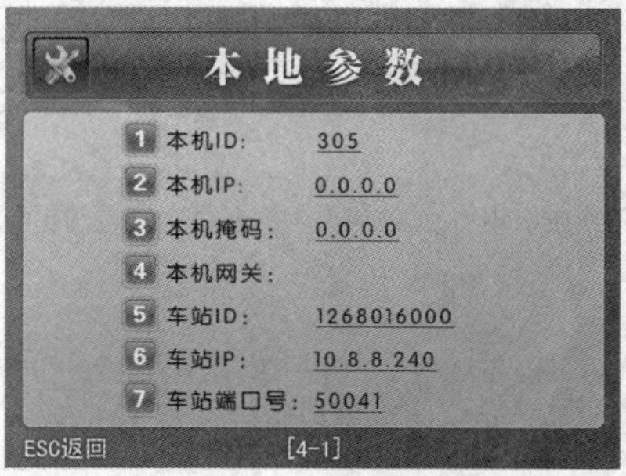

图 1.1.27　本地参数显示界面

【知识拓展】

一、自动查询机

自动查询机简称 TCM 机（TCM,Ticket Checking Machine），它安装在非付费区，供乘客自助查看车票的信息及确认有效性。读取过程不修改车票上的任何数据，其外形如图 1.1.28 所示。自动查询机采用触摸屏操作的方式。自动查询机应可显示乘客服务信息并由线路 AFC 控制系统下载，自动查询机显示界面如图 1.1.29 所示。

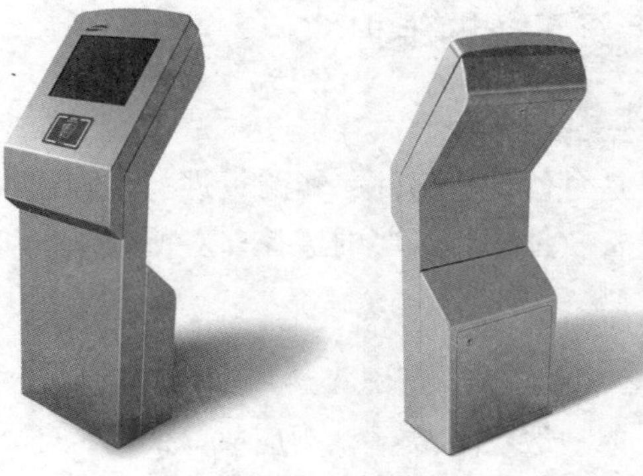

图 1.1.28　自动查询机

北京地铁 Beijing Subway　欢迎使用自动查询机　Ticket Checker Machine　2007-07-27 13:53:37

一卡通信息查询　OCT INFORMATION FOR ENQUIRY

积分 SCORE：200

票卡基本信息　BASIC CARD INFORMATION

卡号：CardNo.	123456789123456	卡状态：CardStatus	已启用 Actived	卡类型：CardType	非记名成人卡 Unsigned Adult Card
发行日期：IssueDate	2007-06-04	失效日期：InvalidityDate	2009-06-04	卡金额：Balance	21.20

定期/记次卡信息　PERIOD/MULTIRIDE CARD TRANSACTION INFORMATION

类型 Type	起始日期 StartDate	结束日期 EndDate	乘车限次 TotalRides	可乘余次 RemainingRides
地铁专用月票 Metro special ticket	2007-06-01	2007-07-01	140	97
地铁专用月票 Metro special ticket	2007-06-01	2007-07-01	140	120

充值交易记录　ADD VALUE TRANSACTION RECORD(S)

交易时间 Date	交易类型 TransactionType	充值金额(元) AmountAdded(yuan)	卡余额(元) Balance (yuan)	备注说明 Remarks
2007-05-01	钱包充值 Add Value	+100.00	118.60	

消费交易记录　CONSUME TRANSACTION RECORD(S)

交易时间 Datetime	交易类型 TransactionType	消费金额 AmountUsed	卡余额 Balance	备注说明 Remarks
2007-05-25 16:00	地铁系统 Metro System	-3.00	28.20	
2007-05-28 16:00	公交系统 Bus System	-2.00	26.20	
2007-05-29 16:00	地铁系统 Bus System	-3.00	23.20	
2007-05-30 10:00	公交系统 Bus System	-2.00	21.20	
2007-06-01 08:00	地铁系统 Metro System	-1	120	

v1.0.5.3 00000

图 1.1.29　自动查询机显示界面

自动查询机主要由主机、电源、读卡器和触摸显示器等组成。

自动查询机具有车票查询和乘客服务信息查询等功能。车票查询是读取票卡信息，不具备写票功能，工作人员将车票在阅读器/天线出示后的 1 s 内，能显示车票的以下查询内容：

（1）车票逻辑卡号。

（2）车票类型。

（3）余额/使用次数：显示该车票当前所剩余额及使用次数。

（4）车票有效期：显示该车票的有效期限。

（5）车票无效原因（如安全性检查、出入顺序检查、黑名单票检查、超乘、超时等）。

（6）交易历史等。

二、自动售检票系统设备的维护

1. 系统设备维护管理的任务

系统设备的维护主要是对设备、部件、线路板进行故障性维护和计划性维护。对自动售检票系统网络及设备软件进行必要的监控；对所有维护工作进行监控，对修复的部件进行测试和质量检测。

2. 系统设备维护的原则

（1）对车站现场发生的一般设备故障，响应故障的时间不超过 5 min，从故障接报到故障处理完毕平均时间不大于 60 min。

（2）处理一般的设备故障要满足运营服务质量要求，实现 AFC 系统设备安全、稳定、高效、良好运行，实现 AFC 系统设备故障停用时间最小化、运营服务时间最大化。

（3）对现场无法修复的，或者根据设备修程的规定已达到大修时间的机械、电子零部件，应进行工厂级维护。

（4）对没有资源、能力维护的项目进行委外维护。

三、维护管理的有关规程和要求

1. 日常维护

车站 AFC 系统日常维护以设备的清洁为主，由设备使用部门完成，其内容包括：

（1）检查设备及其显示屏外观是否良好，是否异常。

（2）检查设备周围环境是否良好，设备表面是否清洁，并进行清洁维护。

（3）从车站计算机上检查设备是否正常运行，监控功能是否正常，通信情况是否正常。

（4）此外，车站 AFC 维护人员应对所管线设备进行巡视、检查，检查故障报警记录，监视设备运行状态；每月对设备进行运行状态、指示、表示进行监测、记录；检查指示及记录是否正常，发现异常及时调校、排除。

2. 二级维护

二级维护的基本要求：

（1）对设备定期进行设备内部清洁，检查并理顺设备线缆和接线端子的牢固情况。

（2）进行设备的电压、电流、绝缘检查或测试。

（3）对设备关键、主要部件进行测试、调整。

3. 小修（三级维护）

小修（三级维护）基本要求：

（1）对设备的机械特性与电气特性进行全面测试，注意引入线对地绝缘的测量。

（2）对系统主要功能进行全面测试，确保系统功能完整。

（3）对曾发生故障的设备进行重点诊断、分析，消除故障隐患。

（4）对设备基础、机体进行平整、调整、稳固。

4. 中修（四级维护）

中修（四级维护）基本要求：

（1）对现场可拆卸、替换的设备，可采用运回维护工厂进行中修的方式；对不易拆卸、替换的设备，可采用现场集中维护的方法进行中修。中修要对设备进行全面分解、整修、补强、调整。

（2）对系统进行全面测试、调整，以保证设备的机械特性与电气特性符合维护标准，达到原设计的技术标准与要求。

5. 试验（预防性测试与试验）

对 AFC 系统设备进行定期测试与试验是维护工作的重要内容，车站 AFC 系统设备的综合测试被划入年度维护。

车站 AFC 系统每年度应根据系统设计功能对所有功能进行测试，尤其是紧急模式、降级模式等涉及运营或收益安全，平常又较少使用的功能。

对设备电气及机械特性的测试应使用规定级别的仪器仪表与测试工具，仪器仪表要定期接受计量器具核定单位的检定与校验，要使用供货商提供的测试设备。

对设备的测试应尽可能在设备停用后，采用集中测试的方法进行，以带负荷测试为宜，保证测试工作的安全与运营安全。

各级测试、试验应认真做好测试记录和统计分析报告，并建立、积累完整的测试分析资料，妥善保存。

对测试中出现的重要技术问题，定期召开疑难故障、多发故障技术研讨会，集思广益，查找出疑难故障原因，解决疑难故障与多发故障的技术问题。

6. 故障维护

当车站 AFC 系统发生故障后，应尽快组织对故障设备进行测试、诊断、分析，找出故障原因，排除故障，恢复设备使用功能。在故障排除时应详细记录故障现象及排除修复过程，以备分析故障，做出进一步的处理与修复。

在故障排除后，应能保证设备恢复使用功能，正常投入运行；如系统设备无法达到正常使用状态时，应根据车站实际情况对 AFC 系统采取降级使用，限制故障范围，防止设备带病运行导致故障扩大化。

四、车站自动售检票系统终端设备维护注意事项

车站自动售检票终端设备由于各种原因发生故障导致乘客无法使用时，维修人员必须尽快进行故障处理，在最短的时间内找到故障原因并排除，将设备修复，使设备重新投入使用。

设备发生故障时，车站计算机将会报警并在位图上显示红色，提醒工作人员该设备发生故障或状态变化，用鼠标点击故障设备可看到相应的故障状态描述，使维修人员知道设备发生何种故障或状态发生什么变化。在车站现场，发生故障的设备乘客显示屏显示“暂停使用”，提醒乘客和维修人员此设备发生故障，设备停止服务。

维修人员想了解设备发生何种故障，除了在车站计算机上用鼠标点击故障设备可查看相应的故障描述外，还可打开故障设备维护门后立即关上，乘客显示屏右下角显示相应的故障代码。因此维修人员必须掌握设备的各种故障代码的含义及故障维修处理方法。

五、自动售票机常见故障及排除

自动售票机常见故障及排除详细内容见表 1.1.3。

表 1.1.3　自动售票机常见故障及排除

序号	故障现象	可能的故障原因	解决方法
1	开机无显示	无电源输入	检查电源及显示器、部件连接或联系专业维护人员
		部件连接异常	
2	提示暂停服务（非上级系统控制）	单程票处理单元异常	首先检查部件电源及通信连接或联系专业维护人员
		硬币单元和纸币单元同时异常	
		后维护门在开启状态或后维护门状态检测传感器异常	首先关闭后维护门或联系专业维护人员
		连续出废票	首先登录后维护再退出或联系专业维护人员
3	提示只接收硬币方式	纸币识别单元异常或找零硬币不足	先维持此方式运行，并联系专业维护人员或站务人员
		纸币钱箱满或离位	
4	维护界面显示器没有画面信息	主控程序未启动	启动主控程序
5	登录不成功	维护单元与主机的连接线故障	检查连接或联系专业维护人员
		维护单元硬件故障	检查连接或联系专业维护人员
		输入密码错误	重新输入
6	设备报警	未在限定时间内登录	重新登录
		三次登录均失败	人工重新验证用户信息，在输入操作密码重新登录
		未进行更换钱箱登录而直接挪走钱箱	人工重新验证用户信息，输入操作密码重新登录，再按正规流程进行更换钱箱操作
		更换钱箱后未归位	重新归位并确认完成
7	未完成购票操作而钱币被退出	操作超时	重新进行购票操作
8	卡票	出票漏斗（也称歪嘴）处卡票	拧开出票漏斗（也称歪嘴）滚花螺丝，打开漏斗取出被夹的票
		电磁铁闸口处	用非金属物体拨动通道或电磁铁闸门，让票进废票箱或出票口
		出票通道和金属通道衔接处	轻轻向后拉开 TDU 模块，取出被夹的票，再将 TDU 推到位
9	卡币	出票找零口处	直接取出
		Hopper 内	上报专业维护人员处理
		鉴币器入口处	通过维护命令，使硬币退到出票找零口
		鉴币器内	上报专业维护人员处理
		其他位置	上报专业维护人员处理
10	纸币被夹	纸币有可能被夹在纸币单元内	上报专业维护人员处理
	硬币回收箱不能推到位	把箱盖内的复位销未拨到上位	把箱盖内的复位销拨到上位，再装入
	纸币钱箱不能上锁	推进时纸币钱箱指示灯为红色	打开纸币钱箱侧盖再锁上，此时应指示绿灯，轻轻把纸币钱箱推到位，锁紧纸币钱箱，此时应指示红灯，完毕

【案例展示】

北京地铁使用某型号自动售票机的主要参数见表 1.1.4。

表 1.1.4　自动售票机的主要参数

序号	项目	说明概要
1	外形尺寸	高度：1 750 mm 宽度：900 mm 进深：750 mm
2	设备净重	约 460 kg（参考值）
3	使用电源	电压：AC 220 V（－15%,+10%） 频率：50×（1±4%）Hz
4	功率	600 W 以下
5	漏电过电保护	设有漏电、过电、短路保护兼用断路器
6	绝缘电阻	5 MΩ以上（用 DC 500 V 绝缘电阻计对电源插头与机壳间进行测定）
7	绝缘强度	AC 1 000 V（在电源插头与机壳之间，施加 1 min，无异常发生）
8	停电对策	在瞬间停电时，可以用 UPS 来确保 TVM 电源；当检测到 TVM 停电时，自动进行停电处理
9	环境条件	工作温度：0～40 °C 工作湿度：10%～85% RH（相对湿度，无结露现象）
10	设置场所	屋内且离开地面（避免雨声，避免放在阳光直射的场所）
11	防尘、防水	机壳保护结构不会因通常的灰尘及地面洒水而出现故障
12	维修用 AC 插座	1 个 AC 220 V
13	其他	干扰音端子电压：IEC610000-6-4 CLASS A 抗震性：55 Hz 以下 抗撞击性：150 m/s^2

【学习评估】

一、复习思考题

1. 简述自动售检票系统的五层架构及其功能。
2. 简述自动售检票系统的概念。
3. AFC 车站设备主要包括哪些？
4. 简述自动售票机结构组成及其结构功能。

二、技能操作

以实训基地的自动售检票系统终端设备为例，通过实训任务的方式完成本项目的技能学习。

（1）任务 1——认知自动售票机的基本构成。

（2）任务 2 ——更换自动售票机票箱。
（3）任务 3 ——为自动售票机补充硬币。
（4）任务 4 ——更换自动售票机纸币钱箱。

任务二
自动检票机的操作与管理

【任务导入】

自动检票机安装在付费区与非付费区的分界处，用于分隔付费区和非付费区并完成检票功能。通过该任务的教学，使学生掌握城市轨道交通车站自动检票机的外观及内部结构，及其可实现的功能。

【知识准备】

一、自动检票机概述

自动检票机，简称闸机（AG，Automatic Gate），是实现乘客自助进出站检票交易（在非付费区和付费区间通行）的设备，识别到有效车票，检票机通道阻挡解除（门扇开启或释放转杆），允许乘客进出站，如图 1.2.1 所示。

自动检票机总体布局扫码观看

图 1.2.1　自动检票机

（一）自动检票机分类

（1）自动检票机根据功能可以分为进站检票机、出站检票机和双向检票机三种。如图 1.2.2 所示。

进站检票机　　　　出站检票机　　　　双向检票机

图 1.2.2　自动检票机分类

进站检票机用于完成进站检票，检票端在非付费区；出站检票机用于完成出站检票，检票端在付费区；双向检票机既可完成进站检票也可完成出站检票，在非付费区和付费区可分别按照进站和出站的处理规则完成检票功能。

（2）自动检票机根据阻挡装置类型的不同可分为三杆式、扇门式和拍打门式检票机。如图 1.2.3 所示。

图 1.2.3　自动检票机分类

（二）自动检票机基本要求

自动检票机设备满足乘客“右手原则”，乘客右手持票可快速通过自动检票机检票。对储值卡采用“刷进刷出”方式，对单程票采用“刷进插出”方式，设备对有效车票应开启通道阻挡装置让乘客通过。在出站检票时，应能对指定的轨道交通专用的 TC 单程票进行回收。在发生紧急情况时，通过车站控制室中的紧急按钮，可开启所有扇门，保证乘客迅速离开付费区。自动检票机外部结构图如图 1.2.4 所示。

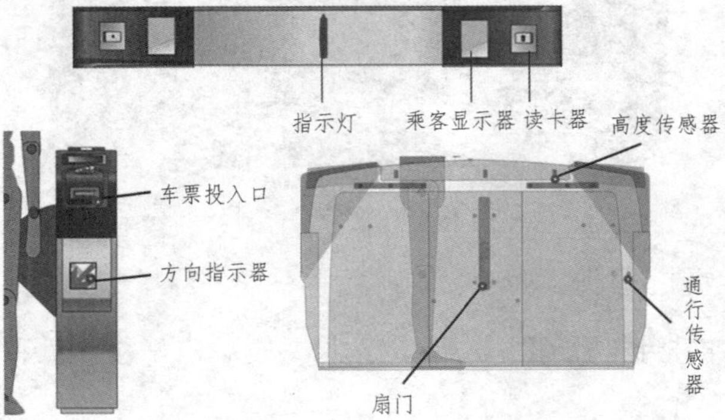

图 1.2.4　自动检票机外部结构图

二、自动检票机外观结构认知

（一）上部结构

自动检票机外观结构扫码观看

1. 读卡器

票卡读写器的安装位置符合乘客右手持票习惯，在检票机安装读卡器的位置有醒目的标识，指示其为乘客刷卡位置，如图 1.2.5 所示。

乘客使用储值卡或 IC 单程票进站检票或者使用储值卡出站检票时，将车票靠近进站检票机读写器天线，读写器可读取到车票的相关信息。

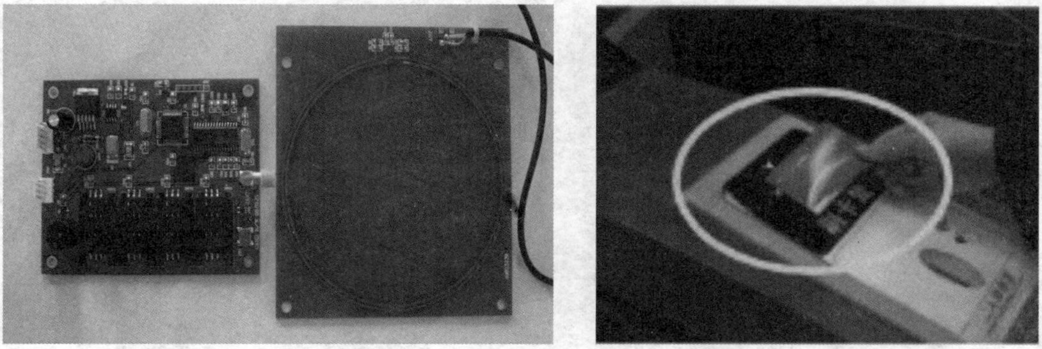

图 1.2.5　读卡器

2. 乘客显示器

乘客显示器向乘客显示车票处理结果、设备运行模式、状态等提示信息。为可变显示，能够显示中文、英文、数字及图形，以引导乘客正确使用检票机，如图 1.2.6 所示。

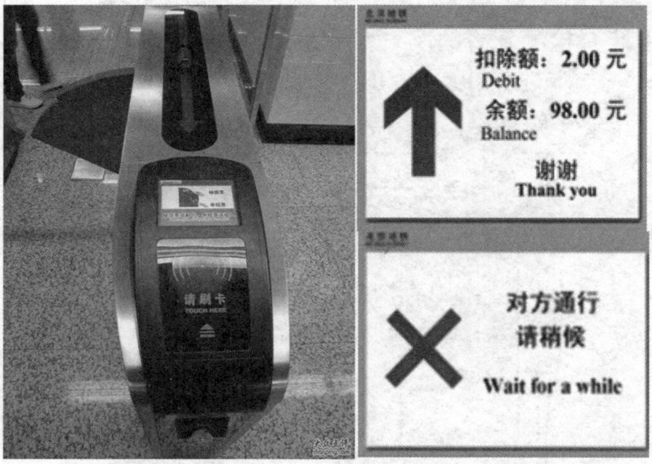

图 1.2.6　自动检票机乘客显示器

3. 指示灯

根据乘客所使用的车票类型以及车票是否有效，按系统设置的参数亮相应颜色。

（二）立面结构

1. 车票投入口

乘客使用 IC 单程票出站检票时需要将车票投入回收口。

2. 方向指示器

方向指示器位于检票机面向乘客的前面板上，显示通道的通行方向标志，远距离指示乘客通道的通行状态，方向指示器的设计确保乘客在 30 m 以上的距离也可以明辨标志的内容和含义。

（三）侧面结构

1. 扇门

扇形门装置是一种得到广泛应用的检票机阻挡装置。扇形门装置由扇形门、机械控制结构和控制板组成如图 1.2.8 所示。

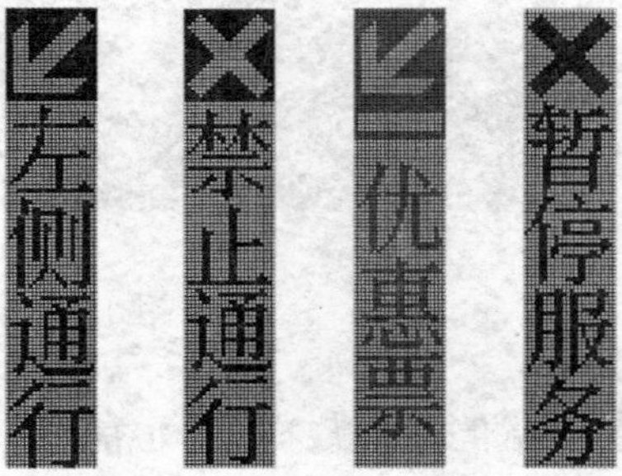

图 1.2.7　方向指示器

图 1.2.8　扇门

2. 高度传感器

自动检票机上装有检测身高的反射型传感器，用于检测通过的乘客是否是身高为限高值（1.2 ~ 1.4 m，高度可调）以下的儿童。自动检票机传感器布置图如图 1.2.9 所示。

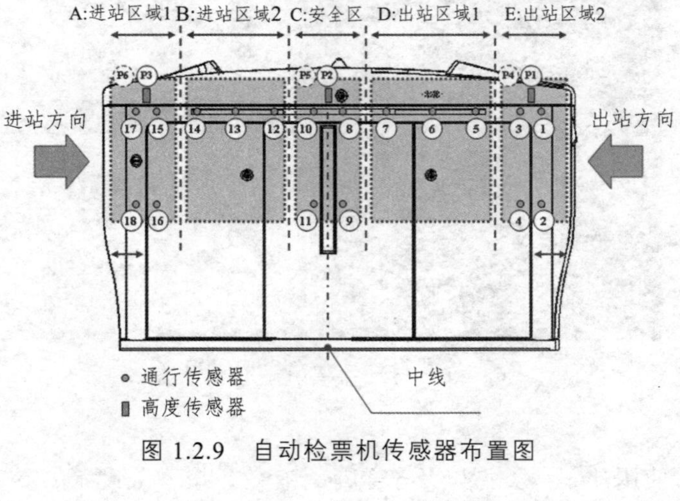

图 1.2.9　自动检票机传感器布置图

3. 通行传感器

通行传感器能够监控乘客通过自动检票机的整个过程以及监测通过自动检票机的人数。

A 区（进站区域 1）采用透过型传感器，主要监测是否有乘客进入通道。

B 区（进站区域 2）采用透过型传感器和反射型传感器组合使用，判断无票乘客的通行行为。

C 区（安全区）采用透过型传感器，安装于不同的高度，监测通行情况，反馈信号控制闸门，保护已进入通道的乘客，防止闸门夹住乘客。

D 区（出站区域 1）采用透过型传感器，检测乘客是否已经通过闸门，如果发现乘客已经通过闸门，如有跟随通行行为，反馈信号控制闸门关闭，以防止第二个乘客通过。

E 区（出站区域 2）采用透过型和反射型传感器的组合，检测与自动检票机设定方向相反进入通道的乘客，如有逆行通行行为，检票机将关闭闸门并报警。

三、自动检票机内部结构认知

自动检票机内部结构认知如图 1.2.10 所示。

图 1.2.10　自动检票机内部结构图

四、检票机性能指标

自动检票机的主要指标有：外形尺寸、质量、工作温度、电源、功率消耗、读写车票响应时间、车票使用条件、票箱容量、网络接口和最大通行量等。其中，最重要的性能指标是最大通行量指标（分钟通过率）。最大通行量指标是用于评价自动检票机的综合业务处理性能最直观的指标，它是正常操作的情况下，检票机通道在 1 min 内最大的通过人数。

五、自动检票机工作原理

(一) 交易处理流程

检票机的基本交易类型包括进站和出站两种。两种交易的处理流程类似，都包括两大步骤，即车票检查和业务处理。通过检查的车票才能进入业务处理，业务处理按业务规则进行。完成对车票的业务处理后，乘客允许通过检票机通道，进入或离开收费区。正常交易处理的基本流程如图 1.2.11 所示。

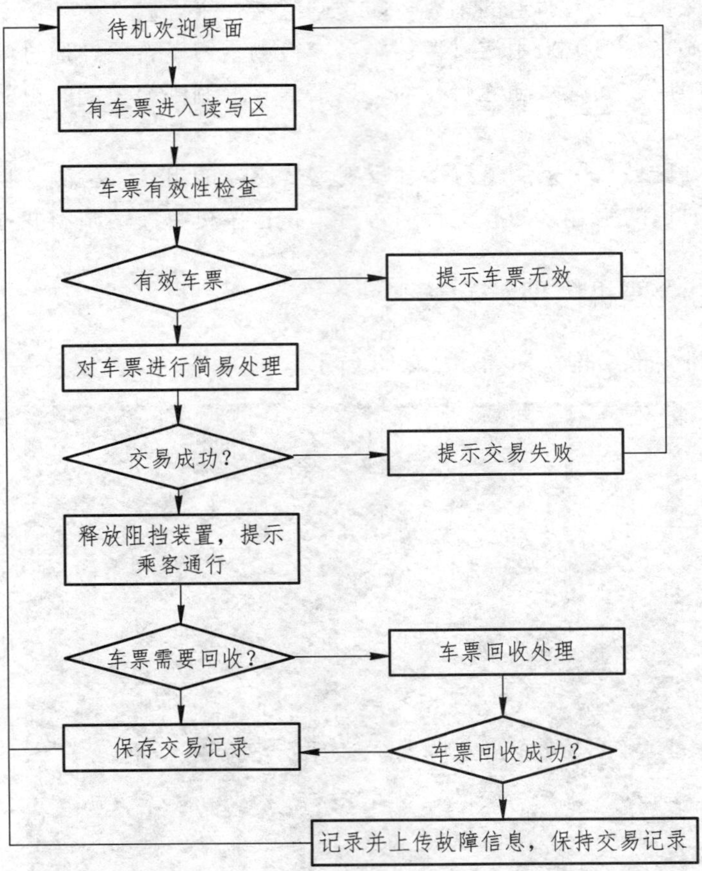

图 1.2.11　自动检票机交易处理流程

检票机在待机状态下将监测自身各部件的工作状态、搜索车票及等待接收车站计算机系统的指令。当发现车票后，检票机将首先检查车票的有效性。

检票机对车票有效性检查的主要内容包括：

· 密钥安全性检查。

· 黑名单检查。

· 票种合法性检查。

· 车票状态检查。

· 使用地点检查。

· 余值检查。

· 有效期（使用时间）检查。

· 进/出站次序检查。

· 更新信息检查等。

对于有效的车票，检票机按照业务规则对车票进行相应的交易处理。交易处理的结果将被记录。交易成功后检票机将释放阻挡装置，允许乘客通过检票通道。

对于出站检票机，可根据设定的参数对指定类型的车票进行回收。

对于无效车票，检票机给出提示信息，指导乘客前往车站服务中心或售票房/补票房对车票进行相应的票务处理。

在降级运营模式下，检票机根据降级运营的业务规则可忽略对进出站次序、有效期（使用时间）、车票余值等内容的检查。

（二）数据管理

检票机内保存的数据包括设备状态数据、交易数据、本机统计数据、参数文件等。

设备状态数据、交易数据和本机统计数据均由检票机生成。检票机定时检查各部件的工作情况，在设备状态或部件工作状态发生变化时，检票机记录状态信息并将相关信息实时上传到车站计算机系统。当有交易发生时，检票机将记录交易的结果，包括交易类型、时间、车票信息、交易金额及交易结果等，并实时刷新本机的统计数据。

为提高通信效率，交易数据及本机统计数据通常不使用实时上传方式，而是根据参数文件的设置定时或定量上传，车站计算机也可以主动索取检票机的交易数据及本机统计数据。

参数文件来自车站计算机系统。检票机对每种参数文件允许存有两个版本，即当前参数和将来参数，并对参数文件的版本号和生效时间进行管理。检票机定时检查参数文件的生效时间，当到达将来参数的生效时间时，检票机可以把将来参数自动切换成当前参数。当发生参数文件更新时，检票机将进行版本号检查，只有新下发的参数文件的版本号高于将来参数版本号时，将来参数文件才能被更新。

（三）车票的使用方式

检票机对单程票的使用方法采用“照进插出”方式，对储值票和其他不回收票卡则采用“照进照出”方式。

乘客进站时，将车票靠近进站检票机顶部的读写器天线上方停留（照）一下，即“照进”方式，进行检票操作。

乘客持单程票出站时，将单程票插入出站检票机的投票口，即“插出”方式，进行检票操作。由于单程票需回收后重复使用，因此乘客出站时，必须将单程票插入出站检票机，以便车站回收后循环使用。对于有效单程票，出站检票机将自动回收车票；对于无效单程票，需将车票返还给乘客。

乘客持公共交通卡等不需回收的车票出站时，将车票靠近检票机顶部的读写器天线上方停留（照）一下（即“照出”方式），进行检票操作。

1. 进站操作

在正常的模式下，进站检票机的导向指示器“允许通行”标志灯亮，乘客显示器显示允许乘客使用的信息。当乘客将一张单程票或储值票靠近进站检票机的读写器天线，并在其读写范围内时，进站检票机将读取车票上的有关信息，对车票进站有效性进行检查，并在乘客显示器上显示相关信息。

2. 出站操作

在正常的模式下，出站检票机的导向指示器“允许通行”标志灯亮，乘客显示器显示允许乘客使用的信息。当乘客将一张单程票插入出站检票机的投票口时，出站检票机将自动读取车票上的有关信息，对车票的出站有效性进行检查。或乘客将一张储值票不需回收的车票靠近出站检票机的读写器天线，并在其读写范围内时，出站检票机将读取车票上的有关信息，对车票的出站有效性进行检查，并在乘客显示器上显示相关信息。当检测到无效票或非回收的车票，将返还该车票。

出站检票机的投票口具有适当的缝隙限制，可防止“交通卡”和其他杂物的投入。在任何非运营模式下，如暂停服务模式、紧急放行模式、关闭模式等，进票口不接受车票，防止塞入车票或其他异物。

（四）车票有效性检查

检票机对进、出站车票进行处理时，必须对车票的有效性进行检查。对于不同种类的车票，中央计算机系统可分别设置相应的检查内容。

1. 进站方向检查内容

· 密钥安全性检查。
· 黑名单检查。
· 票种合法性检查。
· 状态检查，包括未初始化、已初始化、正常使用、已注销、已列入黑名单等状态。
· 使用地点检查。
· 余值检查。
· 有效期检查。
· 进/出站次序检查。
· 更新信息检查等。

2. 出站方向检查内容

· 密钥安全性检查。
· 黑名单检查。
· 票种合法性检查。
· 状态检查，包括未初始化、已初始化、正常使用、已注销、已列入黑名单等状态。
· 使用地点检查。
· 余值检查。

· 有效期检查。
· 进/出站次序检查。
· 超程检查。
· 超时检查。
· 更新信息检查等。

3. 车票检查有效

乘客持车票进站，进站检票机检验车票有效时，释放检票机的阻挡装置，让乘客通行；乘客持车票出站，出站检票机检验车票有效时，释放检票机的阻挡装置，让乘客通行，出站检票机可根据系统预先设置，回收单程票。

4. 车票检查无效

若车票检查无效，检票机在该车票上不写入任何信息，在乘客显示器显示“请去客服中心查询（GO TO BOOKING OFFICE）”及车票拒绝代码的信息，引导乘客到服务中心/补票机查询车票，同时关闭检票机的阻挡装置，阻止乘客通过。乘客可持该车票到人工售票机/补票机进行车票分析，根据不同情况对该车票进行处理。

5. 乘客连续通过处理

检票机的三杆装置应具有转动状态反馈信号，能存储最近 10 次转动信号，并可通过数据接口读出相关信息。在大客流乘客连续通过检票机时，检票机能连续进行检票处理和放行，通过三杆装置中的反馈信号获知未转动的次数，记录使用有效车票但未通过的乘客次数，当达到参数设置的最大次数时，检票机将拒收或处理车票，等待已检票的乘客通过检票机。在参数规定时间内，若乘客仍未通过检票机，则自动取消该乘客通过检票机的权利。

6. 特殊车票处理

检票机对特殊车票（如员工票、黑名单车票等）使用有灯光提示及音响功能。

7. 票盒收取

出站检票机具有带自动升降装置的车票回收票箱（或弹簧装置的车票回收票箱），被回收的单程票能整齐叠放，使回收的单程票将可以直接在车站内循环使用，而不需分拣。出站检票机在打开维护门时，回收票箱的升降装置受门感应器控制会自动下降，关闭维护门时，回收票箱的升降装置会自动上升。

在出站检票机的回收单元模块中安装有光电检测器，能随时检测票箱内的车票数量，在票箱将满及票箱满时向车站计算机传送相应的状态及车票数量信息。

当票箱满时，出站检票机将拒收需回收的车票，但可以继续处理不需回收的其他车票。出站检票机票箱的总容量为两个，每个票箱可回收的车票不少于 750 张。

当需要更换票箱回收车票时，操作人员打开检票机的门，必须待升降装置自动降落到位后，才能进行票箱更换操作。

· 松开固定锁扣。

· 取下票箱。
· 装上空票箱，要注意托板位置有无偏移。
· 紧固锁扣固定。
· 按动门开关检查票箱升降机构升降是否灵活。
· 确认正常后关闭维护门。
· 查看乘客显示屏的状态显示是否正常。

对装有弹簧装置的车票回收票箱的更换操作，必须严格按操作步骤执行，禁止违规操作。否则会带来不安全因素，造成人身伤害事故。

8. 回收车票

有效的单程票通过检票机将被回收，同时对回收的单程票的票值进行清零，被回收的单程票可直接被拿到售票机上出售。无效单程票将送到出票口退还给乘客，同时，乘客显示屏显示相关信息，提示乘客到票房或客服中心处理车票。

9. 检票机的状态信息与故障信息的显示

检票机在使用过程中，会将车票的详细交易信息上传至车站计算机。另外，检票机同时还会在使用过程中将设备的状态信息、故障信息及操作维护信息也同时上传至车站计算机。在车站计算机上要查询某一台检票机的状态信息，选择该台设备双击打开，显示界面上将显示该台设备的即时状态信息和交易的寄存器数据以及设备故障告警信息。

检票机能够接收由站台计算机下传的参数和控制命令，向车站计算机上传设备的运行和状态的各种数据。下载信息包括：系统参数、设备运行参数、车站数据表、费率表、票型表、时钟同步、黑名单信息、安全控制、授权信息、定期审计查询等。上传信息包括：车票交易信息、寄存器数据、发现黑名单信息、设备状态信息、设备故障信息等。检票机具有操作记录和少量统计功能，并向车站计算机传送所有数据。

六、自动检票机的工作方式

检票机工作方式主要有运行状态、关闭状态、故障状态和维护状态（测试状态）等几种。

（一）运行状态

运营状态存在联网运营和单机运营两种通信连接运行模式，以及正常运营和降级运营两种运行模式。

1. 通信连接模式

（1）联网运行。

联网运行是正常的系统工作状态，在这种状态下，检票机与车站计算机联网正常运行。检票机能完成设备的所有功能，支持 10 种以上的运行模式，能向车站计算机发送检票机工作状态及交易数据，车站计算机可向检票机发送指令及系统参数。

（2）单机独立运行。

单机独立运行是属于检票机与车站计算机发生通信故障而采取的降级运行状态。在这种状态下，检票机除不能与车站计算机交换数据、接受系统参数及车站计算机不能监控该检票机的工作状态外，其他功能均正常执行。由于检票机不能与车站计算机系统联网，因此不能通过车站计算机设置检票机为紧急状态，但可通过紧急按钮设置检票机处于紧急状态。检票机将交易记录及日志存放在本机存储器中，其中交易记录至少可存放 5 万条。并可存储不少于 7 天的设备的状态信息，当达到设定的最大限度时，检票机将根据参数设定，停止服务或删除不重要的数据，并通过乘客显示器显示相应的提示信息，以提醒操作员通过外部数据接口（如 USB 等）下载设备运行数据，传送给车站计算机，由车站计算机展开获得数据。

在进行检票机软件更新或一些重要参数（如票价表）更新时，车站计算机产生由于网络中断而处于离线运行模式的检票机清单，然后由操作员决定这些检票机是停运或是通过外部手工更新后继续离线运行。当网络恢复后，检票机自动进行参数同步，自动上传未传送的设备运行数据到车站计算机。

2. 运行模式

（1）正常模式。

检票机在正常运行模式下，导向指示器显示“允许通行”标志，乘客显示器显示正常使用的相关信息，检票机可正常处理检票、放行等操作。

乘客持车票进站，进站检票机检验车票是有效时，在车票上写入相关进站信息，并对写入的数据进行校验，然后释放通道阻挡装置，让乘客通行。当进站检票机检验车票无效时，锁闭通道阻挡装置，禁止乘客通行，乘客显示器显示相关信息。乘客可持车票到售票处或服务中心进行车票分析，根据不同情况对车票进行相关处理。

乘客持车票出站，出站检票机检验车票有效时，在车票上写入相关出站信息，扣除相应的车费或乘次，并对写入的数据进行校验，然后释放通道阻挡装置，让乘客通行，并根据系统参数设置回收指定单程票。当出站检票机检验车票无效时，锁闭通道阻挡装置，禁止乘客通行，同时乘客显示器显示相关信息，引导乘客到补票亭或服务中心查询车票，根据不同情况对车票进行相关处理。

（2）降级运营模式。

① 列车故障模式。

当轨道交通列车出现运营故障，使部分车站暂时中止运营服务时，AFC 系统将根据相关规定的要求，设置列车故障模式。

a. 在列车故障模式下：

· 暂停服务的车站进站检票机不允许乘客再进站。

· 进入收费区的乘客必须全部中止乘行，离开暂停服务的车站。

b. 设置了该模式的车站，出站检票机根据车票的票种及进站地点进行不同的处理：

·对从本站进入的单程票及乘次票不扣除车费或乘次，单程票不回收，并写入此模式的标志信息。

·对从本站进入的其他车票不扣任何车费，并写入出站标记和此模式的标志信息。

·对从其他车站进站的单程票及乘次票不扣除车费或减去乘次，单程票不回收，并写入此模式的标志信息。

·对从其他车站进站的其他类型的车票不扣除车费，写入出站标记和此模式的标志信息。

c. 列车故障模式结束后所有车站的检票机对车票的处理：

·若单程票或乘次票具有列车故障模式标志信息，并在系统设置的规定时间段内，允许在任何车站进站使用，乘坐符合票值的车程。出站时根据本次重新进站的实际车费进行检查，车费不足到补票亭或服务中心进行超程更新处理。

·储值票等其他车票按本次重新进站的正常使用进行扣费。

② 进/出站码免检模式。

当车站，突发特大客流的特殊条件下，可根据运行需要及相关规定，将 AFC 系统设置为进/出站码免检运营模式。进/出站码免检运营模式可由车站或中央一级设置。一旦有一个车站使用进站码免检运营模式，则全线网的车站都要实行出站码免检运营模式，以确保乘客能顺利出站。进/出站码免检模式的操作规程如下：

a. 进/出站检票机一定要检验进/出站的车票。

b. 设置为进站码免检模式的车站，乘客进站检票时，进站检票机认为：车票上所有记录的交易和编码信息，都是有效的，所以，进站检票机都放行，以便让乘客迅速进站，疏散客流。

c. 设置为出站码免检模式的车站，乘客出站检票时，不检验车票上的进/出站码和车票余额、超程和超时，以便让乘客迅速进站，其他检验和操作照常进行，如：日期的有效性和单程票回收等。出站检票机对单程票以外的其他车票，按最低票价或次数计费并对进/出站码进行设置。AFC 系统的车站终端设备，包括进/出站检票机，都是根据远期高峰时刻客流预留，按中期高峰时刻客流配置。

因此，对特大客流来讲，AFC 系统有充分的准备和宽余量。对 AFC 系统的出站检票机来讲，在设备配置的数量上，考虑到车站节假日客流和客流“进站离散性、出站集中性”等特点；在出站的客流量上，由于受到列车的乘客容量和运能等条件的限制，所以，出站的车站客流量始终是处于可控状态。因此，从某种程度上讲出站码免检模式是配合进站码免检模式而设置的。

③ 日期免检模式。

由于特殊原因，导致部分车票过期，根据运行工作的需要及相关规定，要求将系统设置为日期免检模式。

在“日期免检模式”下，检票机不进行日期判断，允许过期的车票继续使用。但是仍要检查车票的其他信息，如进/出站代码、车票余值等，所有车票按正常方式进行扣费处理。

④ 时间免检模式。

由于特殊原因，如引起列车延误、时钟错误导致大量持票乘客超时无法出站的情况，可根据相关规定的要求，将系统设置为时间免检模式。

在“时间免检模式”下，对于所有车票，出站检票机将不检查车票上的进站时间，但是仍然检查车票的票值、进/出站码、日期等，所有的车票按正常方式进行扣费处理。

⑤ 超程免检模式。

如果某个车站因特殊情况而临时关闭，导致列车只能越过该车站后才停车，在这种情况下，根据相关规定的要求，系统将把该前方站设置为超程免检模式。

在设置了“超程免检模式”的情况下，出站检票机不检查单程票的票值，但检查车票的其他信息，如车票的进/出车站代码、时间、日期等，并且回收所有的单程票。

对于储值票，则扣除到该临时关闭站的车次；对于乘次票，则扣减一个乘次。

（3）紧急放行模式。

当车站发生火灾等紧急情况时，将系统设置为紧急放行模式。

在紧急放行模式下，所有检票机阻挡装置被释放打开，固定式三杆可双向自由转动，落杆式三杆自动落杆，门式检票机阻挡门被敞开，禁止检票处理，乘客不需要使用车票就可通过检票机迅速离开车站。

在紧急放行模式下，检票机乘客显示屏显示“紧急模式”，顶部警示灯闪亮。面向付费区的导向指示器显示“允许通行”标志，面向非付费区的导向指示器显示“禁止通行”标志，表示付费区乘客不需检票即可出站，而拒绝非付费区乘客进站。

检票机单机也可设置紧急放行模式，主要用于检票机与车站计算机和紧急按钮发生通道通信故障时使用。

（二）关闭状态

当天运行结束后，车站计算机系统直接下达命令，将系统设置为关闭状态。在关闭状态下，检票机退出运行状态，禁止检票处理，乘客显示器显示“关闭服务“信息，通道阻挡装置关闭，导向指示器显示“禁止通行”标志。但检票机仍保持与车站计算机通信连接的状态。车站计算机仍可监控处于关闭状态的检票机。

（三）故障状态

检票机各模块具备在运行过程中自动探测自身故障并报告给设备主控计算机的功能。

当检票机检测到故障发生时，向车站计算机报告故障信息，同时根据故障等级将设备关闭或降低服务等级继续服务。

处在故障状态下的进出站检票机，由主控计算机根据故障级别，而采取不同的处理策略，通常包括二大策略：

第一种为小故障，检票机采取降级处理策略，例如，出站检票机在单程票处理装置故障时，可以自动切换到只使用储值票的故障降级模式运行，在这种情况下，当故障消除后设备可以恢复到正常工作状态。

第二种为大故障，检票机采取停止运行处理策略，并在乘客显示器上显示“暂停服务”等故障信息，导向指示转为“禁止通行”标志，以提示乘客不能通行，同时把故障状态上传到车站计算机。

（四）维护状态

通过维护键盘或移动维护终端，车站维护及管理人员可将检票机设置为维护模式，对检票机进行设备测试及维护。

在维护状态下，维护人员可以通过维护键盘输入指令对各部件的工作状态进行测试，数据查询、模块动作测试、参数配置等操作，乘客显示屏在维护状态下可显示各种测试代码和相关信息。

在维护状态下，检票机不对乘客服务，导向指示器转为“禁止通行”标志，以提示乘客不能通行，同时把相关信息及处理结果上传到车站计算机。乘客显示器显示“暂停服务”信息及相关的维修信息，同时不处理车票。但维修员在特定命令下可以使用测试票对设备整体性能进行测试，此时对测试票产生的交易不进行上传，但记录相应的日志。

在维护状态下，维修人员将通过维修面板，可以对设备进行其权限所规定的相应的维修操作，权限由参数指定，但是没有权限对设备上的已有交易数据进行修改。

维修人员及管理人员签退后，设备自动退出维修模式。

【任务实施】

工作任务一　自动检票机的使用和操作

通过工作任务的学习，使学生掌握自动检票机的操作技能。

一、自动检票机开机操作

① 按下 UPS 按钮打开 UPS。
② 打开电源箱开关。
③ 打开工控机电源开关。
④ 等待 1 min 左右，设备启动成功。
⑤ 关闭维修门，液晶显示器显示线路图，状态显示器显示“正常服务”。

二、自动检票机单程票回收模块操作

① 打开闸机门。
② 按下红色升降机动作按钮，等待 2 min，升降机都降到票盒底部位置。

③ 将固定在票盒上的两个白色扣件向外拉并旋转 90°。

④ 取出票盒并清空票卡。

⑤ 安装票盒到正确位置，将票盒上的两个白色固定扣件向外拉并旋转 90°，使票盒固定。

⑥ 按下红色升降机动作按钮，等待两个升降机升到最高位置。

⑦ 确认没有异常，关上闸机门并锁好。

⑧ 检查闸机显示屏右下角是否有故障代码，如有故障重新操作。

自动检票机票箱拆卸扫码观看

自动检票机票箱安装扫码观看

工作任务二　自动检票机的日常维护

为了确保 AFC 设备的运营可靠，严格控制维修质量，力争将故障消灭在萌芽状态，加强预防性维护保养力度，以保证 AFC 设备处于良好的运行状态。检票机维护保养分为日常维护和周期维护。日常维护有日检维护、双周检维护，周期维护根据部件性能不同分为季维护、半年维护、年维护。

一、日检（每日维护）

（一）清洁设备外部

① 清洁机器外壳和显示屏的灰尘，表面无浮尘、无污渍。

② 表面不得有粘纸和粘物。

（二）清洁车票传输机构（蘸少许浓度 75%酒精）

① 清洁所有压轮、滚轮、传输皮带，不得有污垢。

② 清洁设备内部，做到无明显的灰尘。

③ 在皮带的清洁中，如发现有皮带老化、松弛现象应及时更换。

④ 清洁传感器，不允许由于传感器问题造成进票速率的降低。

⑤ 禁止使用过量的酒精清洁设备，避免造成零部件过早的老化及损伤。

（三）检查设备显示是否正常

① 乘客显示屏、读写器指示灯。

② 方向指示灯、告警灯。

③ 如发现显示异常或功能缺失，及时调节或更换。

（四）检查三杆机构的转动性能

① 检查三杆机构的主轴、紧固螺丝、单杆紧固螺丝是否松动。

② 检查阻尼的销子是否脱落或断裂。

③ 检查并调节阻尼效果至适当位置。

④ 检查三杆转动时声音是否过响、过重，如有应及时调整阻尼（细调或粗调）。

⑤ 检查三杆电路控制板、三杆电磁阀和连接导线。

⑥ 在紧固三杆时，严禁用力过度（承受的质量不得超过 18 kg），以免造成三杆螺丝滑牙、交形使部件损伤。

（五）设备运营状态巡视

① 设备是否有异常声响。

② 设备是否有故障。

③ 设备运营是否保持稳定（指频繁重复发生故障）。

④ 在以上巡视中发现问题时，应按设备维护要求，及时处理。

（六）记录表填写

每日当班维护人员对检票机进行日检后，将情况正确填写在《车站 AFC 设备记录表》内。

二、双周检维护（每 2 周 1 次）

（一）清洁设备内部积灰

① 清洁导向指示灯的外罩，无积灰。

② 清洁电源盒、加热器、读写器的外罩，无明显灰尘。

③ 清洁设备底部、部件支架、线槽、线缆，无明显灰尘。

④ 清洁控制电路板，做到无结灰。

⑤ 拆下并清洁乘客显示屏和显示面板的灰尘，严禁使用酒精擦拭。

（二）检查设备内所有紧固螺丝

① 检查门锁、门撑杆、传输/回收机构、转向器、乘客显示屏、升降机构、传输机构带轮等螺丝是否松动。

② 如发生螺丝缺损和松动，及时补缺和紧固。

（三）检查和调整三杆机构

① 除去三杆机构上的污油，在滑轮上均匀添加适量润滑油。

② 检查调整阻尼位置，检查尼龙滑块是否老化、磨损是否严重。

③ 检查三杆控制板控制、电磁铁动作是否正常。

④ 发现零部件损坏或磨耗需及时更换。

⑤ 转动三杆机构，检查机械动作应灵活，部件无晃动、无异常声响。

（四）升降机检查和清洁

① 检查升降机构传动时是否有异常。

② 清洁升降机丝杆上污油，在丝杆上均匀添加少量润滑油。
③ 检查升降导轨装置是否完好。
④ 清洁升降托板的污垢，检查升降托板是否有松动。
⑤ 检查传感器是否正常并进行检测。
⑥ 检查票盒锁紧扣、紧固杆是否松动，如有松动及时紧固。
⑦ 检查升降动作是否升到位. 如升降机构性能较差，需及时调整或更换。

（五）检查、清洁传输机构

① 检查传输机构转动时是否有异常。如有异常及时调整或更换，严禁故障状态滞留。
② 清洁所有的传感器，无灰尘、污垢。
③ 检查零部件螺丝是否紧固。
④ 检查连接电缆、接插件是否完好。
⑤ 检查进票口挡板动作，并进行调整。
⑥ 检查转向器是否动作正常。
⑦ 检查传输皮带是否变形、磨损或老化，如有及时更换。

（六）检查、清洁车票回收机构

① 检查回收机构传动时是否有异常，如有异常及时调整或更换，严禁故障状态滞留。
② 检查各个部件的螺丝是否紧固。
③ 检查各个接插件是否完好。
④ 检查转向器是否正常。
⑤ 检查传感器是否完好。
⑥ 检查传输皮带是否变形和老化，如有则更换皮带。

（七）检查读写器

① 检查读写器的反应速度是否正常，如读卡反应慢，应更换。
② 检查读写器感应距离和覆盖区域，外置如小于 6 cm，或读卡感应区域位置不对，更换读写器。
③ 用测试票进行测试，要求连续使用 30 张，在乘客显示屏上应连续显示“OK” 30 次。

（八）对检票机进行功能性能测试

① 转向器测试：利用测试码测试，转向板应有向上摆动然后回到原位的动作，摆动幅度为 30°左右。
② 升降机构测试：利用测试码测试升降机构上升/下降动作，升降时动作应平稳到位。

③ 三杆机构测试：利用测试码测试：

· 在测试状态电磁阀应处于释放状态。

· 在乘客显示屏上传感器指示数 0、1 应随三杆转动时变化。

· 正、反转时主轴无松动。

· 转一圈单杆转动 120°。

④ 车票传输机构测试：用测试码测试传感器，在乘客显示屏上正常显示数为 0，遮挡传感器时显示屏显示应变成 1。用测试码进行马达传动测试，马达应带动皮带正转和反转各 5 s 时间。

⑤ 蜂鸣器和指示灯测试：用测试码测试蜂鸣器有鸣叫声，时间为 60 s，指示灯显示亮 5 s。

⑥ 测试中如发现模块功能未达到要求的，应及时调整或更换。

【知识拓展】

自动检票机的常见故障及排除的相关内容见表 1.2.1。

表 1.2.1　自动检票机常见故障及排除

序号	故障现象	可能的故障原因	解决方法
1	开机无显示	无电源输入	首先检查电源及显示器的连接情况，或联系专业维护人员
		部件连接异常	
2	方向指示器闪烁	通行传感器异常或被异物遮挡	打开维护门检查传感器指示灯，或联系专业维护人员
3	提示暂停服务（非上级系统控制）	维护门打开或维护门传感器异常	检查维护门情况并联系专业维护人员
		票箱满或不到位	更换票箱或联系专业维护人员
		机芯错误	联系专业维护人员
		卡读写模块故障	检查主机与读写模块的连接情况或联系专业维护人员
		与维护模块通信异常	对维护模块重新加电并联系专业维护人员
		维护模块未加电	对维护模块上电
		维护模块未连接好	联系专业维护人员
4	登录不成功	输入用户名或密码错误	重新输入
5	设备报警	维护时未在限定时间内登录	重新登录
		三次登录均失败	人工重新验证用户名和操作密码
		更换票箱后未归位，完成未确认	重新归位并确认完成

【案例展示】

某地铁站在某日早高峰运营期间，某一台出站闸机发生卡票现象，导致出站客流拥堵。通过工作人员紧急处理后，恢复正常运行。

自动检票机处理卡票的操作流程如图 1.2.12 所示。

图 1.2.12　自动检票机处理卡票的操作流程

1. 卡票原因分析

由于乘客操作不当，使票卡折损导致卡票无法正常使用。

2. 卡票位置

卡票现象发生在票箱顶部的传送带区域。

3. 卡票操作

① 打开右侧维修门，拉出车票回收模块。

② 从票卡卡住的位置处左手边最近的转盘开始，按照出卡方向依次旋转各转盘，直到票卡移至方便取出位置即可。

【学习评估】

一、复习思考题

（1）简述自动检票机的分类、结构组织及其结构功能。

（2）简述自动检票机基本故障的处理方法。

二、技能操作

以实训基地的自动售检票系统终端设备为例，通过实训任务的方式完成本项目的技能学习。

（1）任务 1——认知自动检票机的基本构成。

（2）任务 2——重启自动检票机操作。

（3）任务 3——自动检票机更换票箱操作。

（4）任务 4——出站闸机卡票的处理。

任务三 半自动售票机的操作与管理

任务三　半自动售票机的操作与管理的相关内容请扫码观看

项目二

电扶梯系统

学习指导

学习指导书

名称	城市轨道交通电扶梯系统	
学习目标	知识目标	1. 了解电扶梯的发展史 2. 掌握电扶梯在地铁中的应用、选型、布置及主要设计标准 3. 掌握电扶梯的组成部分 4. 掌握电扶梯的机械安全和电气安全装置 5. 掌握电扶梯的操作原则 6. 掌握电扶梯的操作注意事项 7. 掌握电扶梯的日常使用制度 8. 掌握电扶梯的应急处置程序 9. 掌握电扶梯的日常检查项目及要求
	技能目标	1. 能指出电扶梯主要机械结构的名称 2. 会正常操作电扶梯 3. 能正确分析处理电扶梯常见故障 4. 会指导处理紧急时刻如何正确使用电扶梯 5. 会采用适当言辞敬告使用电扶梯不正当行为的乘客 6. 会日常检查电扶梯
学习内容	任务一　自动扶梯的使用与运行管理 工作任务一 自动扶梯正常运行操作 工作任务二 自动扶梯转换运行方向操作 工作任务三 自动扶梯紧急停止操作	

续表

学习内容	工作任务四 自动扶梯日常使用管理 工作任务五 自动扶梯日常检查 任务二 垂直电梯的使用与运行管理 工作任务一 垂直电梯正常使用操作 工作任务二 危难时刻正确使用电梯 工作任务三 垂直电梯日常使用管理 工作任务四 垂直电梯日常检查
学习准备	收集各个城市轨道交通运营公司电扶梯的相关资料，包括使用类型、主要技术指标等；收集各个地铁公司电扶梯的使用规程、日常管理规程；收集各种电扶梯的事故案例

任务一
自动扶梯的使用与运行管理

【任务导入】

由于地铁站客流量比较大，运营时间长，部分出入口提升高度大，因此使用自动扶梯作为乘客出入地铁或疏散的工具，是世界各地地铁系统建设的首要选择。在地铁中自动扶梯可靠性要求高，扶梯在停止运行时，应能作为固定楼梯疏散乘客。

自动扶梯日常运行管理由各车站工作人员根据车站运作需要，对自动扶梯设备进行开、关和控制运行方向的操作，并对设备镜像监管及故障报告。当车站出现紧急情况或发生火灾时由控制中心统一指挥，车站工作人员按照救灾模式控制自动扶梯的运行。由于自动扶梯设备属于特种设备，对安全性要求很高，因此制定了严格的操作规程及管理制度，以保障乘客的安全。自动扶梯如图 2.1.1 所示。

【知识准备】

图 2.1.1　地铁自动扶梯

一、自动扶梯简介

从其最基本的功能来说，自动扶梯就是一个经过简单改装的输送带，带有循环运行梯级，用于向上或向下倾斜输送乘客的固定电力驱动设备，并以稳定速度承载多人进行短距离移动，是一种能连续不断运载人员上下的一种电梯。

自动扶梯作为地铁车站内集散乘客的主要运输工具，它可以将乘坐地铁的乘客安全、快捷、舒适地送入或送出车站，有效地解决地面至站厅、站厅至站台不同标高间乘客的乘降需要，改善乘客乘车条件，提高乘车舒适度，是地铁车站建筑设计中非常重要的一个环节。

二、自动扶梯的特点

在地面至站厅及站厅至站台间设置上、下自动扶梯，其特点主要有：输送能力大，人们可以随时上下，无等候时间；可以双向运行，根据需要可选择向上或向下运行；无需安装机房和底层缓冲坑；发生故障时，可作为一般楼梯使用。另外除承担车站乘客站厅到地面的乘降外，还兼顾市政过街功能。

三、自动扶梯的分类

（一）按驱动装置位置分类

（1）端部驱动自动扶梯（或称链条式）：驱动装置至于自动扶梯头部，并以链条为牵引构件的自动扶梯。

（2）中间驱动自动扶梯（或称齿条式）：驱动装置至于自动扶梯中部上分支与下分支之间，并以齿条为牵引构件的自动扶梯。一台自动扶梯可以装有多组驱动装置，也称多级驱动组合式自动扶梯。

小贴士：上分支和下分支的区分如下：上分支是工作分支，用于运输乘客；下分支是非工作区，是返程分支。

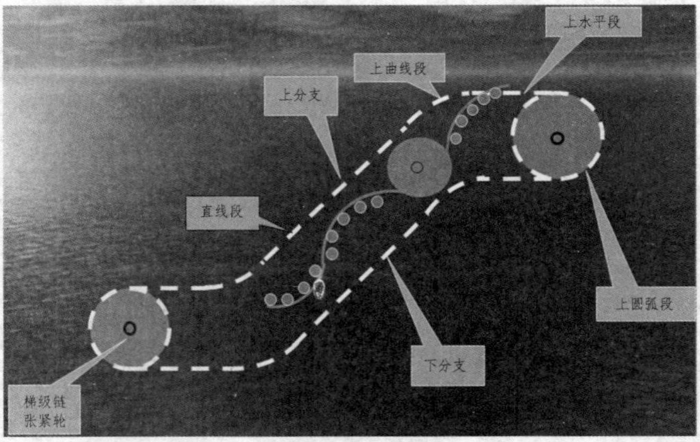

图 2.1.2　自动扶梯上、下分支

（二）按牵引构件型式分类

（1）链条式自动扶梯（或称端部驱动式）：以链条为牵引构件、驱动装置至于自动扶梯头部的自动扶梯。

（2）齿条式自动扶梯（或称中间驱动式）：以齿条为牵引构件、驱动装置至于自动扶梯中部上分支与下分支之间的自动扶梯。

（三）按自动扶梯扶手外观分类

（1）全透明扶手自动扶梯：扶手带只用全透明钢化玻璃支撑的自动扶梯。

（2）半透明扶手自动扶梯：扶手带用半透明钢化玻璃及少量撑杆支撑的自动扶梯。

（3）不透明扶手自动扶梯：扶手带用支架并覆以不透明板材支撑的自动扶梯。

（四）按自动扶梯梯路线型分类

（1）直线型自动扶梯：扶梯梯路为直线型的自动扶梯。

（2）螺旋型自动扶梯：扶梯梯路为螺旋型的自动扶梯。

（五）按自动人行道分类

（1）踏步式自动人行道：由一系列踏步组成的活动路面、两旁装有活动扶手的自动人行道。

（2）钢带式自动人行道：在整根钢带上覆橡胶层组成的活动路面、两旁装有活动扶手的自动人行道。

（3）双线式自动人行道：由一根销轴垂直放置的牵引链条构成来回两分支、在水平面内的闭合轮廓，以形成一来一回两台运行方向相反的自动人行道。两旁皆有活动扶手装置。

四、自动扶梯机械结构（见图 2.1.3）

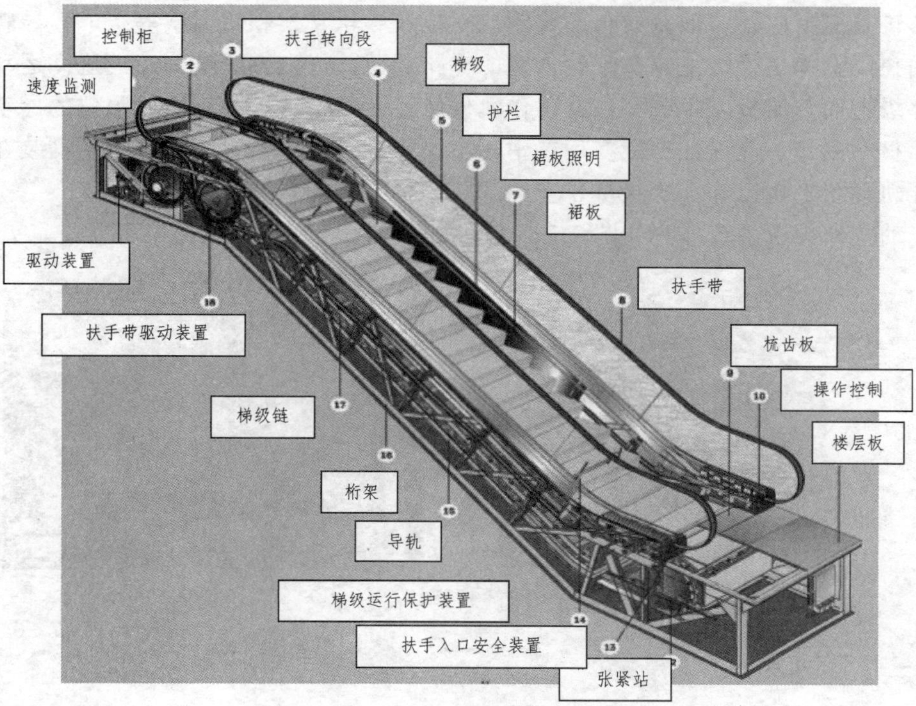

图 2.1.3　自动扶梯机械结构

地铁系统中应用较多的自动扶梯是链轮式端部驱动自动扶梯，其基本结构可分成四大部分：一是梯路，供乘客站立并能提升，梯路由梯级、牵引构件以及梯路导轨系统三部分组成；二是动力驱动装置，可完成梯路的提升和连续循环运转；三是框架结构，用于自动扶梯各零件的组合和定位以及在现场的定位安置；四是控制与安全装置。

（一）桁架

桁架架设在建筑结构上，供支撑梯级、踏板、胶带以及运动机构等部件的金属焊接结构件，整体热浸锌处理，其强度应符合国家标准规定，外形如图 2.1.4 所示。

图 2.1.4　自动扶梯桁架

（二）导轨系统

导轨系统由主轮、辅轮的全部导轮、反板、导轨支架和转向壁等组成。导轨系统的作用在于支撑由梯级主轮和辅轮传递的梯路载荷，保证梯级按一定的规律运动以及防止梯级链而与裙板发生摩擦，在工作轨外侧还专门设计了装有滚轮限位的导轨，用低摩擦材料制造，能保证梯级在运行中不会摩擦裙板。导轨系统还应包括安装在上部曲线导轨系统上用以卸去梯级链轮上的载荷的梯级链卸载导轨。

自动扶梯导轨系统外观如图 2.1.5 所示。

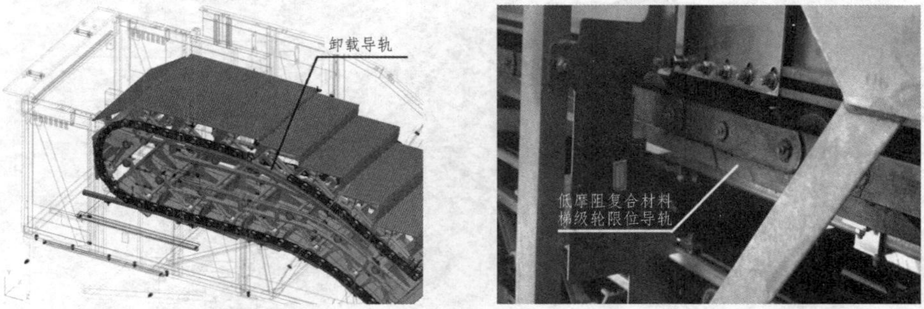

图 2.1.5　自动扶梯导轨系统

（三）驱动装置

驱动装置安装在桁架的上方驱动端站，是自动扶梯的动力源。它通过主驱动链，将动力传递给驱动主轴，进而带动整个梯路系统及扶手系统。一般由电动机、减速器、制动器、传动链及驱动主轴等组成。

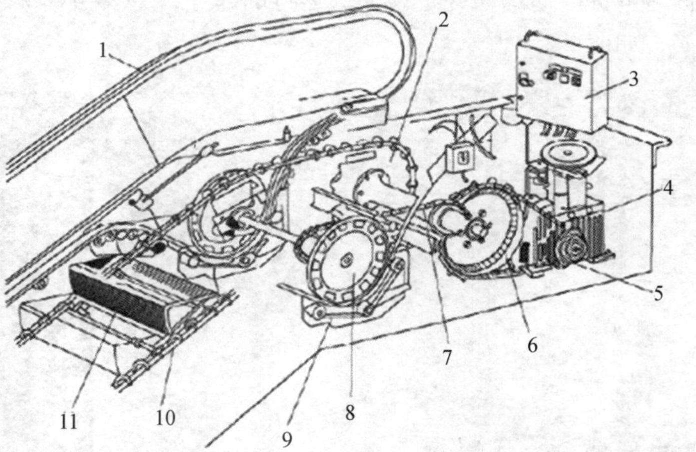

1—扶手胶带；2—牵引链轮；3—控制箱；4—驱动机组；5—传动链轮；6—传动链条；7—驱动主轴；8—扶手驱动轮；9—扶手胶带压紧装置；10—梯级链条；11—梯级。

图 2.1.6 自动扶梯驱动装置

（四）制动系统

制动系统：使自动扶梯有一个接近匀减速的制停过程直至停止，并使其保持停止状态。制动系统在使用过程中应无故意的延迟现象。主要包括工作制动器、辅助制动器和紧急制动器。

工作制动器：主要用于扶梯停止运行时为其提供制动力，安装于减速器的高速轴上。

辅助制动器：与工作制动器起相同作用，用于停梯时起保险作用。

紧急制动器：用于传动链突然出现断裂时使驱动主轴制停，应安装在驱动主轴上，一般安装在驱动链轮上。

自动扶梯制动器如图 2.1.7 所示。

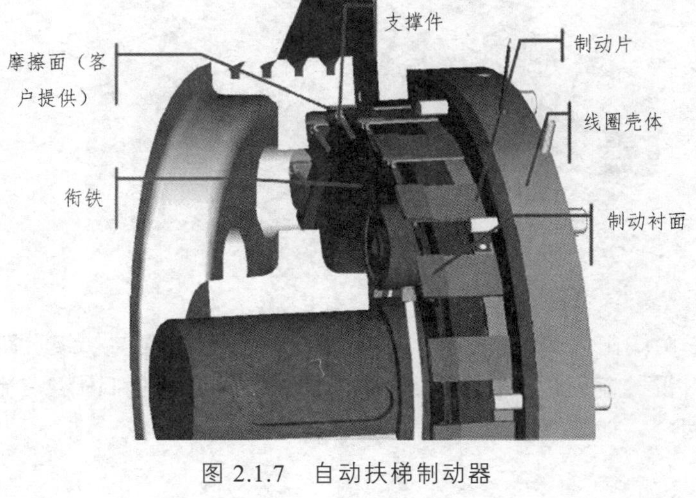

图 2.1.7 自动扶梯制动器

（五）传动链装置

传动链装置是负责传递运动并带动梯级运行的部件，主要由梯级链、主驱动链、扶手驱动链组成，如图 2.1.8 所示。

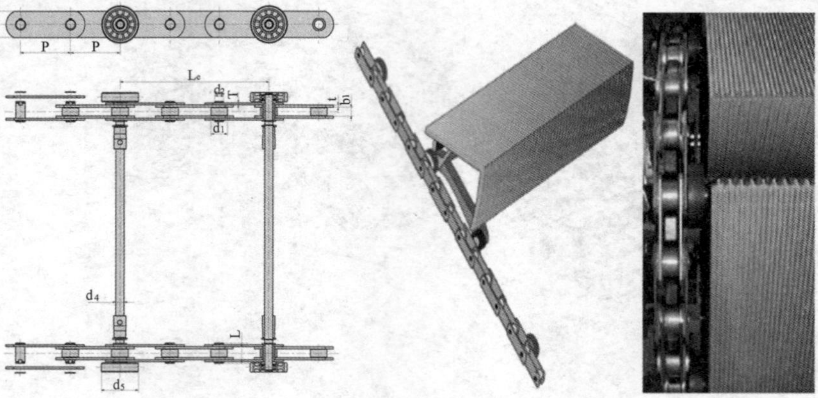

图 2.1.8　自动扶梯传动链

（六）梯级

梯级的主轮轮轴与牵引链条铰接在一起，而辅轮轴则不与牵引链条连接。全部梯级通过按一定的规律布置导轨运行，可以做到在自动扶梯上分支的梯级保持水平，以供乘客站立，而在下分支的梯级可以进行倒挂翻转，如图 2.1.9 所示。

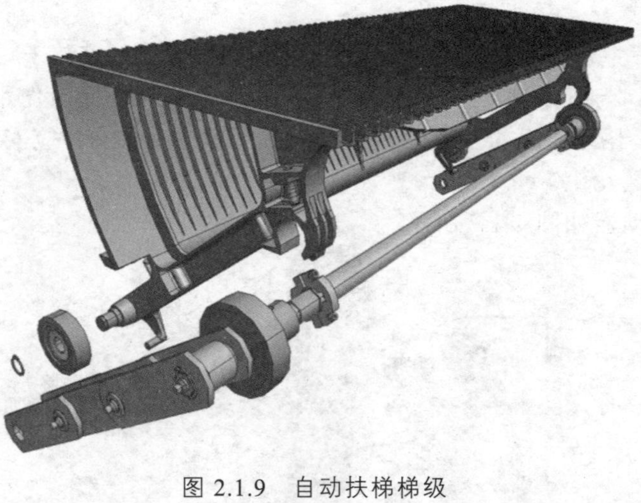

图 2.1.9　自动扶梯梯级

（七）梳齿板

梳齿板位于两端出入口处，是为方便乘客上、下过渡而与梯级、踏板相啮合的部件。它包括前沿板、梳齿板、梳齿 3 个部分，每个梳齿用螺钉固定在梳板的前段，并与踏板齿槽相啮合，如图 2.1.10 所示。

图 2.1.10　自动扶梯梳齿板

（八）扶手带

扶手装置是在扶梯两侧对乘客起安全防护作用，也便于乘客扶握的部件。扶手装置由扶手驱动系统、扶手胶带、栏杆等组成。扶手胶带是在扶手装置顶面，与梯级同步运行（速度允差为 0 ~ 0.2%），供乘客扶握的带状部件，是由扶手带传动轴驱动的，而扶手带传动轴是由主传动轴通过一根复式链传动的，如图 2.1.11 所示。

图 2.1.11　自动扶梯扶手带

（九）自动润滑装置

润滑是自动扶梯维护的一项重要工作，也是保持扶梯良好运行状态的重要条件，自动扶梯润滑装置如图 2.1.12 所示。

图 2.1.12　自动扶梯润滑装置

目前自动扶梯配备有两种润滑装置：一种是普通润滑装置，它依靠重力作用进行滴油润滑，油量大小通过电磁阀来调节；一种是中央控制自动润滑系统，它通过控制系统调节油泵、电磁阀，来达到控制油量大小和加油时间的目的。

五、自动扶梯电气控制

电气控制系统包括主控制柜、操纵面板、检修控制盒及各种安全保护开关。节能型扶梯还包含变频器、进入感应装置，在无人乘梯时扶梯停止或以低速运行，当感应到有人进入扶梯时扶梯加速到正常速度。整个控制电路包括主电路、控制电路、整流电流和保护电路。

（一）控制电路认知

（1）主电路由交流拖动电动机、交流润滑电动机及接触器等组成，是自动扶梯的动力电路。

（2）控制电路主要完成自动扶梯的启动，停止，正、反转，制动，报警及“星☆—三角△”变换进行全面的控制和管理，对运行中发生的短路、欠电压、过载等故障实施高速并行处理，使自动扶梯迅速制动并正确停车。

（3）保护电路的主要功能是检测故障并进行声光报警，切断控制电路电源，迅速制动拖动电动机。

（二）控制箱

控制箱置于上部桁架的机房内，为方便维修，在机房盖板被去掉后，整个控制箱可以顺一根导轨拉上来并且转动。控制箱内部主要包含主机板、变频器、主开关、各种继电器、接线端子、通信接口和接地保护装置等，自动扶梯控制箱如图 2.1.13 所示。

图 2.1.13　自动扶梯控制箱

（三）自动扶梯运行控制

（1）自动扶梯的启动开关应设在能看到整个扶梯的位置，且只能由指定人员才能操作的一个或数个开关来实现。开关上应有明显的运行方向标记。

（2）正常停止运行开关应与启动是同一开关，应能切断主电流使自动扶梯停止运行。

自动扶梯启动开关如图 2.1.14 所示。

图 2.1.14　自动扶梯启动开关

（3）紧急停止按钮应符合安全触点的要求且应有红色的标记，该装置位于上平台圆弧盖板左侧、下平台圆弧盖板右侧。提升高度大于 12 m 时扶梯中间要增加紧急停止按钮。自动扶梯紧急停止按钮如图 2.1.15 所示。

图 2.1.15　自动扶梯紧急停止按钮

（4）自动扶梯停止运行后，必须重新启动。

（5）自动扶梯不能在运行中转换方向。

六、自动扶梯安全装置

（一）驱动链断链开关

驱动链过度伸长和破断时，能使扶梯停止。

（二）梯级下陷开关

梯级任何一部分下陷时，能使扶梯停止。

（三）梯级运行开关

两梯级之间卡入异物，梯级滚轮运行异常时，能使扶梯停止。

（四）梯级链张紧装置

在梯级链过度伸长或不正常收紧或破断时使扶梯停止。

（五）梳齿板开关

能在水平和垂直两个方向对扶梯进行保护。水平动作力达 900 ~ 1 200 N 时水平开关动作；垂直动作力达 100 ~ 200 N 时垂直开关动作，扶梯停止。

（六）裙板开关

当有异物卡入梯级与裙板之间，使裙板受异常压力时，扶梯停止。

（七）扶手带断开关

在扶手带破断时，使扶梯停止运行。

（八）超速开关

扶梯超速至 1.15 倍额定速度时，工作制动器动作；超速至 1.3 倍时，附加制动器动作。

（九）扶手带入口开关

对扶手带入口部施加 10 ~ 30 N 的压力，能令该开关动作，扶梯停止。

（十）主、附制动器开关

制动器未完全释放或调整不当，扶梯不能启动。

（十一）断相错相保护装置

主电源发生断相错相时，扶梯停止运行。

（十二）扶手带速度监控装置

扶手带与梯级的速度差超出 0 ~ +2%并持续 10 s 时，向 EMCS 系统发出信号；这种速度超出 –5% ~ +5%并持续 10 s 时，应使扶梯停止。

（十三）地板安全开关

当扶梯地板被非正常打开时，扶梯停止运行。

（十四）防逆转装置

在扶梯速度意外降低至额定速度的 20%时，工作制动器动作；扶梯出现逆方向运行时，在速度为 0 前，附加制动器动作，使扶梯停止。

自动扶梯安全装置如图 2.1.16 所示。

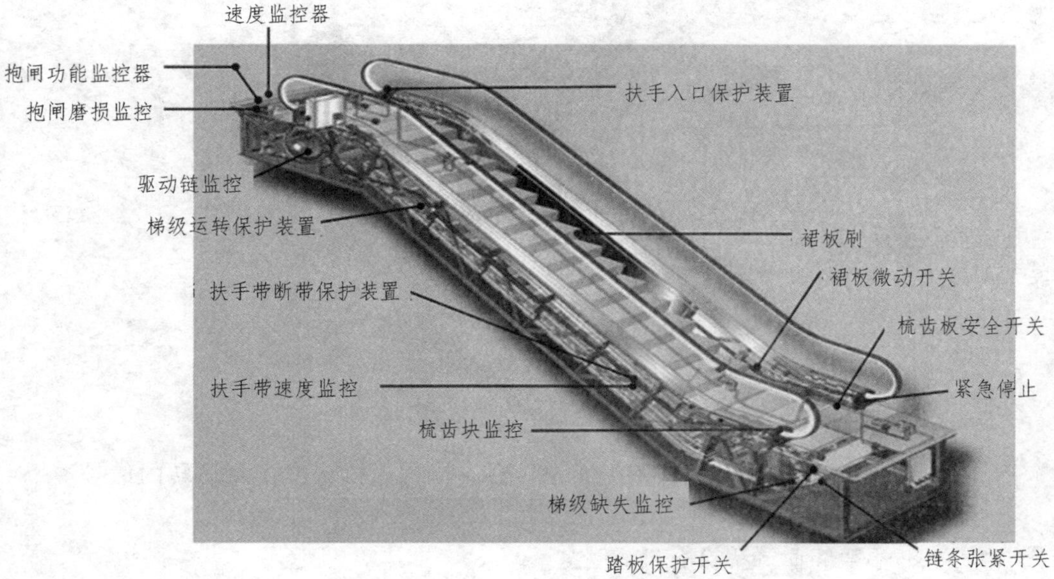

图 2.1.16　自动扶梯安全装置

【任务实施】

工作任务一　自动扶梯正常运行操作

【学习描述】

自动扶梯正常运行操作是车站工作人员日常工作的一项内容。正确的启动、停止操作对于保证设备的使用寿命至关重要，并且很大程度上减少了在运行过程中出现的突发故障，为乘客的安全提供了保障。

【学习过程】

一、开始运行之前

（1）检查出入口、梯级、扶手带、梳齿板等部位的清洁情况，除去夹在里面的碎纸、小石子、口香糖等妨碍运行的杂物。

（2）确认自动扶梯周围的安全设施（三角警示牌、防止进入栅栏等）有无破损等异状。自动扶梯警示牌如图 2.1.17 所示。

（3）用手感触并确认裙板及竖板的润滑剂是否充分。

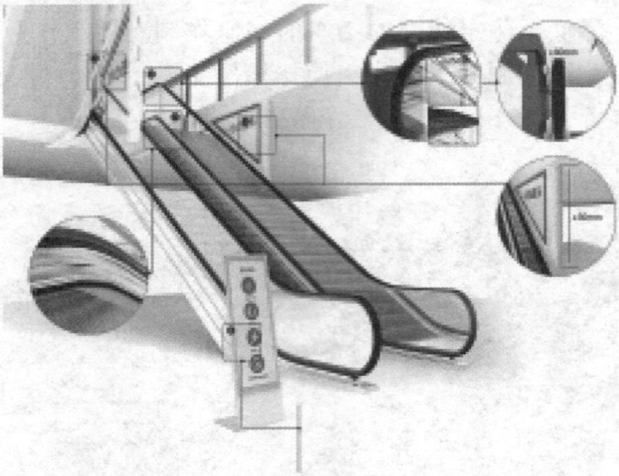

图 2.1.17　自动扶梯警示牌

二、开始运转时

（1）把钥匙插入报警开关，鸣响警笛数秒，向附近的人发出将运转的信号。

小贴士：钥匙的管理。

① 操作时要用自动扶梯专用的钥匙。

② 将钥匙装在钥匙箱内严格保管，除车站工作人员及维修人员之外的他人不得借出。

（2）确认自动扶梯踏板上或周围没人时，把钥匙插入“启动开关”，转至运行需要的“上行”或“下行”侧，并保持 1 s 以上，自动扶梯则开始工作。放开手则钥匙回到中立位置，把钥匙拔出来，如图 2.1.18 所示。

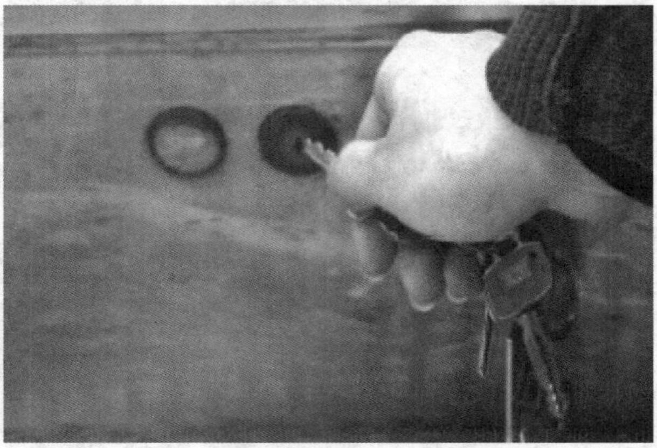

图 2.1.18　自动扶梯启动

（3）启动后需确认扶梯踏板和扶手是否正常工作。如有异常声响或振动时，要立即按动紧急停止按钮，停下自动扶梯。

（4）确认正常运转之后，再试运转 5 ~ 10 min。

（5）在试运转中按动“紧急停止”按钮，确认紧急停止功能是否正常。

三、停止运转时

（1）在停止自动扶梯之前，需确认有无发生异常声响或振动，以便停运后及时将故障情况上报给环调，再由环调组织专业人员开展维修工作。

（2）把钥匙插入报警开关，鸣响警笛数秒，向附近的人发出将停止运行的信号。

（3）自动扶梯停稳之前，禁止任何人进入自动扶梯的乘梯口。

（4）确认自动扶梯附近或扶梯踏板上无人后，将专用钥匙插入停止开关转至“停止”侧，使扶梯停止运行。

（5）为防止乘客将停用中的自动扶梯当楼梯使用，应采取相应措施，如用栅栏等挡住乘梯口、设置停用牌等，如图 2.1.19 所示。

图 2.1.19　自动扶梯警示带和栅栏

工作任务二　自动扶梯转换运行方向操作

【学习描述】

目前绝大部分自动扶梯均设计有上行及下行功能。至于是选择长期运行上行还是长期运行下行则需要看运用的场合。对于地铁车站，客流量可能会出现单向的严重拥堵拥挤情况，应对这种上下班高峰客流量，转换自动扶梯运行方向可以加快乘客疏散，减少因拥堵而带来的安全隐患。

【学习过程】

（1）利用警报开关通知扶梯附近或踏板上的乘客，鸣响警笛数秒。

（2）在确认扶梯踏板上无人后再用停止开关停止运行。

（3）待完全停止后，再重新用启动开关向希望的方向运行。

小贴士：乘梯口有楼面文字显示时，一旦运行方向转换，楼面文字表示也要相反，如图 2.1.20 所示。

图 2.1.20　自动扶梯楼面文字

工作任务三　自动扶梯紧急停止操作

【学习描述】

当乘坐扶梯时遭遇意外事故，或者发现他人遭遇意外，迅速按下紧急停止按钮，电梯就会静止，避免对人员造成进一步伤害。

【学习过程】

（1）要使用自动扶梯紧急停止按钮前，需事先通知乘客。

（2）在紧急状态下不得不进行操作时，应大声通知乘客“紧急停止，请抓住扶手带”后，再用力按动乘梯口的紧急停止按钮。

（3）在重新开动扶梯之前，要确认造成紧急情况的原因，并予以排除。

（4）如遇到机器有异常及不明原因的问题时，不要开梯，并设置“防护栅栏，暂停使用”标示，及时通知维护人员进行维护。

小贴士：地铁内的自动扶梯均设有电梯急停按钮，在自动扶梯出现故障或异常情况时（例如夹人、夹物），可按下该按钮使自动扶梯停止运行。在非紧急情况下禁止擅自触碰该按钮。

工作任务四　自动扶梯日常使用管理

【学习描述】

自动扶梯是人们日常出入地铁站所要使用到的设备之一，特别为使用轮椅的残疾人及盲人出入地铁带来了很大的便利。目前地铁电梯设计最大限度地考虑到乘客的安全，但这并不能保证在任何情况下设备都不出意外。作为乘客，在电梯正常运行时要做到安全文明使用电梯，在电梯发生故障时则必须提高自我保护意识，防止危险发生。

但如果乘客使用不当也会造成电梯使用效率下降甚至危及人身安全，故管理员必须指导乘客正确使用电梯。

【学习过程】

（一）自动扶梯事故类型

（1）人员坠落、摔伤。

（2）运行中发生逆转。

（3）与物体碰撞、剪切（身体被卡或碰撞在电梯之间的夹角处等）。

（4）机械部件之间间隙的挤压（夹脚、夹住裙子、鞋带等）。

（5）人员跌倒、踩踏。

（6）使用部门管理不善。

各类型占比如图 2.1.21 所示。

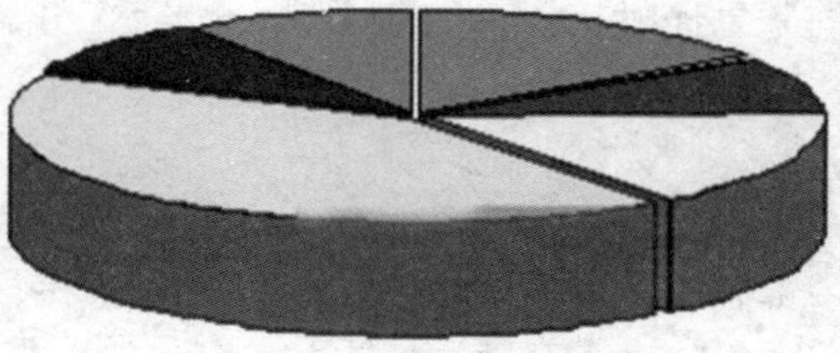

图 2.1.21　自动扶梯事故类型

（二）自动扶梯乘坐安全常识

（1）乘坐自动扶梯前，系紧鞋带，要留心松散、拖曳的长裙、礼服等衣物，防止被梯级边缘、梳齿板等挂住。

（2）在入口处，要讲秩序，不推挤，帮助老人、孩童、残疾者先行站立。在落脚时一定要瞅准脚下的某一级梯级，即注意踏脚时不要踩在安全警告线上，否则踩到两个梯级交界处会因前后梯级的高度差而摔倒。

注意：自动扶梯站人的梯级上有方框型黄色安全警告线，这是梯级的边缘，一旦踩上会随着电梯的运行而位移，易站立不稳而摔倒。

（3）在自动扶梯上，不能将头部、四肢伸出扶手装置外，以免受到障碍物、天花板、相邻的自动扶梯撞击。也不能将拐杖、雨伞尖或高跟鞋尖等尖利硬物插入梯级边缘的缝隙中或者梯级踏板的凹槽中，以防损害梯级并造成人身意外事故。乘客应当手扶扶手，并在扶梯上升到顶端时注意抬脚。

注意：低头看手机，或者双手入兜是不可取的，很多意外往往在不经意间发生。

（4）在扶梯缓缓上升过程中，随身携带的箱包、手提袋等不要放在梯级踏板上或扶手带上；不要蹲坐在梯级踏板上，不能穿宽松的塑料鞋、橡胶鞋，如果梳齿板有梳齿缺损、变形时，这样蹲坐或穿鞋容易使臀部或脚部受到严重伤害；在梯级上不能乱扔烟头，不能丢弃果皮、瓶盖、雪糕棒、口香糖、商品包装等杂物，否则梳齿板会受损。

（5）禁止在梯级上蹦跳、嬉戏、奔跑。乘坐自动扶梯时，儿童应有大人牵领，幼儿应由大人抱起，不应让儿童单独乘坐电梯。成年人应看护好儿童，不要让儿童随意触摸电梯上的部件，不能让儿童坐在电梯上或扶手带上，不能让儿童在扶梯梯级上下入口处逗留玩耍，更要防止小孩用手抠扶手带下部。如果小孩没有大人看管，其他人应主动保护孩子。

（6）禁止运送笨重物体。如果乘客要携带外形过长或体积过大的笨重物体乘梯，有关人员应出来严格制止。

（7）遇到以下情况禁止乘客上自动扶梯：大楼发生火灾或地震时，应通过消防楼梯疏散。自动扶梯发生水淹时不要搭乘。自动楼梯停止运行期间不要当步行楼梯使用。

注意：自动扶梯梯级的高度比一般的楼梯要高的多，人们可能因不适应而跌落或者被绊倒。

（8）如遇意外，可按下电扶梯的紧急停机按钮；如非必要，严禁滥用紧急停机按钮，以免令其他乘客跌倒受伤。

（三）自动扶梯发生状况如何自救

（1）每台扶梯的上部、下部和中部各有一个紧停按钮，一旦发生扶梯意外，靠近按钮的乘客应第一时间按下按钮，扶梯会自动停下，这能有效避免事态的进一步恶化。

（2）为避免踩踏，两手十指交叉相扣、护住后脑和颈部，两肘向前，护住双侧太阳穴，如图 2.1.22（a）所示。因为滑倒或从高处跌落时如果颈部受到强烈的撞击，是很危险的（颈椎中有脊髓通过，如果颈部神经受损，轻者造成瘫痪，重者危及生命）。

（3）不慎倒地时，双膝尽量前屈，护住胸腔和腹腔的重要脏器，侧躺在地，如图 2.22（b）所示。

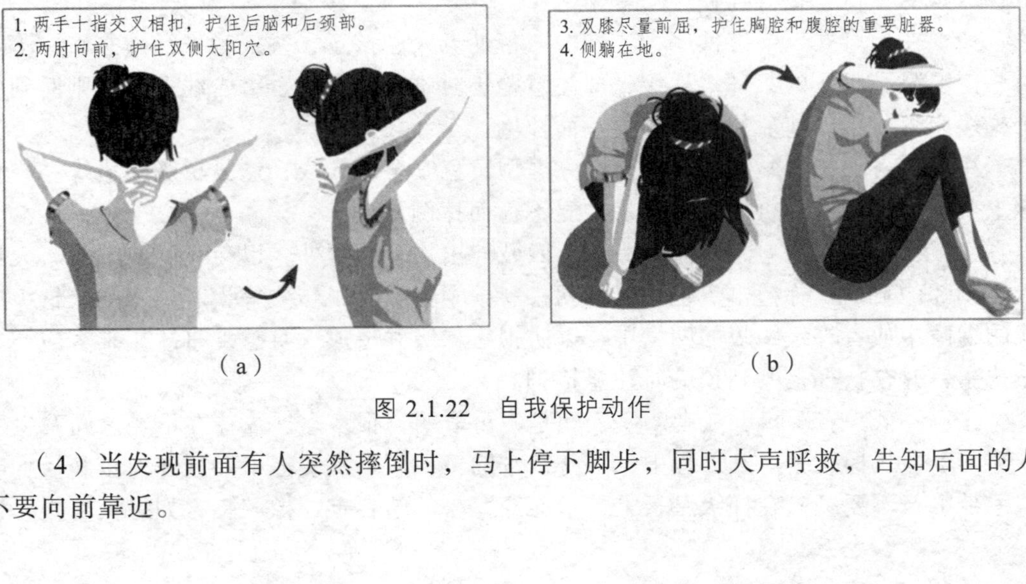

（a） （b）

图 2.1.22 自我保护动作

（4）当发现前面有人突然摔倒时，马上停下脚步，同时大声呼救，告知后面的人不要向前靠近。

（5）尽量保护好老人、儿童。

（6）尽量保持情绪稳定，因为在意识到危险时，奔跑、逃生是人类的本能。大多数人都会因为恐惧而“慌不择路”，这样就可能引发拥挤甚至踩踏。

其他自我保护动作如图 2.1.23 所示。

图 2.1.23　自我保护动作

（四）乘坐自动扶梯的标准行为安全对比

（1）很大一部分乘客在乘扶梯时并没有握扶手，因为很多乘客认为扶手被很多人摸过，卫生情况令人担忧，因此没有握扶手的习惯；也有另外一部分乘客表示其从来没有握扶手的意识。其实，用扶手固定自己的身体防止被摺倒，是扶梯上发生意外时，最好的自救方法。

乘梯标准行为对比如图 2.1.24 所示。

图 2.1.24　乘梯标准行为对比

（2）一般在电动扶梯的首尾和中部一共有 4 个“紧急停机”按钮，电梯遇到紧急情况时，工作人员或乘客均可以按动按钮让电梯制动，避免安全问题扩大；但是在实际乘梯过程中绝大部分乘客均不知地铁扶梯有供乘客使用的“紧急制动”按钮，更不用谈在紧急情况下正确使用了，如图 2.1.25 所示。

图 2.1.25　乘梯标准行为对比

（3）两手十指交叉相扣、护住后脑和颈部，两肘向前，护住双侧太阳穴。因为滑倒时，如果颈部受到强烈撞击，是很危险的。不慎倒地时，双膝尽量前屈，护住胸腔和腹腔的重要脏器，侧躺在地发现前面有人突然摔倒，马上停下脚步，同时大声呼救，告知后面的人不要向前靠近，如图 2.1.26 所示。

图 2.1.26　乘梯标准行为对比

（4）站立的时候要双脚自然分开，两脚尖要作内八字站立，这是经过验证最稳的站立姿势，车厢剧烈晃动时，采用外八字站立很容易重心不稳，而且容易被旁边移动的人踩到脚。下梯时目光要注意脚下，避免被踩到脚。如图 2.1.27 所示。

图 2.1.27　乘梯标准行为对比

（五）乘降自动扶梯的不正当行为

（1）把行李或小推车放到梯级上。
（2）用扶梯运载货物。
（3）坐在梯级上或赤脚乘坐扶梯。
（4）将尖锐物放到梯级上（例如雨伞尖端等）。
（5）沿下行的扶梯反方向往上跑，或沿上行的扶梯反方向往下跑。
（6）站在扶梯盖板上或骑在扶手带上。
（7）在扶梯乘降处玩耍。
（8）将身体伸出扶手带外。
（9）让小孩及老人单独乘坐扶梯。
（10）站在梯级侧边或前端位置。

想一想：如果你遇到上述某种情况，你如何通过与乘客沟通来制止其不当行为。

工作任务五　自动扶梯日常检查

【学习描述】

特种设备自动扶梯因其设备作用的特殊性，日常检查的好坏不仅关系到乘客的舒适度及设备使用寿命，更关系到乘客的人身财产安全。因此自动扶梯设备必须做到启动前和停止后的检查，使设备始终处于良好的工作状态。

【学习过程】

（一）自动扶梯日常检查方式

自动扶梯日常检查以“望、闻、问、摸、嗅”为主要手段，必要时使用专用仪器或设备进行检查。

（1）望：用眼睛观察设备是否正常工作。如梯级、扶手带、扶梯盖板、梳齿有无损坏，螺丝、装饰条有无松脱，锁匙开关、急停按钮是否在正常位置。

（2）闻：用耳听设备运行声音有无异常。如梯级与裙板的碰撞声、扶手带与装饰板的摩擦声、电机及相关机械工作时发出的声音等是否正常，接触器和继电器的吸合是否正常。

（3）问：询问其他工作人员关于设备的运行情况，是否有故障现象。

（4）摸：用手转动开关或按动按钮，检查该功能是否正常。触摸电机表面检查其温升是否正常，检查各开关的电线是否松动。

小贴士：电器温度升高后，其自身温度与周围环境温度之差被称为温升。

（5）嗅：用鼻嗅，以便检查是否有电器烧焦的气味。

（二）自动扶梯日常检查内容

（1）紧急停止按钮：可重复开关几次“紧急停止”按钮，确保其功能可靠有效，指示清楚。

（2）梯级、梳齿板：检查是否卡有异物，梳齿及梯级面板是否有断裂或损伤。如有断齿、缺齿现象，应通知维修单位及时更换。如图 2.1.28 所示。

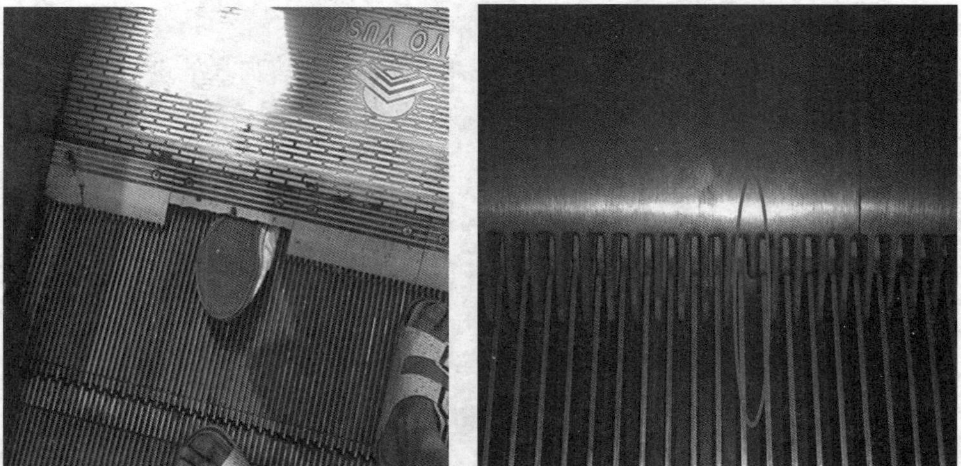

图 2.1.28　自动扶梯梳齿板断齿

（3）扶手带：检查扶手带是否有异常膨胀或老化，有无污垢，如有则清理。并且要检查扶手带与梯级的同步速度，如有滞后或超前梯级速度的现象，应立即通知维修单位前来调整扶手带的松紧。

（4）内盖板：检查螺栓是否松动，接合处是否平滑，如图 2.1.29 所示。

图 2.1.29　自动扶梯内盖板

（5）防护装置和三角警示牌：检查自动扶梯与建筑物夹角处的警示牌是否安装牢固、完整无损。

图 2.1.30　自动扶梯防护装置及警示牌

小贴士：根据《自动扶梯和自动人行道的制造与安装安全规范（GB 16899—2011）》规定，当自动扶梯扶手带外沿与建筑障碍物间距离在 80 ~ 400 mm 时，应加装固定式的防碰保护板，且至少延伸至扶手带下缘 25 mm 处。在自动扶梯或自动人行道入口处应当设置使用须知的标牌，标牌包括以下内容：应拉住小孩、应抱住宠物、握住扶手带、禁止使用非专用手推车。这些使用须知，应尽可能用象形图表示。新国标中与乘客安全密切相关的修订项目主要包括“防碰挡板”“防夹装置”“扶手带下缘距离”“使用须知”“制停距离”等内容。

（6）围裙板与梯级的间隙：单边间隙不大于 4 mm，两边间隙总和不大于 7 mm。梯级不得摩擦围裙板，发现超标应及时通知维修单位调整。

围裙板与梯级间隙如图 2.1.31 所示。

图 2.1.31　围裙板与梯级间隙

（7）启动及停止开关：检查钥匙插入后转动是否灵活。

（8）警示标识：检查入口处警示标识是否完好无损，如图 2.1.32 所示。

图 2.1.32　自动扶梯警示标识

（9）运行方向：检查自动扶梯入口处的运行方向显示标识是否可靠有效，如图 2.1.33 所示。

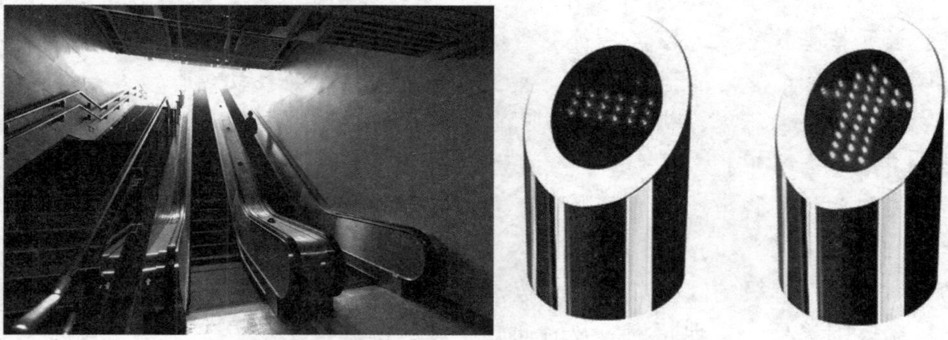

图 2.1.33　自动扶梯运行方向显示标识

（10）检查自动扶梯的定期检验合格证是否完好无损，如图 2.1.34 所示。

图 2.1.34　自动扶梯检验合格证

【知识拓展】

在地铁系统中不适宜安装自动扶梯和电梯的地方，为方便残疾人轮椅出入地铁，部分楼梯还会加装楼梯升降机，如图 2.1.35 所示。

图 2.1.35　楼梯升降机

楼梯升降机采用钢缆驱动沿轨道上下运行。在不运行时轮椅平台可折叠放置，以减少占用空间。楼梯升降机由轮椅平台、驱动机与牵引系统、轨道系统、输送缆 4 个主要部分组成。

【案例展示】

自动扶梯事故现场如图 2.1.36 所示。

图 2.1.36　自动扶梯事故现场

1. 事故现场

北京时间 2011 年 7 月 5 日早上 9：36，地铁四号线动物园站 A 口上行电扶梯发生设备故障，正在搭乘电梯的部分乘客出现摔倒情况。京港地铁公司启动相关应急预案，受伤乘客均送往医院救治，截至该词条发表时，已有 1 人死亡，2 人重伤，26 人轻伤。在伤者方面，经过紧急的治疗和妥善的处理，很快事故中的 24 名乘客伤者出院，另有 6 名伤者在医院中进行持续治疗，北京市政府有关部门随后组成事故调查组，对事故原因开展调查，并要求地铁运营企业立即对设施设备进行安全隐患排查，确保地铁运营安全。

2. 事故原因

由于北京地铁四号线动物园站 A 出口扶梯的固定零件损坏，导致扶梯驱动主机发生位移，造成驱动链的断裂，致使扶梯出现逆向下行的现象。

3. 事故结案

北京市质监局 2011 年 11 月 25 日发布，经北京市政府批准，“7 · 5”北京地铁四号线自动扶梯事故调查工作结案，调查组认定，此事故是一起责任事故。

调查组表示，扶梯制造单位对此次事故的发生负有主要责任。由于未能及时发放有关技术文件，其他相关单位对本次事故负有次要责任。依据《特种设备安全监察条例》第八十八条规定，将对其处以 20 万、20 万和 10 万元罚款。

事故调查组表示，负责事故扶梯日常维保的人员，将被吊销作业许可证。涉嫌触及刑律的两名事故责任人，建议司法机关依法追究刑事责任。对于北京市地铁运行线路中停运的 177 台公共交通型自动扶梯，正根据整改方案实施整改，并承诺所有北京地铁停用的扶梯都将于 2012 年春节前重新投入使用。北京市质监局、北京市交通委等相关部门表示，正研究制定《北京市交通运输行业特种设备安全使用规范》，拟对地铁扶梯的选型、加强人员值守疏导、增加日常维护保养频次等提出更加严格的要求。将研究建立公共场所电梯安全责任“终身制”制度，由电梯制造厂家终身负责本品牌电梯安全工作，落实电梯制造厂主体责任。此外，还着手制定了《电梯主要零部件报废标准》，使电梯主要零部件的报废有标准可依。

4. 事故总结

电梯引发事故，原因有以下几个方面。

（1）一是违规使用：使用非法设备、安全附件检修维护不当、作业人员违章操作等。

（2）二是违规安装：安装过程不严格执行安装工艺、违章作业等。

（3）三是违规维修：维修单位无维修资质、违章作业等。

（4）四是违规改造：改造单位无改造资质、违章作业等。

5. 防范

如何才能有效杜绝电梯事故发生：

（1）要把电梯事故遏制在制造源头和安装环节上。根据《特种设备安全监察条例》规定，电梯属特种安全设备，未经过检验的设备不得出厂或投入使用。

（2）就是在定检中检出、发现、解决电梯安全问题。在电梯安装验收后应对电梯进行一年一次的定检。定检不合格的，质监部门应责成整改维修，然后复检。电梯管理人员、电梯操作人员要取得资格证并带证上岗，电梯使用单位应制订完善的应急救援预案，电梯至少每 15 日进行一次清洗、润滑、调整和检查。

（3）加强维修保养，确保电梯运营部门联系畅通，以便乘客在遇到电梯故障时能及时脱险。同时，要求各维保单位在接到电梯关人故障的报告后，应在 30 min 内到场救援。并应在签订的维修保养合同中体现出遇到电梯事故时的应急措施和救援预案。

（4）要加强有关知识的宣传普及。

6. 结语

这次北京地铁电梯事故足以为我们这个电梯数量世界第一的国家敲响警钟。从业者应做到认真落实责任，积极普及知识，做到防患于未然，避免类似的悲剧重演。

【学习评估】

一、复习思考题

（1）自动扶梯机械部分的主要结构有哪些？

（2）自动扶梯的电气部分主要有哪些？

（3）自动扶梯的安全装置包括哪些？

（4）乘坐电梯的安全注意事项包括哪些？

（5）自动扶梯事故的主要表现形式有哪些？

（6）自动扶梯使用须知有哪些？

二、技能操作

（1）演练自动扶梯正常运行。
（2）演练不正当乘坐扶梯的行为。
（3）演练如何应对扶梯应急事件。

任务二
垂直电梯的使用与运行管理

【任务导入】

垂直电梯是人们日常出入地铁站所要使用到的设备之一，地铁设计中应充分体现以人为本的理念，特别为残疾人轮椅及盲人出入地铁带来很大的便利，同时在地铁车站中，电梯同时兼顾着大尺寸重行李的垂直乘降功能。现代地铁电梯设计应最大限度地考虑到乘客的安全，但这并不能保证设备在任何情况下不出意外。作为乘客，在电梯正常运行时要做到安全文明使用电梯，为了应对电梯可能发生的故障，必须提高自我保护意识，防止危险发生。如果乘客使用不当也会造成电梯使用效率下降甚至危及人身安全，故管理员必须指导乘客正确使用电梯。

【知识准备】

地铁垂直电梯如图 2.2.1 所示。

图 2.2.1　地铁垂直电梯

一、电梯简介

1854 年，在纽约水晶宫举行的世界博览会上，美国人伊莱沙 · 格雷夫斯 · 奥的斯第一次向世人展示了他的发明。他站在装满货物的升降梯平台上，命令助手将平台拉升到观众都能看得到的高度，然后发出信号，令助手用利斧砍断了升降梯的提拉缆绳。令人惊讶的是，升降梯并没有坠毁，而是牢牢地固定在半空中。

1889 年 12 月，美国奥的斯电梯公司制造出了名副其实的电梯，它采用直流电动机为动力，通过蜗轮减速器带动卷筒上缠绕的绳索，悬挂并升降轿厢。

1900 年，以交流电动机传动的电梯开始问世。1902 年，瑞士的迅达公司研制成功了世界上第一台按钮式自动电梯，通过全自动的控制方式，提高了电梯的输送能力和安全性。

安装在高层建筑外面的观光电梯于 1950 年制成，使乘客能在电梯运行中清楚地眺望四周的景色。

中国最早的一部电梯出现在上海，是由美国奥的斯公司于 1901 年安装的。1932 年由美国奥的斯公司安装在天津利顺德酒店的电梯至今还在安全运转着。1951 年，我国政府提出要安装一台由我国自行制造的电梯，天津从庆生电机厂荣接此任。

电梯在驱动控制技术方面的发展经历了直流电机驱动控制，直流有齿轮、无齿轮调速驱动控制，交流调压调速驱动控制，交流变压变频调速驱动控制，交流永磁同步电机变频调速驱动控制等阶段。19 世纪末，采用沃德-伦纳德系统驱动控制的直流电梯出现，使电梯的运行性能明显改善。20 世纪初，开始出现交流感应电动机驱动的电梯，后来槽轮式（即曳引式）驱动的电梯代替了鼓轮卷筒式驱动的电梯，为长行程和具有高度安全性的现代电梯出现奠定了基础。

电梯在操作控制方式方面的发展经历了手柄开关操纵、按钮控制、信号控制、集选控制等过程，对于多台电梯的控制出现了并联控制、智能群控等方式。

二、电梯的分类

根据建筑的高度、用途及客流量（或物流量）的不同而设置不同类型的电梯。目前电梯的基本分类方法大致如下。

1. 按用途分类

乘客电梯：为运送乘客而设计的电梯，要求其有完善的安全设施以及一定的轿内装饰。

载货电梯：主要是为运送货物而设计，通常有人伴随的电梯。

医用电梯：是为运送病床、担架、医用车而设计的电梯，轿厢具有长而窄的特点。

杂物电梯：是为图书馆、办公楼、饭店运送图书、文件、食品等设计的电梯。

观光电梯：轿厢壁透明，是供乘客观光用的电梯。

车辆电梯：是用作装运车辆的电梯。

船舶电梯：是船舶上使用的电梯。

建筑施工电梯：是建筑施工与维修用的电梯。

其他类型的电梯，除上述常用电梯外，还有些特殊用途的电梯，如冷库电梯、防爆电梯、矿井电梯、电站电梯、消防员用电梯等。

2. 按驱动方式分类

交流电梯，是用交流感应电动机作为驱动力的电梯。根据拖动方式又可分为交流单速、交流双速、交流调压调速、交流变压变频调速等。

直流电梯，是用直流电动机作为驱动力的电梯。这类电梯的额定速度一般在 2.00 m/s 以上。

液压电梯，一般是利用电动泵驱动液体流动，由柱塞使轿厢升降的电梯。

齿轮齿条电梯，将导轨加工成齿条，轿厢装上与齿条啮合的齿轮，电动机带动齿轮旋转使轿厢升降的电梯。

螺杆式电梯，将直顶式电梯的柱塞加工成矩形螺纹，再将带有推力轴承的大螺母安装于油缸顶，然后通过电机经减速机（或皮带）带动螺母旋转，从而使螺杆顶升轿厢上升或下降的电梯。

直线电机驱动的电梯，其动力源是直线电机。

电梯问世初期，曾用蒸汽机、内燃机作为动力直接驱动电梯，现已基本绝迹。

3. 按速度分类

电梯无严格的速度分类，我国习惯上按下述方法分类：低速梯，常指速度低于 1.00 m/s 的电梯；中速梯，常指速度在 1.00 ~ 2.00 m/s 的电梯；高速梯，常指速度大于 2.00 m/s 的电梯；超高速梯，速度超过 5.00 m/s 的电梯。

随着电梯技术的不断发展，电梯速度越来越高，区别高、中、低速电梯的速度限值也在相应地提高。

4. 按电梯有无司机分类

有司机电梯，电梯的运行在专职司机的操纵下完成。

无司机电梯，乘客进入电梯轿厢，按下操纵盘上所需要去的楼层按钮，电梯自动运行到达目的楼层，这类电梯一般具有集选功能。

有/无司机电梯，这类电梯可变换控制电路，平时由乘客操纵，如遇客流量大的情况或在必要时改由司机操纵。

5. 按操纵控制方式分类

手柄开关操纵方式的是，电梯司机在轿厢内控制操纵盘手柄开关，实现电梯的起动、上升、下降、平层、停止的运行状态。

按钮控制电梯：是一种简单的自动控制电梯，具有自动平层功能，常见有轿外按钮控制、轿内按钮控制两种控制方式。

信号控制电梯：是一种自动控制程度较高的有司机电梯。除具有自动平层、自动开门功能外，尚具有轿厢命令登记、层站召唤登记、自动停层、顺向截停和自动换向等功能。

集选控制电梯：一种在信号控制基础上发展起来的全自动控制的电梯，与信号控制的主要区别在于能否实现无司机操纵。

并联控制电梯：2～3 台电梯的控制线路并联起来进行逻辑控制，共用层站外召唤按钮，电梯本身都具有集选功能。

群控电梯，是用微机控制和统一调度多台集中并列的电梯。群控分为梯群程序控制、梯群智能控制等形式。

6. 其他分类方式

按机房位置分类，则有机房在井道顶部的（上机房）电梯、机房在井道底部旁侧的（下机房）电梯，以及有机房在井道内部的（无机房）电梯。

按轿厢尺寸分类，则经常使用“小型”“超大型”等抽象词汇表示。此外，还有双层轿厢电梯等。

7. 特殊电梯

斜行电梯，轿厢在倾斜的井道中沿着倾斜的导轨运行，是集观光和运输于一体的输送设备。特别是由于土地紧张而将住宅移至山区后，斜行电梯发展迅速。

立体停车场用电梯，根据不同的停车场可选配不同类型的电梯。

建筑施工电梯，是一种采用齿轮齿条啮合方式（包括销齿传动与链传动，或采用钢丝绳提升），使吊笼作垂直或倾斜运动的机械。用以输送人员或物料，主要应用于建筑施工与维修。它还可以作为仓库、码头、船坞、高塔、高烟囱的长期使用的垂直运输机械。

三、电梯在地铁中的应用及选型

在地铁系统中垂直电梯除了供盲人、手动轮椅者等残疾人使用外，还可供老、弱、病人及车站工作人员使用。电梯按乘客能自助使用的标准进行设计，提升高度不高，层站一般设置为 2～3 层，通常在地铁出入口及站厅之间设置 1 台垂直电梯。由于地铁中使用的垂直电梯提升高度不高，因此选用低速电梯或液压电梯。

近年来由于低速无机房电梯技术的应用成熟，且地铁车站的空间比较紧张，因此无机房电梯以其占用空间小、无污染的优势在地铁系统中的应用变得日益广泛。

地铁需长时间面向公众运营，所以配置的电梯应能满足地铁运营环境的各种要求。电梯的技术水平应是先进的、成熟的；性能应是安全可靠的。结构及零部件的设计和配置应合理，并具有一定的规范性和互换性，以易于调整和维护。电梯的整机质量水平应能满足设备经久耐用的要求。电梯应具有较高的安全性和先进性，要满足各项技术规格的要求。为满足以上要求，地铁系统中选用的垂直电梯一般选择液压电梯或无机房电梯。

四、地铁车站内电梯的布置

（一）站厅到站台

地铁车站内部站厅-站台设置于付费区，多采用透明井道观光电梯，如图 2.2.2 所示。

图 2.2.2　站厅到站台垂直电梯

（二）出入口

出入口电梯多采用混凝土井道。出地面部分设置候梯厅及无障碍坡道，并与市政无障碍设施连通。如出地面部分采用透明井道，对设备主机环境考验较大，可在景观要求比较高的区域局部采用，如图 2.2.3 所示。

图 2.2.3　出入口垂直电梯

五、地铁车站电梯的主要设计标准（参考值）

（一）无机房电梯技术指标

（1）额定载重：10^4 kg。

（2）额定速度：（上升及下降）均为 1 m/s。

（3）轿厢尺寸：不小于 1 600 mm × 1 400 mm × 2 300 mm（宽 × 深 × 高）。

（4）开门方式及尺寸：中分两扇密封自动门（层门和轿门），开门宽度不小于 1 100 mm。

（5）操作控制方式：集选控制。

（6）平层精度：±5 mm 内。

（7）平衡系数：0.4～0.5。

（8）开门时间：4 s。

（9）噪声：机房噪声＜75 dB（A）；运行中轿厢内噪声≤50 dB（A）；开关门过程噪声≤55 dB（A）。

（10）再平层功能：当静止的电梯往下偏离层站大于 10 mm 时，系统自动用低速上升，恢复至正常停层为止。

（11）可靠性：电梯起、制动运行 60 000 次中发生失效（故障）次数，应不超过 2 次，每次修复时间不应超过 1 h。

（12）操作系统特性：采用微机控制，有故障自动诊断系统。能明确指示故障部位，包括供电断错相、超越上极限、悬吊机构失效、电梯运行超速、门联锁故障等。故障排除后恢复原始状态。

（13）速度控制方式：主机及门机均采用 VVVF 变频调速控制。

（14）门保护装置：电梯的门内范围设有红外线光幕保护及机械触板式门保护装置。

（15）操作按钮：轿厢内及各层站厅门所设操作按钮上符号或数字应清晰易辨。厅门召唤箱操作板设于大厅面对电梯的右侧，基站召唤箱上应有钥匙开关，该开关用于接通控制电源，地铁车站内各操作按钮应符合残疾人（包括轮椅和盲人）使用要求。

（16）信号装置：每层厅门及轿厢内均设有光电楼层显示装置，指示信号应清晰明亮。

（17）消防迫降功能：在发生火警时电梯停在基站，开门并停止运行。

（18）应急电源：电梯用配备紧急电源驱动装置。特殊情况下，轿厢门应能在轿厢内用手打开。

（19）电梯应至少有供电系统断相和错相保护、撞底缓冲器、限速器、层门和轿厢门电气联锁装置、紧急操作装置和停止保护装置、超载不能关门及运行保护。

（二）地铁车站所设电梯应具有方便残疾人使用的功能装置

（1）电梯轿厢内除设普通操纵箱外，还在左侧壁（面向门内）设一符合残疾人使用标准的副操纵箱，操纵箱上设有警铃按钮和对讲机以及其他各种按钮，均为适应残疾人使用（包括轮椅和盲人）。

（2）电梯轿厢内设语音报站装置，并设有与车控室互相联系的轿内对讲机。

（三）其他选项

为了增强站厅、站台的通透性，可采用透明轿厢和透明井道的电梯。即除控制柜和操纵箱以外的轿厢壁板和电梯门及厅门，均由 12 mm 厚的夹层钢化安全玻璃制成，四周和中间骨架由不锈钢制成。

六、垂直电梯组成

电梯总体结构上可分为机械和电气两大部分。主要含图 2.2.4 所示 8 个系统。

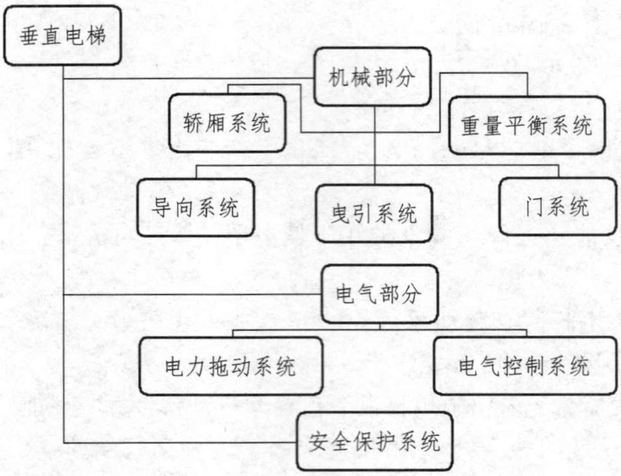

图 2.2.4　垂直电梯系统

（一）曳引系统

曳引系统的作用是向电梯输送与传递动力，使电梯运行。主要由曳引机、钢丝绳、导向轮和返绳轮等组成，是电梯运行的根本，是电梯中的核心部分之一，如图 2.2.5 所示。

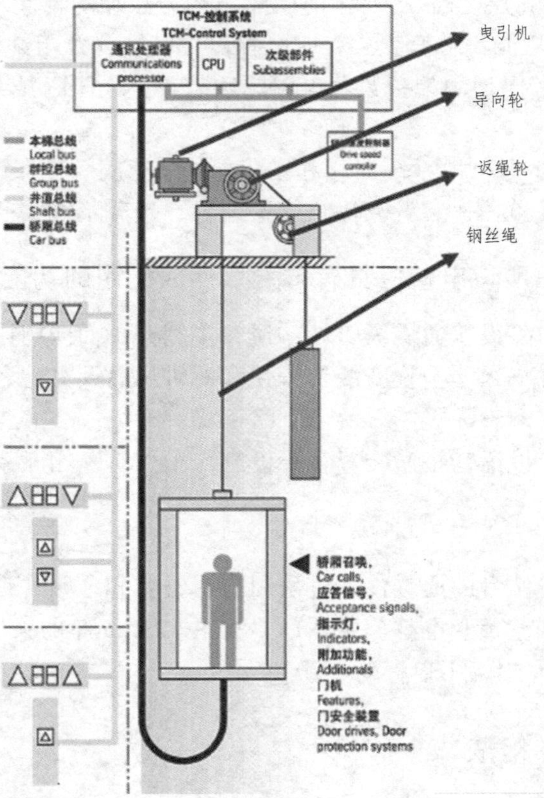

图 2.2.5　垂直电梯曳引系统

曳引机是电梯的动力源，是包括电动机、制动器和曳引轮在内的，靠曳引绳与曳引轮槽摩擦力驱动或停止电梯运行的装置。按其结构的不同分为有齿轮曳引机和无齿轮曳引机。无齿曳引机与有齿曳引机的区别在于无齿曳引机没有减速箱，由电动机直接驱动曳引轮，如图 2.2.6 所示。

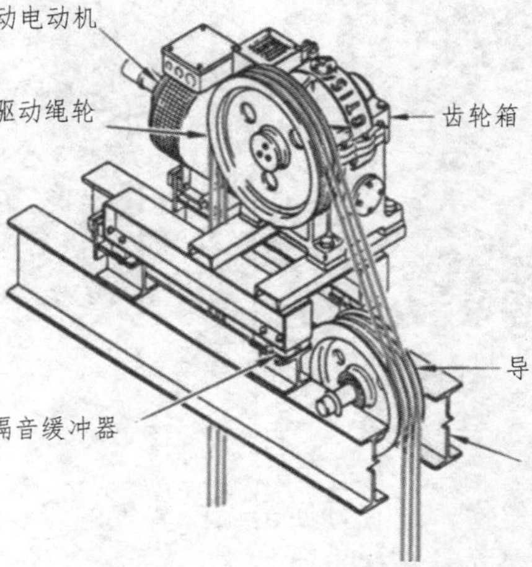

图 2.2.6　垂直电梯曳引机

（二）导向系统

导向系统包括导轨及导轨架，在电梯运行过程中，限制轿厢和对重的活动自由度，使轿厢和对重只沿着各自的导轨做升降运动，不会发生横向的摆动和振动，保证轿厢和对重运行平稳不偏摆。不论是轿厢导向还是对重导向均由导轨、导靴和导轨架组成，如图 2.2.7 所示。导轨架作为导轨的支撑件，被固定在井道壁上；导靴安装在轿厢架和对重架的两侧，导靴的靴衬与导轨工作面配合，使一部电梯在曳引绳的牵引下，一边为轿厢，另一边为对重，分别沿着各自的导轨作上、下运动。

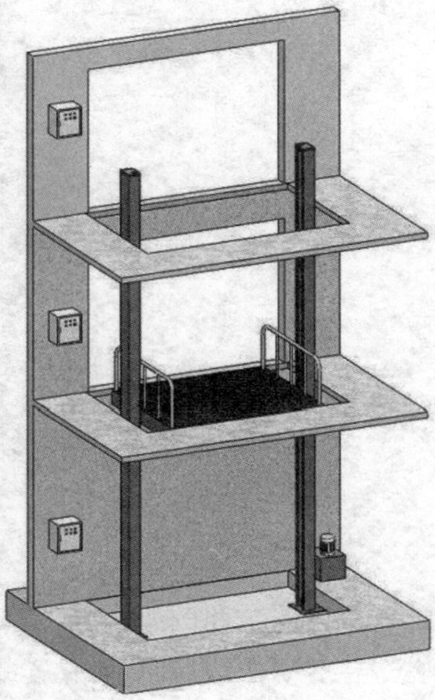

图 2.2.7　垂直电梯导向系统

导轨是电梯上下行驶在井道的安全路轨，导轨安装在井道壁上，被导轨架，导轨支架固定连接在井道墙壁。电梯常用的导轨是“T”字型导轨。具有刚性强、可靠性高、安全廉价等特点。导轨平面必须光滑，无明显凹凸不平表面。由于导轨是电梯轿厢上的导靴和安全钳的穿梭路轨，所以安装时必须保证其间隙。同时导轨在电梯出现超速事故时要承担制停电梯的要任，所以其刚性不可忽视。从导轨的定义可知，导轨是垂直电梯、自动电梯、自动人行道梯级的重要基准部件，它控制着电梯轿厢、自动扶梯和自动人行道梯级运行轨迹，保障操作信号的传递，同时它又是涉及电梯安全及运行质量的重要部件，如图 2.2.8 所示。

图 2.2.8　垂直电梯导轨

（三）轿厢系统

电梯轿厢是装载乘客或货物，配有方便出入门装置的箱形结构部件，是与乘客或货物直接接触的。轿厢由轿架和轿厢体组成。

垂直电梯轿厢如图 2.2.9 所示。

图 2.2.9　垂直电梯轿厢

轿架是轿厢的承载结构，轿厢的负荷（自重加上载重）由它传递到曳引钢丝绳。当安全钳动作或蹲底撞击缓冲器时，还要承受由此产生的反作用力，因此轿厢架要有足够的强度，其一般由上梁、立柱、底梁和拉条（调节轿底水平度，防止底板倾翘）等组成。

轿厢体是形成轿厢空间的封闭围壁，除必要的出入口和通风孔外不得有其他开口，轿厢体由不易燃和不产生有害气体和烟雾的材料组成。为了保证乘员乘坐时的安全和舒适，轿厢入口和内部的净高度不得小于 2 m。燃烧时为防止乘员过多而引起超载，对轿厢的有效面积必须予以限制，轿厢体一般由轿底板、轿厢壁、轿厢顶。

（四）门系统

电梯门系统可以分为两种，装在井道入口层站处的为层门，装在轿厢入口处的为轿厢门。层门和轿厢门按照结构形式可分为中分门、旁开门，垂直滑动门、铰链门等。中分式门主要用在乘客电梯上，旁开式门在货梯和病床梯上用得较普遍，垂直滑动门主要用于杂物梯和大型汽车电梯上。铰链门在国内较少采用，在国外住宅梯中采用较多，如图 2.2.10 所示。

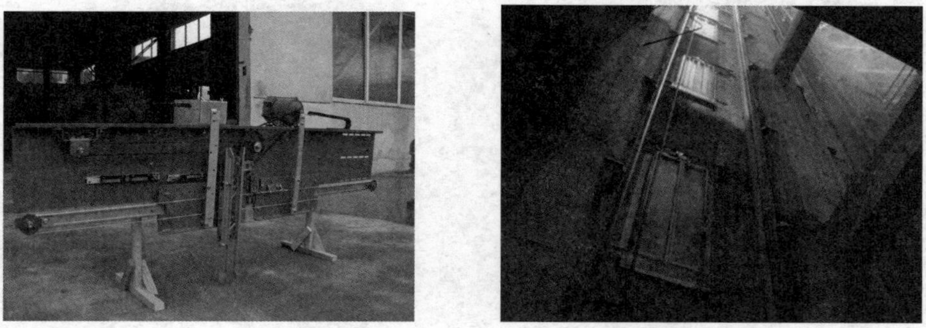

图 2.2.10　垂直电梯门系统

电梯层门和轿厢门一般由门、导轨架、滑轮、滑块，门框、地坎等部件组成。门一般由薄钢板制成，为了使门具有一定的机械强度和刚性，在门的背面配有加强筋。为减小门运动中产生的噪声，门板背面涂贴防振材料。门导轨有扁钢和 C 型折边导轨两种；门通过滑轮与导轨相联，门的下部装有滑块，插入地坎的滑槽中；门的下部导向用的地坎由铸铁、铝或铜型材制作，货梯一般用铸铁地坎、客梯可采用铝或铜地坎。

轿、层门应是无孔的门，净高度不得小于 2 m。自动层门的外表面不应有大于 3 mm 的凹进或凸出部分（三角形开锁处除外）。这些凹进或凸出的部分边缘应在两个方向上倒角。装有门锁的层门应具有一定的机械强度。在水平滑动门的开启方向，以 150 N 的人力（不用工具）施加在一个最不利点上时，门扇之间及门扇与立柱、门楣之间的间隙不得大于 30 mm。层门净进口宽度比轿厢净入口宽度在任何一侧的超出部分均不应大于 0.05 m。

（五）重量平衡系统

重量平衡系统的作用是使对重与轿厢能达到相对平衡，在电梯运行中即使载重量不断变化，仍能使两者间的重量差保持在较小限额之内，保证电梯的曳引传动平稳正常。重量平衡系统一般由对重装置和重量补偿装置两部分组成，如图 2.2.11 所示。

对重相对于轿厢悬挂在曳引绳的另一侧，起到相对平衡轿厢的作用，并使轿厢与对重的重量通过曳引绳作用于曳引轮，保证足够的驱动力。由于轿厢的载重量是变化的，因此不可能做到两侧的重量始终相等并处于完全平衡状态。一般情况下，只有轿厢的载重量达到 50%的额定载重量时，对重一侧和轿厢一侧才处于完全平衡，这时的载重量称为电梯的平衡点，此时由于曳引绳两端的静荷重相等，使电梯处于最佳状态。对重装置一般由对重架，对重块，导靴等组成。

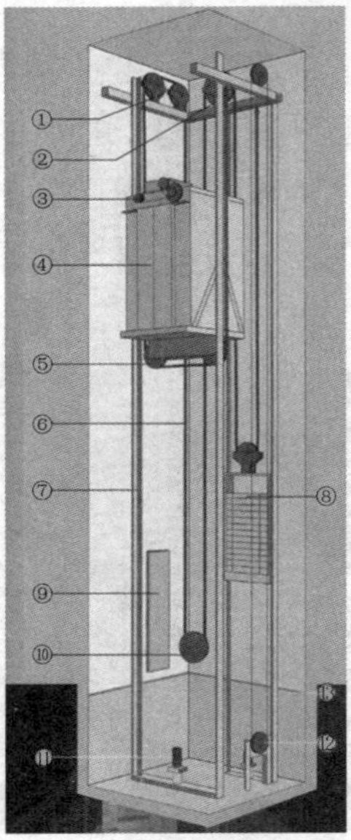

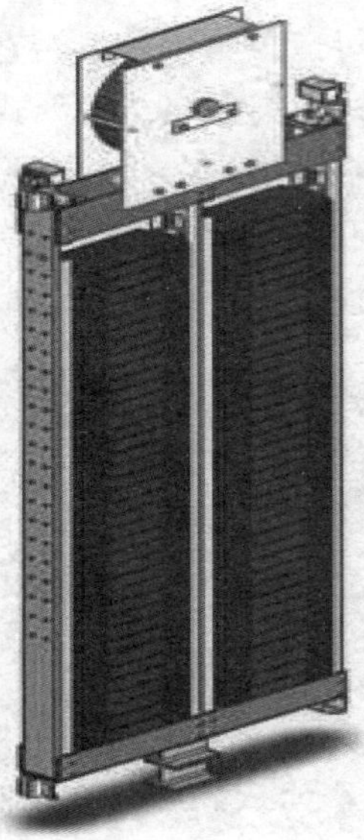

图 2.2.11　垂直电梯重量平衡系统

重量补偿装置是悬挂在轿厢和对重底面的补偿链条、补偿绳等，如图 2.2.12 所示。在电梯运行时，其长度的变化正好与曳引绳长度变化趋势相反：当轿厢位于最高层时，曳引绳大部分位于对重侧，而补偿链（绳）大部分位于轿厢侧；当轿厢位于最底层时，情况与上述正好相反，这样轿厢一侧和对重一侧就有了补偿的平衡关系。

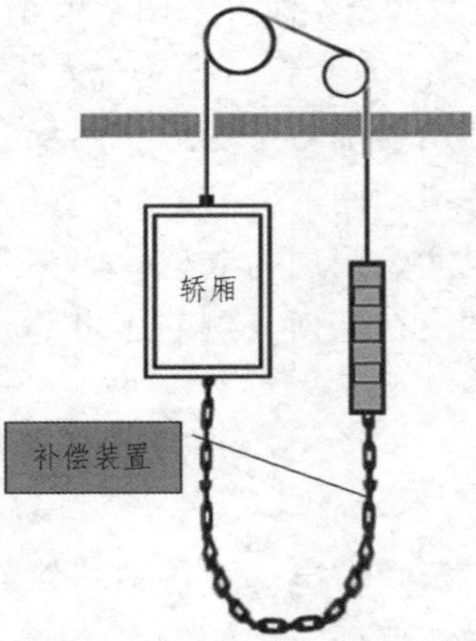

图 2.2.12　垂直电梯重量补偿装置

（六）电力拖动系统

电梯的电力拖动系统的功能是为电梯提供动力，并对电梯的启动加速、稳速运行和制动减速起到控制作用。拖动系统的优劣直接影响着电梯起停时的加速和减速性能、平层精度、乘坐舒适感等指标。目前电梯的拖动系统分为直流电动机拖动、交流电动机拖动和永磁同步电动机拖动。其组成主要包括曳引电机、供电系统、速度反馈装置、调速装置等。

（1）曳引电动机：是电梯的动力源，交流电梯使用交流电动机，直流电梯使用直流电动机或晶闸管。

（2）供电系统：是为电梯的电动机提供电源的装置。

（3）速度反馈装置：是为调速装置提供电梯实际速度信号的反馈装置，如测速发电机、速度编码器等，一般安装在曳引电动机尾部，如图 2.2.13 所示。

图 2.2.13　垂直电梯速度反馈装置

（4）调速装置：对曳引电动机实行速度调节和控制的装置。

（七）电气控制系统

电梯的电气控制系统，主要是对电梯主曳引电动机和门机的启动、运行方向、减速、停止的控制，以及对每层站显示、层站召唤、轿内指令、安全保护等指令信号进行管理，其组成如图 2.2.14 所示。

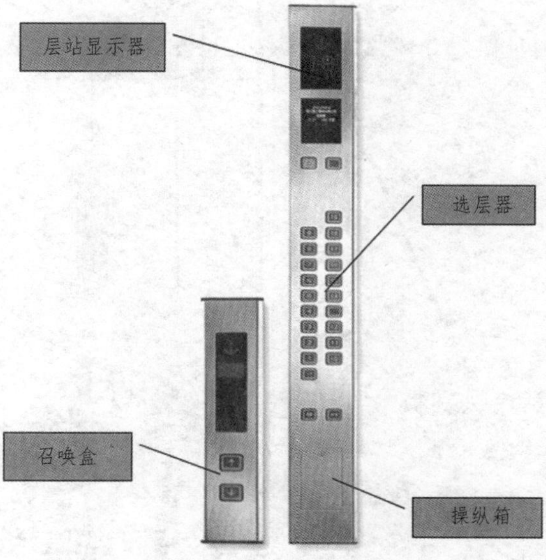

图 2.2.14　垂直电梯电气控制系统

控制系统的功能与性能直接决定着电梯的自动化程度和运行性能。随着微电子技术、交流调速理论和电力电子学的迅速发展及广泛使用，不仅提高了电梯的整机性能，而且也改善了电梯的乘坐舒适感、提高了电梯控制的技术水平和运行可靠性，其组成如图 2.2.15 所示。电气控制系统的类型除传统的继电器控制外，PLC 控制和微机控制的电梯产品已成为主流。

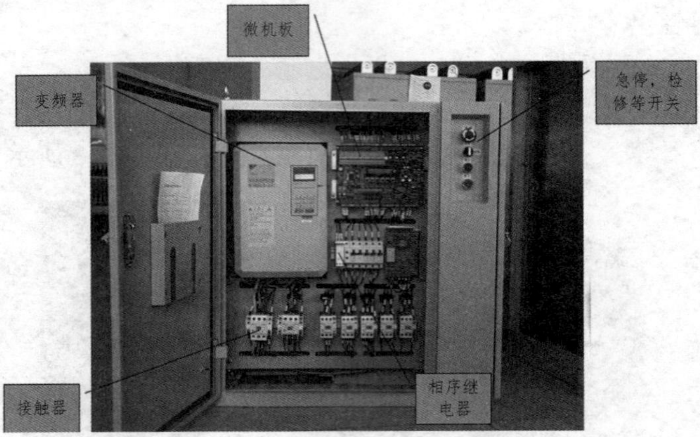

图 2.2.15　垂直电梯控制箱

（八）安全保护系统

1. 防超越行程的保护

为防止电梯由于控制方面的故障，轿厢超越顶层或底层端站继续运行，必须设置保护装置以防止发生严重的后果和结构损坏。如图 2.2.16 所示。

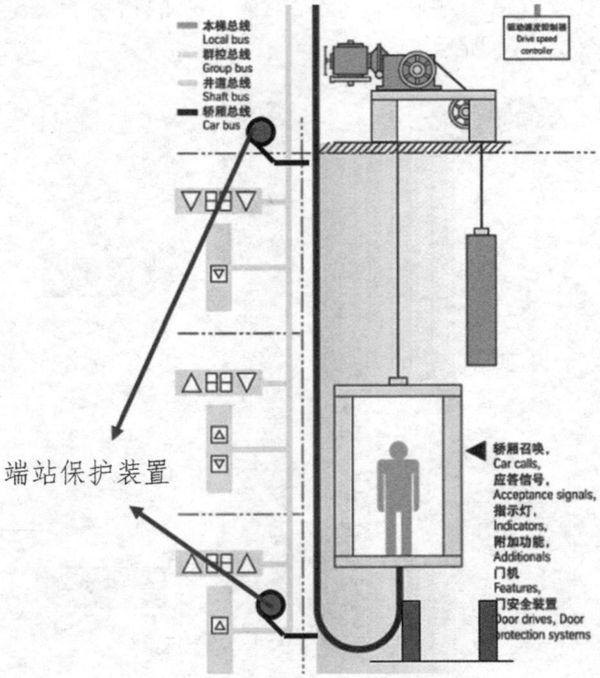

图 2.2.16　垂直电梯防超越行程保护

防止越程的保护装置一般是由设在井道内上下端站附近的强迫换速开关、限位开关和极限开关组成。防止越程的保护装置只能防止在运行中控制故障造成的越程，若是由于曳引绳打滑、制动器失效或制动力不足造成轿厢越程，该保护装置无能为力。

2. 防电梯超速和断绳的保护

电梯由于控制失灵、曳引力不足、制动器失灵或制动力不足以及超载拖动绳断裂等原因都会造成轿厢超速和坠落，因此，必须有可靠的保护措施。防超速和断绳的保护装置是安全钳 - 限速器系统。

（1）安全钳是一种使轿厢（或对重）停止向下运动的机械装置。安全钳一般都安装在轿架的底梁上，在限速器动作的触发下，安全钳动作能够使运行中的轿厢或对重制停在导轨上，并保持静止状态。凡是由钢丝绳或链条悬挂的轿厢均要设置安全钳，垂直电梯安全钳如图 2.2.17 所示。即便井道底坑下有足够空间，也要设安全钳。

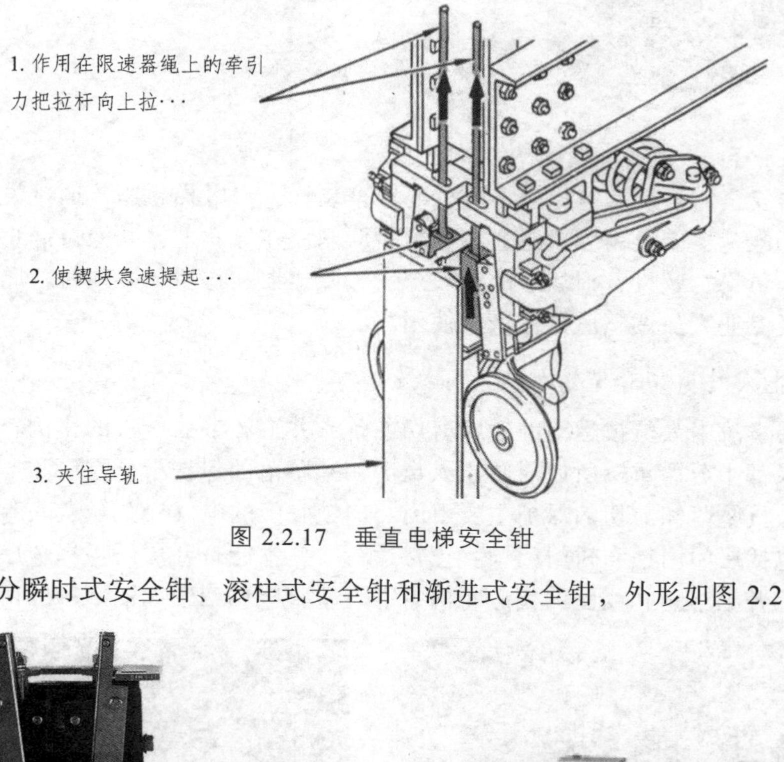

图 2.2.17　垂直电梯安全钳

安全钳分瞬时式安全钳、滚柱式安全钳和渐进式安全钳，外形如图 2.2.18 所示。

图 2.2.18　垂直电梯瞬时式安全钳和渐进式安全钳

（2）限速器是限制电梯运行速度的装置，一般安装在机房。当轿厢上行或下行超速时，通过电气触电使电梯停止运行，当下行超速电气触点动作仍不能使电梯停止，速度达到一定值后，限速器机械动作，拉动安全钳夹住导轨将轿厢制停；当断绳造成轿厢（或对重）坠落时，也由限速器的机械动作拉动安全钳，使轿厢制停在导轨上。总结而言，限速器是指令发出者，而安全钳是执行者。垂直电梯限速器如图 2.2.19 所示。

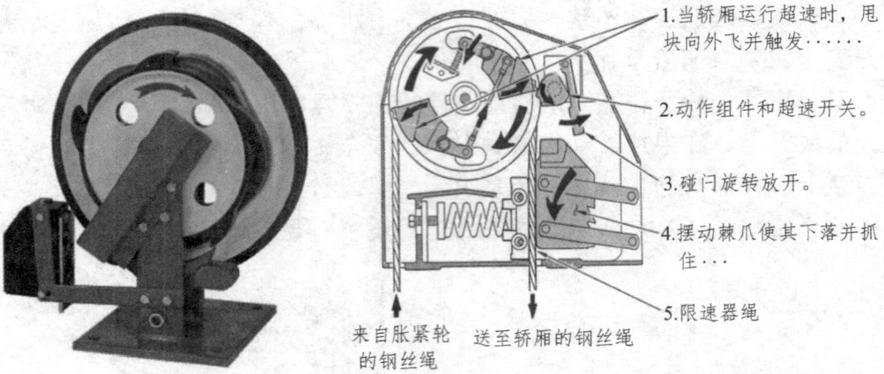

图 2.2.19　垂直电梯限速器

限速器安全钳系统是电梯必不可少的安全装置，当电梯超速、运行失控或悬挂装置断裂时，限速器安全钳装置迅速将电梯轿厢制停在导轨上，并保持静止状态，从而避免发生人员伤亡及设备损坏事故。安全钳和限速器动作后，必须将轿厢（或对重）提起，并经专业人员调整后方可恢复使用。

3. 防止人员剪切和坠落的保护

在电梯事故中人员被运动的轿厢剪切或坠入井道的事故所占的比例较大，而且这些事故后果都十分严重，所以对防止人员剪切和坠落的保护十分重要。

防止人员坠落和剪切的保护主要由门、门锁和门的电气安全触点联合承担。

门锁包括层门门锁和轿门门锁。正常运行时，不能打开层门。每个层门应能从外面借助一个开锁三角孔相配的钥匙将门打开。垂直电梯门锁如图 2.2.20 所示。

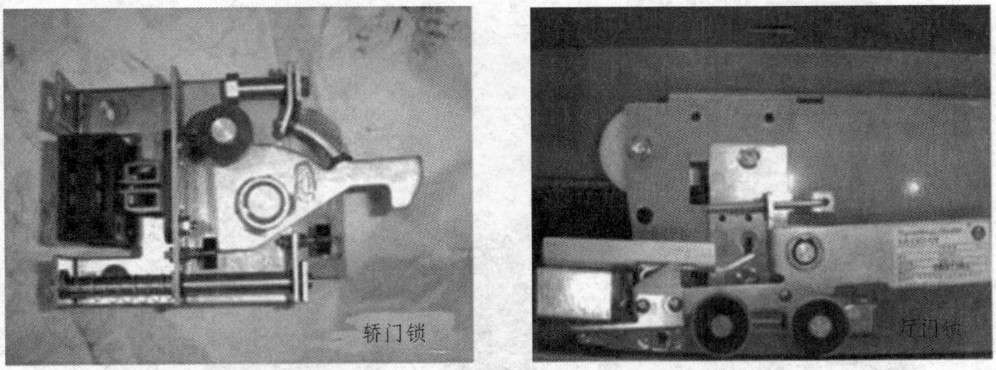

图 2.2.20　垂直电梯门锁

4. 缓冲装置保护

电梯由于控制失灵、曳引力不足或制动失灵等发生轿厢或对重蹲底时，缓冲器将吸收轿厢或对重的动能，提供最后的保护，以保证人员和电梯结构的安全。

电梯缓冲器有两种主要形式：蓄能型缓冲器和耗能型缓冲器。蓄能型缓冲器指的是弹簧缓冲器，主要部件是由圆形或方形钢丝制成的螺旋弹簧。锥形弹簧目前已很少使用。蓄能型缓冲器只能用于额定速度不超过 1.0 m/s 的电梯。耗能型缓冲器适用于任何额定速度的电梯。耗能型缓冲器应满足：当载有额定载荷的轿厢自由下落，并以设计缓冲器时所取的冲击速度作用到缓冲器上时平均减速度不应大于 1 g，减速度超过 2.5 g 以上的作用时间不应大于 0.04 s。如图 2.2.21 所示。

图 2.2.21　垂直电梯缓冲装置

5. 报警和救援装置功能

电梯发生人员被困在轿厢内的事故时，通过报警或通信装置能将情况及时通知管理人员并通过救援装置将人员安全救出轿厢。

（1）报警装置。

电梯必须安装应急照明和报警装置，并由应急电源供电。

（2）救援装置。

电梯困人的救援以往主要采用自救的方法，即轿厢内的操纵人员从上部安全窗爬上轿顶将层门打开。随着电梯的发展，无人员操纵的电梯广泛使用，再采用自救的方法不但十分危险而且几乎不可能。因此现在电梯从设计上就确定了救援必须从外部进行。救援装置包括曳引机的紧急手动操作装置和层门的人工开锁装置。

6. 停止开关和检修运行装置

（1）停止开关一般称为急停开关，按照要求，在轿顶、底坑和滑轮间必须装设停止开关。

（2）检修运行是便于检修和维护而设置的运行状态，由安装轿顶或其他地方的检修运行装置进行控制。

7. 消防功能

发生火灾时井道往往是烟气和火焰蔓延的通道，而且一般层门在 70℃以上时也不能正常工作。为了乘客的安全，火灾发生时，必须使所有电梯停止应答召唤信号，直接返回撤离层站，即具有火灾自动返基站功能。

消防员专用电梯或有消防员操作功能的电梯（一般称消防电梯），除具备火灾自动返基站功能外，还要供消防员灭火和抢救人员使用。

消防电梯的布置不仅能保证在火灾时避免其暴露于高温的火焰下，还能避免消防水流入井道。一般电梯层站宜与楼梯平台相邻并包含楼梯平台，层站外有防火门将层站隔离，层站内还有防火门将楼梯平台隔离，这样在电梯不能使用时，消防员还可利用楼梯通道返回。

8. 防机械伤害的保护

电梯很多运动部分在人接近时可能会发生撞击、挤压、绞碾等事故，在工作场地由于地面的高低差也可能会产生人摔跌等危险，所以必须采取保护措施。

人在操作、维护中可以接近的旋转部件，尤其是传动轴上突出的锁销和螺钉，钢带、链条、皮带，齿轮、链轮，电动机的外伸轴，甩球式限速器等必须有安全网罩或栅栏，以防有人无意中触及。曳引轮、盘车手轮、飞轮等光滑圆形部件可不加防护，但应部分或全部涂成黄色以示提醒。

轿顶和对重的反绳轮，必须安装防护罩。防护罩要能防止人员的肢体或衣服被绞入，还要能防止异物落入和钢丝绳脱出。

在底坑中对重运行的区域和装有多台电梯的井道中不同电梯的运动部件之间均应设隔障。

机房地面高度差大于 0.5 m 时，在高处应设栏杆并安设梯子。

在轿顶边缘与井道壁水平距离超过 0.32 m 时，应在轿顶设护栏，护栏的安设应不影响人员安全和方便地通过入口进入轿顶。

安全触板是电梯一种近门安全保护装置，它是一种机电一体式的关门防夹安全装置。与其同等作用的近门保护装置是光幕保护装置，属于感应式保护装置。作用是在电梯自动关门过程中，防止人员或物品被夹受损。垂直电梯安全触板如图 2.2.22 所示。

图 2.2.22　垂直电梯安全触板

电梯光幕是一种光线式电梯门安全保护装置，适用于客梯、货梯，用于保护乘客的安全。由安装在电梯轿门两侧的红外发射器、接收器、安装在轿顶的电源盒及专用柔性电缆四大部分组成。在发射器内有32个（16个）红外发射管，在MCU的控制下，发射接收管依此打开，自上而下连续扫描轿门区域，形成一个密集的红外线保护光幕。当其中任何一束光线被阻挡时，控制系统立即输出开门信号，轿门即停止关闭并反转开启，直至乘客或阻挡物离开警戒区域后电梯门方可正常关闭，从而达到安全保护的目的，这样可避免电梯夹人事故的发生。

垂直电梯光幕如图2.2.23所示。

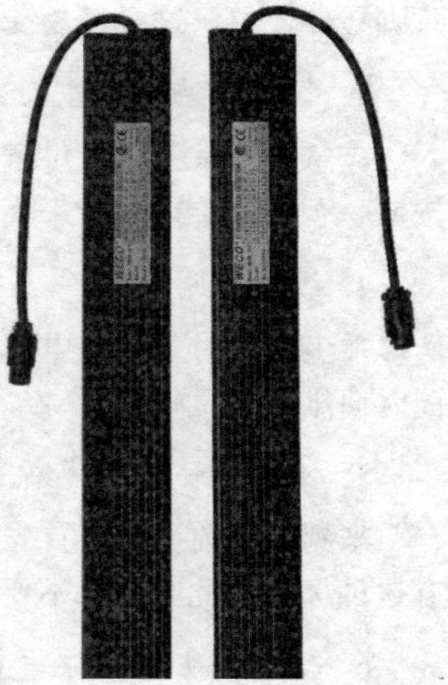

图2.2.23　垂直电梯光幕

9．电气安全保护

对电梯的电气装置和线路必须采取安全保护措施，以防止发生人员触电和设备损毁事故。按《电梯制造与安装安全规范》（GB 7588—2003）的要求，电梯应采取以下电气安全保护措施。

（1）直接触电保护。

绝缘是防止直接触电和电气短路发生的基本措施。

（2）间接触电的防护。

间接触电是指人接触正常时不带电而故障时带电的电气设备外露可导电部分，如金属外壳、金属线管、线槽等发生的触电。在电源中性点直接接地的供电系统中，防止间接触电最常用的防护措施是将故障时可能带电的电气设备外露可导电部分与供电变压器的中性点进行电气连接。

（3）电气故障防护。

按规定，交流电梯应有电源相序保护，直接与电源相连的电动机和照明电路应有短路保护，与电源直接相连的电动机还应有过载保护。

（4）电气安全装置。

电气安全装置包括：直接切断驱动主机电源接触器或中间继电器的安全触点，不直接切断上述接触器或中间继电器的安全触点和不满足安全触电要求的触点。但当电梯电气设备出现故障，如无电压或低电压、导线中断、绝缘损坏、元件短路或断路、继电器和接触器不释放或不吸和、触头不断开或不闭合、断相错相等时，电气安全装置应能防止电梯危险状态出现。

（九）乘坐电梯应注意的安全事项

1．注意超限过载

电梯不能超载，当电梯报警时，应该主动退出，等下一趟再乘，电梯超载是很危险的。

2．不顶阻电梯门

当电梯门快关上时，千万不要强制冲进电梯，阻止电梯关门，切忌一只脚在内一只脚在外停留，这样容易受到伤害。

3. 不随便按应急按钮

应急按钮是为了应付意外情况而设置的，电梯在正常运行时，千万不要去按应急按钮，否则会给乘客带来不必要的麻烦。

4. 不开门运行

乘坐电梯时，如果电梯门没有关上就运行，这说明电梯有故障，乘客不要乘坐，同时向维修人员报告。

5. 不乘维修中的电梯

来到电梯前，乘客首先看看是否挂有“停梯检修”标志。如果电梯在维修，应挂有这种标志，此时乘客不要乘坐。

6. 发生火灾时别乘电梯

发生火灾时，应将电梯停在火势或烟火未蔓延的楼层，禁止乘客使用电梯逃生，而要引导其从楼梯安全出口处逃生。

7. 发生意外不能慌

电梯运行中出现故障时，乘客不要惊慌，应按对讲或警铃按钮通知维修人员救援，不要乱动乱按，等待是保障安全的明智选择。

8. 进出电梯需观察

电梯停稳后，乘客进出电梯时应注意观察电梯轿箱的地板和楼层是否水平，如果不平，说明电梯存在故障，应及时通知检修，以保障乘客的安全。

（十）电梯事故的表现形式

1. 坠落

产生坠落的原因主要有两种：一是层门未关闭或从外面能将层门打开，而轿厢又不在此层，造成待乘人员失足从层门坠入井道；二是电梯困人时，被困人员不听从救援人员的安排，强行扒开轿门或爬上轿顶，造成人员坠入底坑。

2. 剪切

乘客踏入或踏出轿门的瞬间，轿厢突然起动，使受害人在轿门与层门之间的上下门坎处被剪切。

3. 挤压

挤压主要有以下几种：受害人被挤压在轿厢围板与井道壁之间、受害人被挤压在底坑的缓冲器上、人的肢体部分（比如手）被挤压在转动的轮槽中。

4. 撞击

撞击常发生在轿厢顶或蹾底，会使受害人的身体撞击在建筑物或电梯部件上。

5. 触电

触电指受害人的身体接触到控制柜的带电部分，或施工操作中，人体触及设备的带电部分及漏电设备的金属外壳。为避免此类事故伤及乘客，要求电梯所有易带电部分均应有可靠的接地。

6. 烧伤

烧伤一般发生在火灾事故中，受害人被火烧伤。此外在使用喷灯浇注巴氏合金的操作中，以及进行电焊和气焊的操作时，也会发生烧伤事故。

（十一）电梯使用须知

（1）注意不要猛烈碰撞电梯门。

（2）搬运物品时应特别注意，不要碰刮轿厢门或壁板。

（3）搬运笨重或较长物品时，应通知管理员，并请其在现场给予协助。

（4）搬运质量大的物件，注意不要超载，并应把物件均匀放置在轿厢内。

（5）只按必要的按钮，不要用坚硬的东西去敲打按钮。

（6）紧急呼唤按钮是电梯在非正常运行时才使用的，请不要乱按。

（7）电梯门即将关闭时，严禁用手伸入门间隙尝试使电梯重开门。

（8）禁止小孩在电梯口周围玩耍，小孩应在大人带领下搭乘电梯。

（9）注意不要超载，超载时，轿厢内的警报蜂鸣器会鸣响，乘客减少至允许载重时，蜂鸣器停止鸣响，门自动关闭。

（10）禁止乱动电梯厅门和轿门。

（11）禁止乱动电梯消防开关和轿内开关。

（12）禁止在轿厢内吸烟。

（13）禁止破坏行为，如乱涂、乱画等。

（14）乘客不要在轿厢内打闹、跳动，有可能导致事故发生。

（15）乘客乘坐电梯遇困时，应保持冷静，不要乱动，通过按紧呼按钮和大声呼叫等方式通知他人营救。

（16）当发生停电、火灾、地震时，不要乘坐电梯。

（17）遇到电梯状态异常（如：运行晃动剧烈、电梯内无照明、电梯门打开不动等），请不要乘坐电梯，并及时通知大厦管理员。

【任务实施】

工作任务一　垂直电梯正常使用操作

【学习描述】

垂直电梯正常运行操作是车站工作人员的工作内容之一。正确的启动、停止操作方法对于保证设备的使用寿命至关重要，并且在很大程度上减少了运行过程中会出现的突发故障，为乘客的安全提供保障。

【学习过程】

一、呼梯

在电梯层门的一侧设有呼梯按钮，分向上或向下两个方向。乘客应按自己要去的目的楼层选择“↑”或“↓”按钮，不应两个都按下，否则会影响电梯的正确选向和运行，从而耽误时间。

乘客赶到电梯门口正好遇到电梯门正在关闭，这时，不必向电梯门口“冲”，更不应用脚或者手去掰电梯门，应尽快按住呼梯按钮以使电梯重新开门，这是电梯的“本层呼梯开门”功能。

特别提示：

（1）正确按下门口的上行或下行呼梯按钮，切忌同时按下上/下行 2 个呼梯按钮，这样会让电梯做无用功，浪费自己和他人的时间和电能。等待电梯到来，如果是多台并联电梯组，可能不是你面前的一台电梯来接你，任何一台电梯的到站灯闪亮并发出到站钟响，便是邀请你到它的入口处等待。

（2）电梯开门后，乘客先下后上，如果有乘客从轿厢走出，应往一边站，以方便他们疏散，然后进入轿厢。

（3）如果轿厢满载，等待下一台电梯。

（4）电梯关门时，不要把手或其他物体伸到两个门扇之间。

（5）发生火灾或其他紧急情况，通过楼梯通道疏散。万一电梯电源被破坏，乘客可能被关在电梯轿厢里。

二、乘梯

在电梯停靠开门后，应先让到达本层的乘客出来，然后再进入轿厢。在乘客较多时，如果轿厢操纵盘上的超载信号灯（OVER LOAD）闪烁和发出断续蜂铃声，说明电梯已超载，后进入轿厢的乘客应主动依次退出，直至灯不闪、铃不响为止。

三、选层

乘客进入轿厢后，应及时地按下操纵盘上自己要去的层站按钮，该按钮内的指示灯点亮表示已经登记好，电梯会按登记的楼层逐一停靠并开门放人。

特别提示：

（1）安全快速出入轿厢，切忌在门口处停留。站在门口的乘客应先离开轿厢。

（2）正确按下选层按钮，以保证不错过要去的楼层。

（3）如果轿厢内乘客人数适中，可以向轿厢深处移动，以方便其他乘客上下。

（4）带小孩的乘客应照看好小孩，带宠物的乘客要防止宠物单独活动。

（5）与电梯门保持距离，开关门时要特别注意防止衣物或其他随身物品被电梯门挤住。

（6）需要电梯门保持开门状态，应该按住开门按钮，如果自己需要搬运物品，可以请求其他乘客帮忙按住开门按钮。

四、乘坐电梯

在电梯轿厢内不得吸烟、吐痰、乱扔杂物，不嘻闹打斗，不准损坏电梯设施。

靠近轿壁站立，有扶手时把手放在扶手上。注意观察楼层显示器，提前做好离开轿厢的准备，到站后电梯如不开门可按下开门按钮。如果还不开门应使用报警按钮或轿内对讲系统或电话与中控室或物业管理部门联系，等待专职人员救援。

工作任务二　危难时刻正确使用电梯

【学习描述】

（1）电梯伤人事故大多发生在门口（人员被运动中的轿厢挤压）或空井道（人员坠落）。电梯发生故障时，远离这两个地方，乘坐人的安全就有了一定保障。

（2）电梯门口（厅轿门地坎处）是很危险的地方，切记不要在此停留。

（3）电梯在修理过程中，万一工作人员疏忽忘记放警告标志和护栏而开着厅门作业，千万不可出于好奇往井道里探头，应牢记，永远不要靠近开着门的电梯井道，防止坠落。

（4）如被关在轿厢里，正确出路是设法请求救援。千万不可强行扒门出逃，停在两个楼层之间的轿厢和扒开的厅门会把试图出逃者置于双重危险中。在向外爬的过程中，万一电梯运行，人即刻遭受门框和轿厢挤压。如果侥幸爬出了轿厢，在试图向下跳到楼层地面时，身体极易失去重心而坠入空井道。

（5）发生类似事故时，如何正确使用电梯将会决定被困者的生命财产安全。

【学习过程】

（1）乘电梯时遇到地震怎么办？

乘客应保持膝盖弯曲，并将整个背部和头部紧贴电梯内墙，呈直线状。如电梯有扶手，最好能够紧握扶手，尽量将自己与电梯固定，以减少可能发生的坠梯对身体造成的伤害。

很多人认为乘坐电梯时遇到地震，应该迅速按下电梯所有楼层按键，在最短的时间内停下，以求逃生。但当电梯遇到地震时，会自动启动“自我保护”机制，通过停梯来确保安全。如果同一时间迅速按下所有楼层按键，反而有可能导致电梯系统紊乱，增加不必要的伤害。

此时乘客一定要等待救援，千万不要自己试图打开电梯。因为在电梯轿厢内的乘客难以判断自己的位置，更无法预测是否会发生坠梯，如果盲目打开电梯，将十分危险。

（2）被困电梯内怎么办?

电梯中途停下后，首先要保持镇定，不要担心连接轿厢的钢丝绳会折断，因为国家对电梯用的钢丝绳有专门的规定和要求，钢丝绳的配置不只是为承担轿厢和额定载重量，还考虑到拽引力的大小，其抗拉强度大大地高于电梯的载重量，一般电梯都配有 4 根以上钢丝绳，因此电梯不会轻易掉到井道里。乘客被困电梯内不要惊慌，千万不要尝试自行爬出电梯，应设法通知维保单位，可利用电梯内的电话求援，如无电话，可拍门叫喊，或用鞋子敲门，若实在没有人回应，最安全的做法是保持镇定，保存体力，等待救援。

（3）电梯运行中突然停电怎么办?

电梯运行中如果遇到突然停电或供电线路出现故障，电梯会自动停止运行，不会有什么危险，因为电梯本身设有电气机械安全装置，一旦停电，电梯的制动器会自动制动，使电梯不能运行，另外，供电部门如果有计划地停电，事先会通知，电梯会提早停止运行。

（4）电梯运行速度突然加快怎么办?

电梯的运行速度不论是上行还是下行，均应在规定的额定速度范围以内运行，一般不会超速，如果出现超速，在电梯控制系统内设有防超速装置，此时，该装置会自行启动，使电梯减速或停止运行。

（5）电梯的轿厢门是否能被扒开?

电梯的轿厢门从外面是不能被扒开的，必须用专用工具才能开启，在里面的乘客也绝不能扒门，即使电梯天花板有紧急出口，也不能爬出去，因为出口板一打开，安全开关会就使电梯停止不动，但出口板意外关上，电梯就可能突然开动，令人失去平衡，在漆黑的井道里，可能会被电梯缆索绊倒，或者因踩着电梯外壁的油垢而滑倒，从电梯顶上坠落下去。

（6）发现电梯运行异常时怎么办?

乘坐电梯时，发现电梯有超速或梯速较慢的情况，或发现电梯轿厢内有焦糊味时，应按下操纵盘上的红色急停按钮，使电梯停车，并及时通报维保人员。

（7）遇到火灾怎么办?

发生火灾时，如果乘客正在电梯中，应将电梯停在火势或烟火未蔓延到的梯层，然后从楼梯逃生。

高层建筑发生火灾时千万不可坐电梯下楼。

温馨提示：

① 发生火灾时，电梯不具有防高温性能，当遇到高温时，电梯厢容易失控甚至变形卡住，有的还会有触电的危险。

② 电梯运作时会使电梯竖井失去防烟功能，从而产生烟囱效应，使其成为拔烟助火的垂直通道，既会威胁人员的安全，又加速了烟火扩散与蔓延。

③ 发生火灾时，当楼内电气线路被烧毁或断电时，电梯会停在楼层中间，一方面，不利于电梯内的人员逃生；另一方面，也有碍于外面的抢险人员营救，极易酿成人员伤亡事故。

④ 电梯的通行能力极其有限，通常一次只能载十几个人。当人员多而集中，情况紧急时，因疏散缓慢，会引起被困人员惊慌失措，导致场面混乱，从而易发生挤压、跳楼等事故，造成不应有的人员伤亡。

工作任务三　垂直电梯日常使用管理

【学习描述】

任何一种设备的投入使用，都会伴随一些比较明显的温馨提示或使用注意事项。而垂直电梯作为地铁车站内集散乘客的辅助运输工具，在出入口等地方也都有明显的提示标志，告知乘客如何正确使用垂直电梯，避免出现不必要的安全事故。

【学习过程】

一、垂直电梯日常使用安全管理

为了确保电梯的安全运行，工作人员均持证上岗。并制定了相应的工作人员安全操作守则。

（1）保证电梯正常运行，提高服务质量，防止事故发生。

（2）要求坚持正常出勤，不得擅离岗位。

（3）电梯不带病运行、不超载运行。

（4）操作时不吸烟、不闲谈等。

（5）执行操作规程：

① 每次开启厅门进入轿箱内，必须做试运行，确定正常时才能载人。

② 电梯运行中发生故障，立即按停止按钮和警铃，并及时要求修理。

③ 遇停电时，电梯未平层时禁止乘客打开轿箱门，并及时联系外援。

④ 禁止运超大、超重的物品。

⑤ 禁止在运行中打开厅门。

⑥ 工作完毕时，应将电梯停在基站并切断，关好厅门。

二、加强对乘梯人员的安全管理

制定电梯乘梯人员安全使用乘梯的警示牌，悬挂于乘客经过的显眼位置。敬告乘梯人员安全使用电梯的常识。乘梯须知应做到言简意赅。警示牌要显而易见。乘梯须知内容如下：

① 用手按钮，严禁撞击。

② 不许吸烟，勿靠厢门。

③ 运行之时，挤门危险。

④ 危险物品，禁止进梯。

⑤ 保持清洁，勿吐勿丢。

⑥ 若遇危险，请按警铃。

⑦ 超载铃响，后进退出。

⑧ 儿童乘梯，成人陪伴。

⑨ 楼内火灾，切勿乘梯。

三、电梯困人救援的安全管理

规范电梯困人救援工作，以确保乘客的安全是电梯困人救援管理工作的目的，凡遇故障，司梯人员应首先通知电梯维修人员和管理人员，如电梯维修人员和管理人员 5 min 内未到场，工程部经过训练的救援人员可根据不同情况，设法先行释放被困乘客。

（一）救援程序

（1）告知被困人员，等待救援。

当发生电梯困人事故时，电梯管理员或救援人员通过对讲机或用喊话的形式与被困人员取得联系，务必使其保持镇静，静心等待救援人员的援救。被困人员不可将身体任何部位伸出轿箱外。如果轿箱属于半开闭状态，电梯管理员应设法将厢门完全关闭。

（2）准确判断轿箱位置，做好救援准备。根据楼层指示灯等判断轿箱的所在位置，然后设法援救乘客。

（二）救援步骤

（1）轿箱停于接近电梯口的位置时的救援步骤：

① 关闭机房电源开关。

② 用专门外门锁钥匙开启外门。

③ 在轿箱顶用人力慢慢开启轿门。

④ 协助乘客离开轿箱。

⑤ 重新关好厅门。

（2）轿箱远离电梯口时的救援步骤：

① 进入机房，关闭该故障电梯的电源开关。

② 拆除电机尾轴端盖，按上旋柄座及旋柄。

③ 救援人员用力把住旋柄，另一救援人员，手持制动释放杆，轻轻撬开制动，注意观察平层标志，使轿箱逐步移动至最接近厅门为止

④ 当确认刹车制动无误时，放开盘车手轮。然后按（1）的方式救援。遇到其他复

杂的情况时，应请电梯公司帮助救援。援救结束后，电梯管理员填写救援记录并存档。

四、垂直电梯日常使用过程中常见故障处理

（一）电梯不能正常关门可能的原因

（1）门光幕。

电梯轿厢轿门安装门光幕，一边为发射杆，另一边为接收杆。当电梯门在关闭时，如果有物体挡住光线，接收杆接收不到发射杆的光源，立即驱动光电继电器动作，光电继电器控制门向反方向开启。当门光幕杆被异物或灰尘挡住门就不会关闭，此时轿厢内楼层指令能按亮但电梯不能关门，电梯不能运行。

（2）开关门按钮。

电梯门自动开到位时，如果按住开门按钮，则电梯门长时间开启，可以方便乘客多时正常进出轿厢。按一下关门按钮，可以使门立即关闭。有时开关门按钮被按后会卡在里面弹不出来。如果开门按钮被卡住可能会引起电梯到站后门一直开着关不起来。关门按钮被卡住会引起电梯到站后门开到位后立即关闭。

（3）厅外召唤按钮。

厅外召唤按钮是用来登记厅外乘客的呼梯需要。同时，它有同方向本层开门的功能。如电梯向上运行时，按住上召唤梯按钮不放，则电梯门会长时间开启（有的电梯被设计成超过一定时间后就强制关门）。有时召唤按钮被卡住时电梯会停在本层不关门。或过一段时间强制关门后运行，然后每次都要驶向该层停留一段时间。

（4）轿厢地坎及厅门地坎槽内有异物（如：沙石、木棍、水泥等）堵塞则电梯门也不能开启和关闭，因此需时刻保持轿厢地坎及厅门地坎的干净。

（5）轿厢内手动模式处于独立状态则电梯也不能关门，厅外召唤也不能被登记，厅外呼不到电梯。

温馨提示：

① 当电梯无动力开关门时，不准手拉强制关门，防止人员受伤及电梯运行中突然停车。

② 使用过程中不能敲打开关门按钮、轿内指令按钮及厅外召唤按钮，否则会导致按钮损坏更加导致电梯故障不能运行。

（二）电梯正常停车后不能正常开门

可能的原因为厅门或轿门地坎有异物堵塞引起门不能正常开启。

（三）电梯关门后不能正常启动

可能的原因是电梯门关闭后轿门或厅门没有关到位引起门锁未能接通从而导致电梯不能运行。

（四）电梯运行中突然停车困人

从真正意义上讲，电梯运行中突然停止困人才是人们常说的电梯关人故障，由于

停止的随意性，电梯很少刚好能停在平层位置。由于现在多数电梯利用微机对其进行控制，所以电梯必然配有软件系统检测功能，对电梯运行进行保护。一旦出现问题，通过软件复位（停电 10 s 后上电）可使电梯恢复正常。

工作任务四　垂直电梯日常检查

【学习描述】

特种设备垂直电梯因其设备作用的特殊性，日常检查的好坏不仅会关系到乘客的舒适度及设备的使用寿命，更关系到乘客的人身财产安全。因此垂直电梯设备必须做好启动前和停止后的检查，使设备始终处于良好的工作状态。

【学习过程】

一、垂直电梯日常检查方式

垂直电梯日常检查以“望、闻、问、摸、嗅”为主要手段，必要时使用专用仪器或设备进行检查。

（1）望：用眼睛观察设备运行是否正常工作。

（2）闻：用耳听设备运行声音有无异常。

（3）问：询问其他工作人员关于设备的运行情况，是否有故障现象。

（4）摸：用手转动开关或按动按钮，检查该功能是否正常。触摸电机表面检查温升是否正常，检查各开关的电线是否松动。

（5）嗅：用鼻嗅，以便检查是否有电器烧焦的气味。

二、垂直电梯日常检查内容

（一）基站厅内日常检查项目及要求

（1）外选按钮：要求外观正常、不歪斜、无缺损、固定牢固。按钮动作灵活、无卡涩。外呼选层时，选层记忆灯亮且能保持到电梯开门。

（2）基站层灯：电梯上下运行一遍，基站的层楼指示灯、方向灯全亮，并且指示正确。

（3）钥匙开关及消防开关：外观正常、固定牢固、无缺损、开关有效，开关状态正确。

（二）轿厢内日常检查项目及要求

（1）照明、风扇：轿内照明设备齐备，开关启动灵敏，镇流器无异常音响，灯管无闪烁，风扇运转正常。

（2）通信设施及警铃：电话或对讲机声音清晰，警铃按钮动作灵活、无卡涩，声音正常。

（3）天花板、壁板、地面：天花板完整，安装牢固无坠落可能，电梯运行时无振动；轿厢壁板牢固，无开裂及严重变形；轿厢地面平整、无变形、无破损。

（4）按钮：操纵盘上各按钮外观正常，动作灵活无卡涩，内选按钮全部按下后，除本层外其他信号灯全亮。

（5）轿门：轿门开关正常，无异常声响，开关过程无卡滞及无较大晃动。门板与门套间隙 6 ± 2 mm（日本电梯标准为 5 ± 2 mm），上下间隙均匀。

（6）安全触板及其他安全保护设施：设施完好无误动作。各活动部位润滑正常，开关门及运行过程无异声。

（7）运行：电梯上下试运行一次，运行过程轿厢不会抖动，各部位无异常声响。

（8）轿内层灯、停电备用灯：外观清洁无异常，方向及层楼指示正确。电梯断电时，备用灯能持续亮 15 min 以上。

（三）其他各层日常检查项目及要求

（1）各层外选按钮及指示灯外观正常，触点接触良好，按钮动作灵活，指示灯全能亮，按钮安装牢固无缺损。

（2）各层厅门及门套清洁无较大变形，门板与门板、门板与门套上下间隙一致，其间隙符合标准（国产梯 6 ± 2 mm；日本梯 5 ± 2 mm），开关门过程无卡阻。

（四）机房内电梯设备日常检查项目及要求

（1）警告牌及门锁：机房门外的“机房重地，闲人免进”警告牌清晰、醒目，门锁工作可靠。

（2）机房照明、通道、地面及屋顶：照明设备完好、照明正常。通道畅通，地面无积尘等异物，屋顶不漏雨，门窗不进水。

（3）通风及消防设备：机房通风设备完好；消防设备齐全完好。每台电梯一般不少于两个用于扑灭电气火灾的灭火器。

（4）盘车工具：用于处置电梯关人故障时的盘车工具要齐全、适用，放在明显位置。

（5）仪表及指示灯：控制柜、励磁柜的各类仪表及指示灯，外形完整、指示正常。

（6）制动器：制动器外表清洁，刹车皮无油污、不老化，刹车皮与闸鼓间隙两侧均匀：国产梯≤0.7 mm，日本梯≤0.15 mm。制动器动作时无较大撞击声。

（7）限速器：限速器外表清洁，无油渍，运转时无异常声响。钳口无积油，各运转部位加适量机油。

（8）发电机组、电动机、曳引机：外部清洁无积尘、无油污，运转时无异常电声响及火花。温升正常，无异味。

（9）齿轮箱、轴头及各部油杯：齿轮箱油量充足，在油标尺范围之内；轴头油位在油镜线之间；各油杯油要充足，油质清洁。

（10）主接触器、主继电器：主接触器、主继电器运行正常，无异声、异味，无过热现象。

（11）测速机：测速机皮带完好，断带保护开关可靠。

（12）选层器及钢带：选层器运转部位转动灵活、润滑正常、钢带运转无异声。

（13）铜头及碳刷：铜头无积碳、划伤及过热现象。碳刷长度合适（从碳刷铆钉到工作面的距离小于 5 mm 时应更新）。运转时，火花正常，无异常声音及颤动。

（五）轿顶及井道日常检查项目及要求

（1）轿顶及照明：轿顶清洁、无杂物，照明正常，安全护栏牢固。

（2）检修箱：检修箱各开关无损坏，接点正常、位置正确。

（3）安全窗、钢带及安全钳开关：各开关外观正常缺损、无松动，使用正常。

（4）轿厢油盒及对重油盒：油位在 1/4 ~ 3/4 油盒高度之间，油质清洁，油盒固定牢固。

（5）导靴：导靴在运行中无异声，滚轮导靴无开裂脱胶现象。

（6）上极限、上限位开关：开关动作正常，滚轮转动灵活，位置正确。

（7）曳引绳、平衡绳、平衡链：绳头连接牢固，销钉、螺母、开口销齐全，弹簧无断裂，运行中无异常声响。

（8）轿门机构：门机转动无噪声，开关门时速度正常，门导轨无积垢，各活动部位润滑正常。

（六）底坑日常检查项目及要求

（1）检修开关及照明：检修开关动作可靠，底坑照明正常，开关及照明设施完整，安装牢固。

（2）缓冲器：弹簧缓冲器固定牢固，弹簧无裂痕不歪斜，柱塞行程符合铭牌要求，油位正常。

（3）限速绳张紧装置及钢带张紧装置：张紧轮臂与道轨基本垂直，张紧轮运转正常、无异声、无摩擦，断绳、断带开关位置准确，张紧轮距地高度符合要求，此高度要求为：高速梯 750 ± 50 mm，快速梯 550 ± 50 mm，低速梯 400 ± 50 mm（国产梯）；200 ± 50 mm（日本梯）。

（4）下极限、下限位开关：开关动作正常，滚轮带动灵活，位置准确，安装牢固。

（5）超载开关灯或铃（有此装置时）：超载开关固定牢固，开关时无卡阻，当按下此开关时，超载灯或铃能工作。

（6）平衡绳、平衡链：平衡绳的绳头固定牢固可靠，平衡绳张紧装置的底座与地面槽钢距离符合要求（一般大于 200 mm），电梯运行时，其张紧轮运转正常，上下浮动灵活；限位开关位置准确。平衡链距地高度大于 200 mm，电梯运行中无异常声响。

（7）随线、底坑：轿厢在下端站平层时，电梯随线（随缆）距底坑地面大于 60mm，小于 350mm。底坑清洁，不渗水对重护网螺栓紧固。

【知识拓展】

与其他专业的接口。

一、结构土建接口

（1）电梯井道尺寸及标高要符合设计及国标 GB 7588—2003 要求。
（2）预留孔洞要符合设计要求。
（3）基坑及主机梁预埋钢板符合设计要求。

二、装修接口

（1）电梯机房应符合设计及国标《电梯制造与安装安全规范》（GB 7588—2003）的要求。
（2）厅门地坎与地面装修接口（标高应当高地面装修完成面 2 ~ 3 mm）。
（3）厅门门套与外墙装修接口。
（4）外呼面板与外墙装修接口。
（5）预留孔洞的封堵要求。

三、低压动照系统接口

低压动照系统应向垂直电梯提供符合要求的动力电源接口及维修、照明用电接口。

四、给排水系统接口

垂直电梯底坑要求能够将进入的水排空，保持基坑干燥，因此给排水系统应向垂直电梯提供可靠的排水设施。

五、火灾报警系统（FAS）接口

在发生火警时垂直电梯具备消防迫降功能，因此电梯应提供消防迫降接口给 FAS 系统。

六、综合监控系统（EMCS）接口

综合监控系统要求能够观测到垂直电梯的各种运行状态，以便及时处理电梯故障及意外，因此垂直电梯应提供与综合监控进行数据通信的接口。

【学习评估】

一、复习思考题

（1）垂直电梯的机械部分主要结构有哪些？
（2）垂直电梯的电气部分主要有哪些？
（3）垂直电梯的安全装置包括哪些？

（4）乘坐电梯的安全注意事项包括哪些?
（5）电梯事故的主要表现形式有哪些?
（6）电梯使用须知有哪些?

二、技能操作

（1）演练如何正确乘坐电梯。
（2）演练不正当乘坐电梯的行为。
（3）演练如何应对电梯困人事件。

项目三

屏蔽门系统

屏蔽门通常沿站台边缘布置，将车站站台与行车轨道区域隔离开，被用来确保乘客的安全、降低噪音、降低能耗。

广义的屏蔽门分为封闭式、开式和半高式，其中开式和半高式通常被叫作“安全门”，只起到安全和美观的作用。狭义的屏蔽门指的是封闭式的滑动门，也是最常用的一种。

屏蔽门系统主要由玻璃门体、控制系统及电源系统组成。其中滑动门是乘客上下列车的主要通道，由车站电脑系统控制，与地铁列车门对应开门或关门。

本书以南京康尼公司生产的屏蔽门为例进行介绍，每个厂家生产的屏蔽门主要功能基本相同，只有故障报警表示方式略有不同。对于运行与维护部分，只针对常规操作进行介绍，各运行单位根据自己的管理模式、运行模式等也会做相应调整，酌情增减。

学习指导

学习指导书

名称	城市轨道交通屏蔽门的动作原理	
学习目标	知识目标	1. 了解城市轨道交通屏蔽门教学系统的组成 2. 掌握城市轨道交通屏蔽门系统的工作原理 3. 地铁站台门的分类及相关基础知识 4. 了解地铁站台门的特点及发展趋势 5. 了解和掌握屏蔽门技术要求 6. 了解屏蔽门系统的布置形式
	技能目标	1. 能叙述屏蔽门系统各组成部件的主要功能 2. 能识别部件及其功能 3. 能够熟练使用屏蔽门的各种操作模式 4. 能够判定屏蔽门的故障及简单的故障处理

续表

名称	城市轨道交通屏蔽门的动作原理
学习内容	知识链接：屏蔽门教学系统的组成 任务一 城市轨道交通屏蔽门的动作原理 工作任务一 屏蔽门系统 工作任务二 站台门的门体结构 任务二 城市轨道交通屏蔽门的使用及运行维护 工作任务一 屏蔽门电气认知 工作任务二 站台门的操作系统 工作任务三 站台门的使用及运行维护
学习准备	关于 OCC 及车站值班室对屏蔽门的操作控制与监控

任务一
城市轨道交通屏蔽门的动作原理

【任务导入】

屏蔽门主要目的除了保障列车、乘客进出站时的绝对安全之外，地铁站台安装屏蔽门还可以大幅度地减少司机的瞭望次数，减轻司机的思想负担，并且能有效地减少空气对流造成的站台冷热气的流失，降低列车运行产生的噪音对车站的影响，提供舒适的候车环境，具有节能、安全、环保、美观等功能。

地铁屏蔽门系统，使空调设备的冷负荷减少 35%以上，环控机房的建筑面积减少 50%，空调电耗降低了 30%，有明显的节能效果。

地铁通风与空调系统应结合地铁的运输能力、当地的气候条件、人员舒适性要求和运行及管理费用等因素进行技术综合比较，将其作为确定车站是否应设置屏蔽门的依据。

要完成屏蔽门的教学，我们将至少需要的硬件条件称为“城市轨道交通站台屏蔽门实训系统”。依托这个系统可以完成对屏蔽门的认知、调试运行及维护保养等技能培训目标。

城市轨道交通站台屏蔽门实训系统通常由 8 套站台屏蔽门、2 套端门、1 套中央接口盘 PSC、2 套就地控制盘 PSL、SIG 信号系统接口、IBP 接口以及相关的警示标识等组成。系统中站台屏蔽门放置于模拟站台边缘，PSL 放置在屏蔽门端门立柱，PSC 机柜位于楼梯下的设备控制室。

【知识准备】

有关屏蔽门的名词定义及缩写如表 3.1.1 所示。

表 3.1.1　屏蔽门的名词定义及缩写

序号	缩写	名词定义
1	DC	直流
2	AC	交流
3	PSD	屏蔽门
4	PSC	中央接口盘
5	PSL	就地控制盘

续表

序号	缩写	名词定义
6	SIG	信号系统
7	LCB	就地控制盒
8	LCU	逻辑控制单元
9	ASD	滑动门
10	FIX	固定门
11	EED	应急门
12	MSD	端门
13	DCU	门机控制器
14	CPU	中央处理器
15	I/O	输入/输出接口
16	HMI	人机接口

【任务实施】

工作任务一　屏蔽门系统

【学习目标】

通过该情境的教学，使学生掌握城市轨道交通车站屏蔽门的分类，硬件组成。

【情境描述】

屏蔽门属于轨道交通站台门的一种。是安装于轨道交通车站站台边缘，将轨行区与站台区隔离开来，设有与列车门相对应的可多级控制开启与关闭的滑动门的连续屏障，是一项集建筑、机械、材料、电子和信息等学科于一体的高科技产品。它设置于地铁站台边缘，将列车与地铁站台候车室（厅） 隔离开来，在列车到达和出发时可自动开启和关闭。

【学习过程】

一、站台门分类

从目前各国设置的站台门系统来看，站台门分为封闭式、全高式和半高式，其中全高和半高式通常被称为“安全门”，封闭式的通常被称为“屏蔽门”。

屏蔽门是一道自上而下的玻璃隔墙和滑动门，沿着车站站台边缘和两端头设置，把站台乘客候车区域与列车进站停靠区域分隔开，如图 3.1.1 所示。这种站台门系统的主要功能是增加安全性、节约能耗以及加强环境保护。

屏蔽门介绍动画
扫码观看

图 3.1.1　屏蔽门

安全门是一道上不封顶的玻璃隔墙和滑动门或不锈钢篱笆门，其安装位置与屏蔽门基本相同，造价比屏蔽门要低。全高安全门系统比屏蔽门简单，高度比屏蔽门低矮，空气可以通过安全门上部流通。半高安全门相对屏蔽门或全高门来说，主要起隔离作用，提高了站台候车乘客等候的安全性，同时也起到一定的降噪作用。

屏蔽门系统由机械和电气两部分构成，机械部分包括门体结构和门机传动系统，电气部分包括电源系统和控制系统。

门体结构由承重结构、滑动门、固定门、应急门、端门、门槛、顶箱等组成。

门机传动系统主要由门控单元（DCU）、驱动系统、配电端子箱、就地控制盒（LCB）和声光报警装置等组成，其安装在顶箱内铝型材导轨上，并通过门控单元（DCU）的接口与中央接口盘（PSC）连接，它是屏蔽门系统的重要组成部分。

控制系统由站台门中央接口盘（PSC）、端头就地控制盘（PSL）、远程监视设备（IBP）、滑动门单元门控器（DCU）、就地控制盒（LCB）、声光报警装置、其他系统的控制接口和通信接口等构成。

图 3.1.2 为地铁站台上典型的屏蔽门系统，图 3.1.3 为全高安全门，图 3.1.4 为半高安全门。

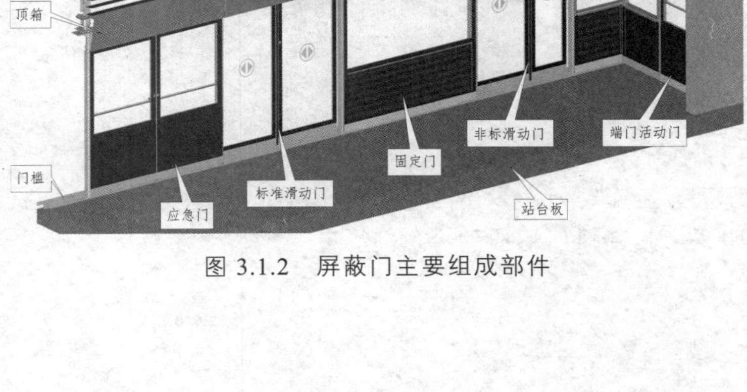

图 3.1.2　屏蔽门主要组成部件

图 3.1.3　全高安全门

图 3.1.4　半高安全门

二、特点

1. 安全性

地铁列车在隧道内运行时产生强烈的活塞效应，这样当列车进入站台时将会给站台候车的乘客带来被活塞风吹吸的危险。装设站台门后，由于站台与隧道空间被站台门隔离开，只有当列车停靠站台，并且列车门与站台门完全对正时，站台门才会同时打开，以便乘客上下车，避免了候车人员及物品跌落站台轨道的危险。

2. 节能

设置站台门系统后，车站空间与列车运行空间完全隔开，避免了大量空调冷气进入隧道，减少了列车刹车时所散发出的进入候车区的热量，并减少了站台出入口由于列车活塞作用吸入大量新风所形成的冷负荷。

3. 降低人工成本

在有些乘客不多的车站，安装站台门后，可以减少甚至不需要站台接车人员，这将减少地铁的日常运营管理费用。

4. 环保

列车行驶时会有噪声产生。安装站台门系统之后，站台门会在站台和轨道之间形成一个物理屏障，可以大大降低地铁候车站厅中的噪声，给乘客提供一个更加舒适安静的候车环境。

5. 城市形象

采用站台门后，乘客们能够舒适、安全地候车，站台门系统是一种新型装置，自动化程度高，能够增加乘客的安全感，对于塑造城市的形象也很有帮助。

6. 发展趋势

现代社会，以人为本的理念越来越深入人心，地铁作为公共交通工具，其安全快捷的特点被大众所认可。站台门降低了由于列车行驶引起的活塞风，改善了站台环境，给乘客创造了一个明亮、舒适、现代的候车环境，同时为地铁系统的无人驾驶创造了条件，它在以后的新建地铁中的应用会越来越广泛。

工作任务二　站台门的门体结构

【学习目标】

通过该情境的教学，使学生掌握城市轨道交通车站站台门的外观及内部结构及其主要部件和机械结构。

【情境描述】

屏蔽门是一道自上而下的玻璃隔墙和滑动门，沿着车站站台边缘和两端头设置，把站台乘客候车区域与列车进站停靠区域分隔开。根据站台结构、车辆编组形式（4 或 6 或 8 节车辆编组）和地铁列车的型号（A 或 B 型车），确定一个完整的站台门系统纵向组合总长度以及标准单元的结构长度，在屏蔽门系统两端设置端头门单元，以有效站台中心线为基准向两端对称布置，其设计在站台边的有限站台长度范围内，结构能保证列车在站台准确停车后，列车两头司机室车门在站台门纵向总长度范围外，并保证司机能够正常上下车。站台每侧设有与地铁车辆相对应的双开滑动门、一定数量的应急门、2 套端头门及固定门组成一道连续的屏障，将车辆运行区和站台候车区进行有效的隔离，具有自动开、关门和紧急情况下应急开门等功能。

【学习过程】

屏蔽门门体结构
扫码观看

三、屏蔽门机械结构

站台门机械结构主要由承重结构、门槛、顶箱、滑动门、固定门、应急门、端门、承载驱动机构和锁紧装置组成。

（一）承重结构

承重结构作为整个站台门的支撑骨架，用以承受站台门的垂直荷载（自重荷载）、水平负载（人群负载、风压负载、冲击载荷）和地震荷载等外界负荷。

如图 3.1.5 所示，承重结构部件由上部辅助支撑、高度调节装置、绝缘垫、横梁、门栏、立柱、支承座等零部件组成，通过螺栓连接成为一个完整的受力构件。上部辅助支撑通过化学锚栓与站台顶部连接，支承座采用加长螺栓贯穿在站台边缘的土建接口上。为了保证整列站台门对地绝缘，上部辅助支撑以及立柱、门槛与站台边缘之间均安装绝缘垫。

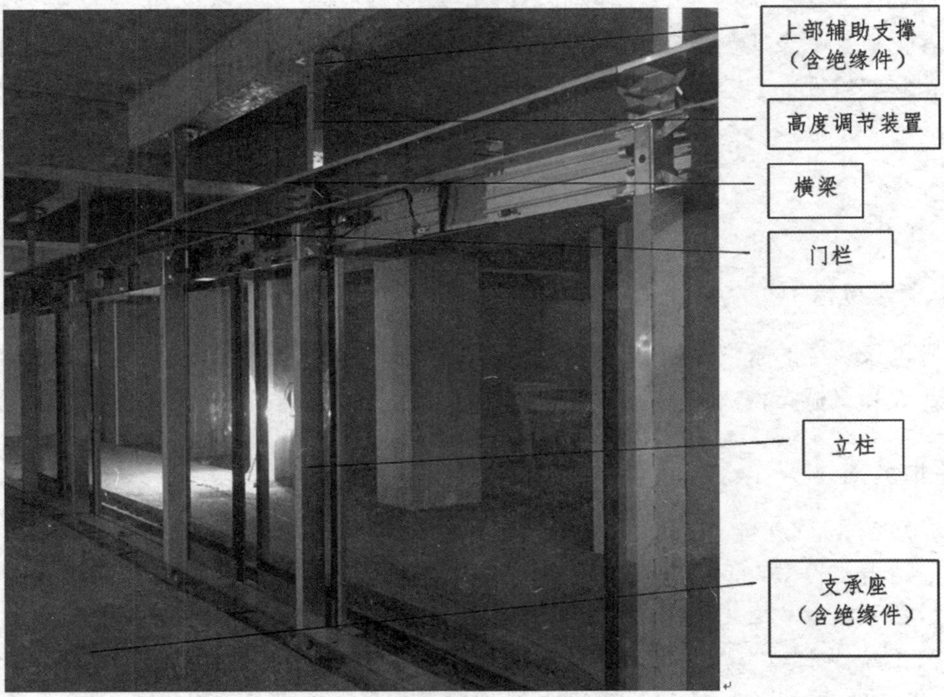

图 3.1.5　承重结构图

（二）顶箱

顶箱盖板兼作车站导向指示牌和站台边缘导向灯带反射板，如图 3.1.6 所示，顶箱内设置有门单元的承载驱动机构（包括电机、丝杆传动副、导轨、携门架组件等）、门锁装置、门控单元（DCU）、接线端子排、门状态指示灯等部件。

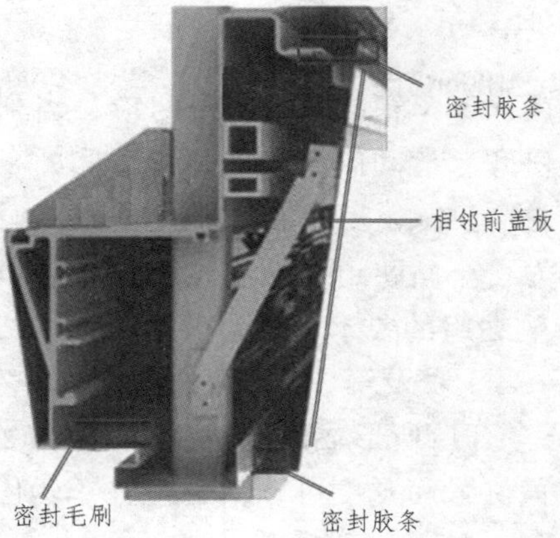

图 3.1.6　顶箱结构图

顶箱盖板的整个内侧周边安装有中空的密封胶条，在固定门和滑动门的顶部区域的导轨和相应的门栏上安装有密封毛刷，保证滑动门在进行开关运动时也会不影响顶箱的密封效果，顶箱盖板可上翻至足够的开度（不小于 70°的开度），并设支撑装置，方便门驱系统的安装调试和日常维护。

顶箱盖板附于顶箱的正面位置并设有压紧锁，锁紧后能承受正/负向风压荷载，维护者在正面能用专用钥匙开启维修盖板，专用钥匙同滑动门的解锁钥匙。

（三）上封板

上封板为屏蔽门系统的一种特有结构，主要由上封板和安装支架构成，并固定在立柱上。其主要作用为减少站台与轨道的空气对流，防止有人看到站台轨道侧不美观的顶部结构。

（四）门槛

门槛包括滑动门门槛、固定门门槛、应急门门槛、端门门槛。门槛采用不锈钢材料，门槛表面刻有多条防滑槽以防止乘客滑倒。滑动门门槛结构中设有导槽，用作滑动门运行导向之用。滑动门的下导轨组件插在槽内，可满足耐磨、防滑、安装拆卸方便等要求。门槛的结构形式如图 3.1.7 所示。

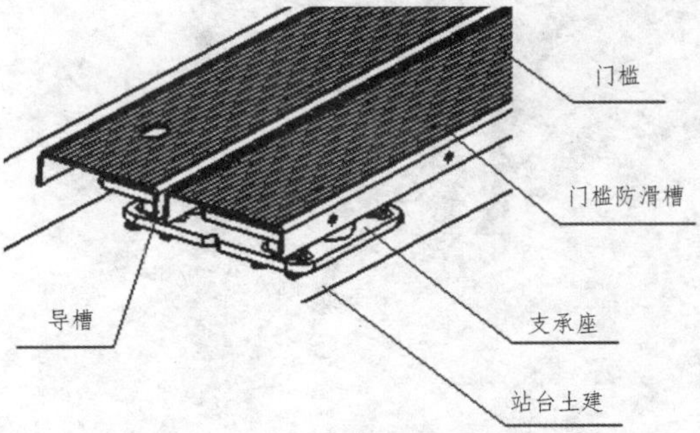

图 3.1.7　门槛结构图

（五）滑动门

站台门的滑动门与地铁列车车箱的车门一一对应，当列车停站后，滑动门正好与每辆地铁列车车箱的车门对齐。滑动门与地铁列车车厢的车门都是中心对称并能够自动开合的门，滑动门打开时可供乘客上下车。滑动门关闭时可作为车站站台公共区与轨道区域的屏障。也可作为在车站轨道区域发生火灾或故障时乘客的疏散通道。

按照 A 型车每列车 6 辆编组的要求，地铁车站的每侧站台边缘设有 30 套滑动门。为了保证司机正常上下车，第 1 号及第 30 号门单元的滑动门设置为不对称双开门，其余滑动门均为对称双开门，全开后所形成的通道规格为 2 000 mm（宽）×2 050 mm（高）。滑动门在地铁站台上的布置位置和开度可以保证地铁车辆停车误差±300 mm，且不影响乘客正常上下车的要求。

滑动门门扇部件包括框架、下导轨、玻璃、前档密封胶条、手动解锁装置和防踏斜面板等零部件。滑动门玻璃边缘印有装饰性边框，用以遮挡门框结构。滑动门下部的防站人斜面板，可防止乘客夹在站台门和列车门之间。滑动门门扇通过承载小车悬挂在型材导轨上，并通过螺母铰链与丝杆相连。直流无刷电机带电转动驱动滑动门左右门扇的开启和闭合。开门时，电动锁将吸起插销，门扇通过电机带动丝杆转动打开；关门时，关闭到位后锁紧装置可以使门扇锁紧。滑动门的具体结构如图 3.1.8 和图 3.1.9 所示。

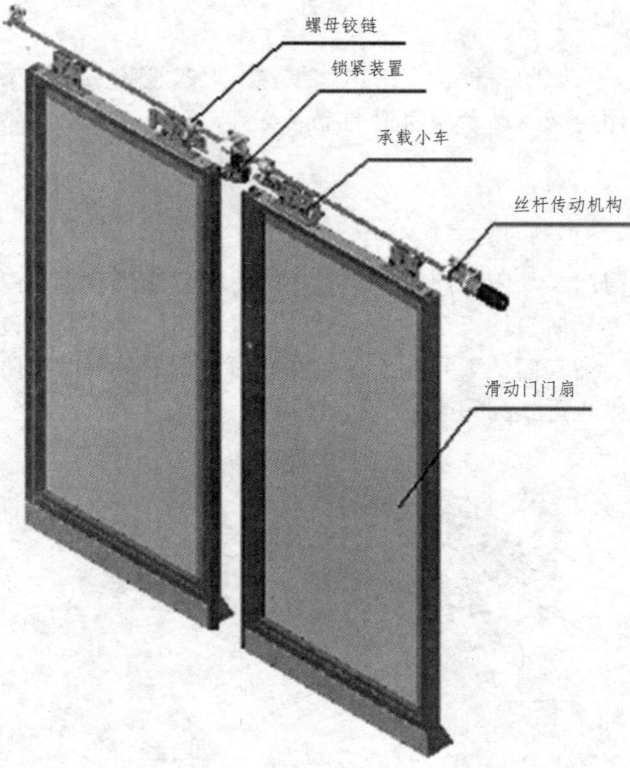

图 3.1.8　滑动门结构图

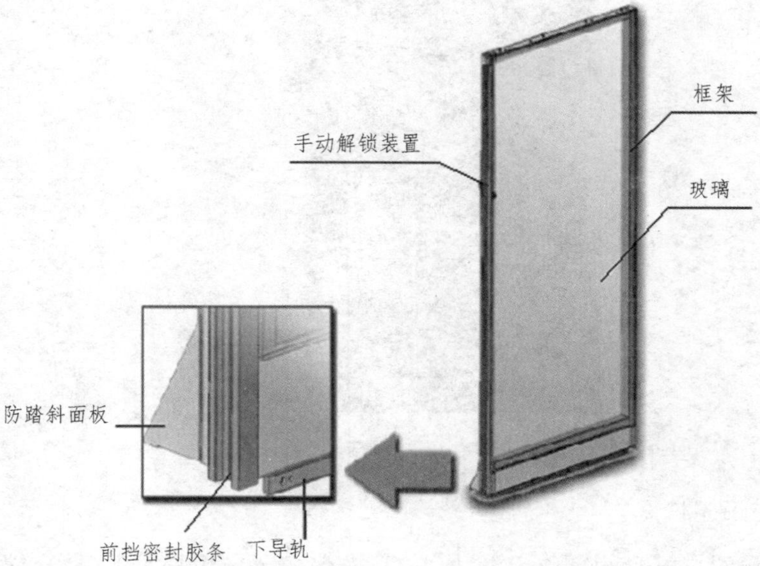

图 3.1.9　滑动门门扇结构图

顶箱内设有锁紧装置，在不需要滑动门开启时可阻止滑动门开启。滑动门在轨道侧设有手动解锁装置，在电源供应或控制系统出现故障而引起滑动门不能自动打开时，可通过手动方式打开滑动门，乘客可从轨道侧压紧手动解锁装置的把手进行手动解锁开门进入站台。如图 3.1.10 所示，手动开门把手采用内置式，手动开门把手结构设计合理、造型美观并保证与门框造型协调。把手旁设有简单醒目的操作标识，标识上的说明可指导乘客如何打开滑动门。如滑动门出现故障或需要维修，站台工作人员可通过专用钥匙转动设置在滑动门表面的手动解锁钥匙孔（如图 3.1.11 所示）内的锁芯打开滑动门，进行检查和维护。此专用钥匙同顶箱所配备的钥匙。

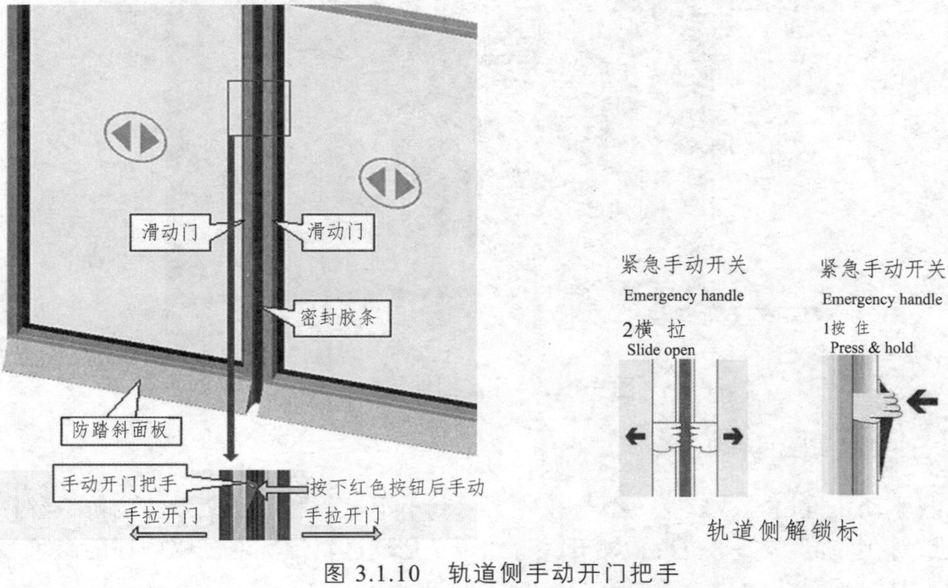

图 3.1.10　轨道侧手动开门把手

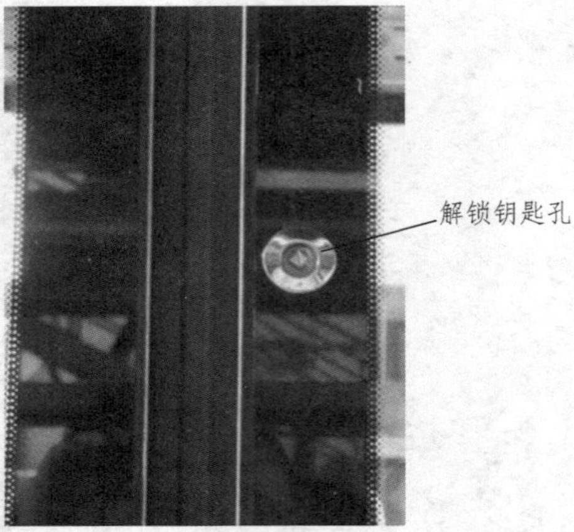

图 3.1.11　站台侧手动解锁钥匙孔

（六）固定门

固定门设置在站台侧，位于滑动门之间，其主要作用是实现门扇与框架的连接以形成幕墙功能如图 3.1.12 所示，在站台公共区域与轨道区域之间起隔离作用。根据站台的总体布置，固定门有多种宽度规格。主要由门框、玻璃、插销等零部件组成。固定门玻璃边缘设有装饰性黑色边框，用以遮挡门框结构。固定门通过插销上部固定在门栏槽钢上，下部插在门槛上，使固定门与承重结构构成整体。

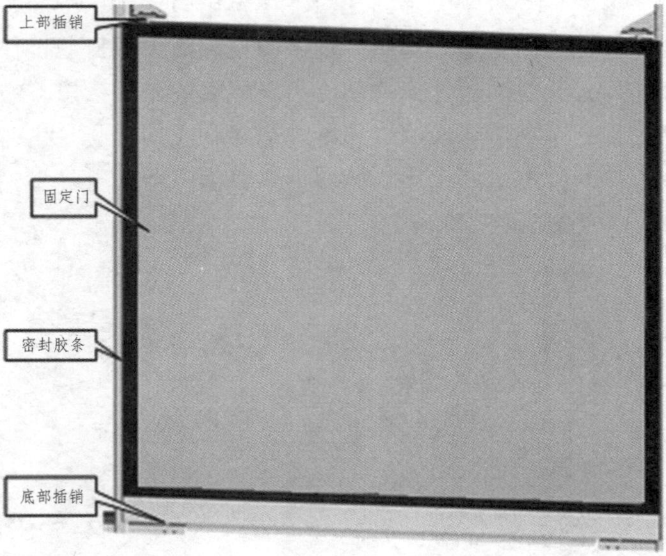

图 3.1.12　固定门结构图

（七）承载驱动机构

承载驱动装置由承载装置（型材导轨、承载小车等）和传动装置（电机、丝杆和螺母铰链等）、锁紧装置、位置检测开关等组成，是经过轨道交通工程验证的高可靠性的成熟产品。承载驱动装置结构形式如图 3.1.13 所示。

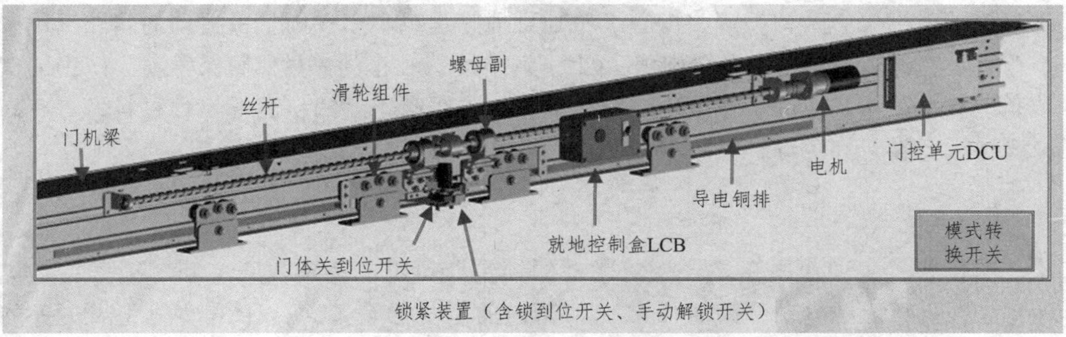

图 3.1.13　承载驱动机构

承载驱动装置的运动原理为带减速箱的无刷直流电机接收驱动信号驱动丝杆转动，丝杆通过自身转动带动螺母铰链实现左右运动，而螺母铰链与安装在滑动门上的承载小车柔性连接，从而带动滑动门的左右运动，具体结构形式如图 3.1.14 所示。

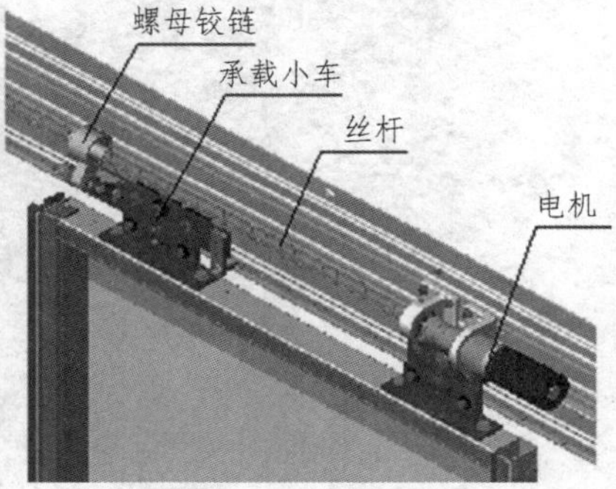

图 3.1.14　承载驱动装置运动原理

承载驱动装置采用无刷直流电机驱动，具有寿命长和可靠性高等特点。为保证传动机构拥有足够的强度，丝杆采用不锈钢材料，螺母采用高强度工程塑料制成，采用此种结构使丝杆螺母副运行时具有阻力小、噪音低和维护简单的特性。门系统设有机械锁紧装置，能实现门系统的可靠锁闭。

承载导向装置通过螺栓安装在型材导轨上，起承载和导向的作用。承载导向装置主要由型材导轨和承载小车组成。特别设计的圆弧面“C”型导轨，能自动调整安装和使用过程中门扇出现的偏差（如图 3.1.15 和图 3.1.16 所示）。

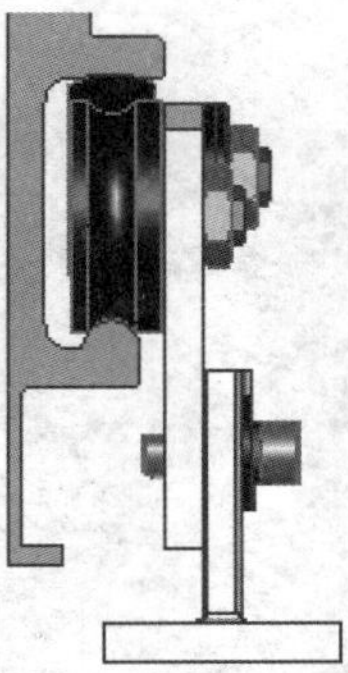

图 3.1.15　设计位置

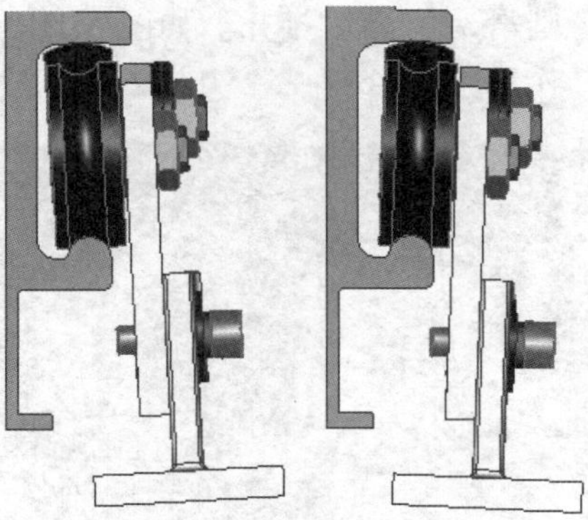

图 3.1.16　倾斜位置

每个门扇对应两个承载小车，每个承载小车上分别安装有 1 组（2 个）承载滚轮和 1 个防跳滚轮，这些滚轮在导轨上运行。承载小车（结构如图 3.1.17 所示）上的防跳滚轮轴采用偏心结构，调整偏心滚轮轴可消除承载小车在导轨中运动的间隙。承载小车上设有调节螺栓（偏心结构），可上下调节承载小车的高度，确保滑动门门扇的安装高度。承载小车上的承载滚轮和防跳滚轮，采用高密度的自润滑工程材料，具有高耐磨性、低噪音和免维护等特点。

（八）锁紧装置

锁紧装置主要由电磁铁、一对联动的锁销、关闭锁紧确认开关和解锁开关组成如图 3.18 所示。电动锁装置安装在顶箱内的型材导轨上，位于滑动门关闭位置的上方。

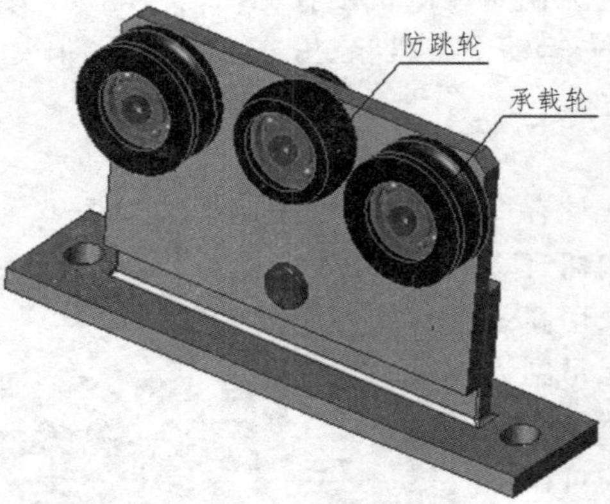

图 3.1.17　承载小车结构图

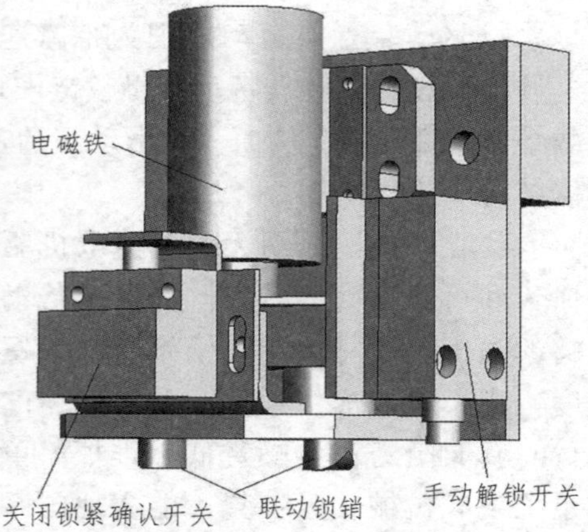

图 3.1.18　锁紧装置结构图

当滑动门自动关闭或手动关至关闭位置时，滑动门上的撞块撞击锁紧装置上的插销，使得插销受力向上抬起。当滑动门关闭到位时，锁紧装置上的一对联动锁销在弹簧和自身重力的作用下自动下落并卡住安装在门扇顶部的撞块，此时滑动门关闭并锁紧，同时关闭锁紧确认开关被压下并发出滑动门被锁闭信号，除非进行通电或通过手动解锁，否则滑动门无法打开。如图 3.1.19 所示，描述了滑动门在电驱动或手动关闭时的门锁动作的 3 个阶段。

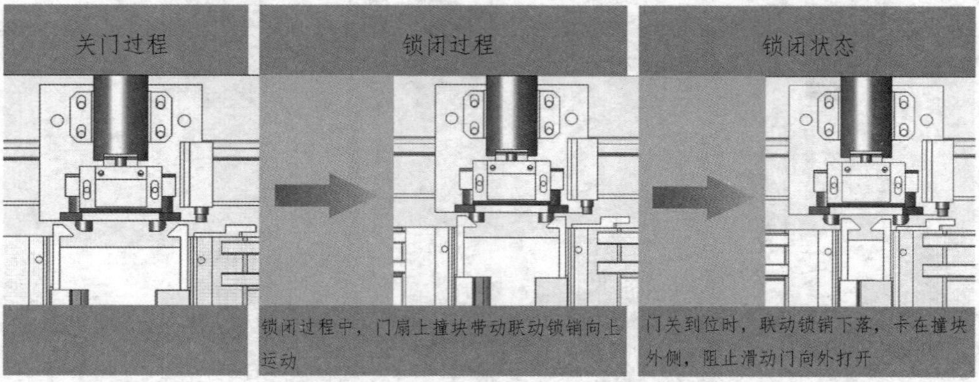

图 3.1.19　锁紧装置动作图

执行正常开门程序时，门控单元（DCU）发出开门信号，电磁铁接到开门信号后开始工作，向上吸住联动锁销，联动锁销脱离门扇撞块，滑动门锁闭状态解除，同时关闭锁紧确认开关复位并发出滑动门被打开的信号，此时电机驱动滑动门开门。

滑动门门框内设有手动解锁装置。当操作轨道侧手动解锁把手或站台侧站台门钥匙时，此时联动锁销被释放，电动锁紧装置上的手动解锁开关将被激活并发出手动解锁开门信号并反馈到门控单元（DCU），然后门控单元（DCU）将手动解锁开门信号传送到中央接口盘（PSC）。

任务二 城市轨道交通屏蔽门的使用及运行维护

【任务实施】

工作任务一　屏蔽门电气认知

【学习目标】

通过该情境的教学，使学生掌握城市轨道交通车站屏蔽门电气部件结构及部件的功能作用。

【情境描述】

电子门控单元（EDCU）主要由逻辑控制单元、电机驱动控制单元、有刷直流电机、接口单元及相关软件等构成。作为安全门控制系统的核心系统，门控单元接收来自中央控制器的控制命令，由逻辑控制单元处理各种信号，然后通过驱动控制单元控制有刷直流电机执行开关门动作，并通过系统总线通信反馈门的状态信息，实时有效地把安全门工作时的各种数据上传到中央处理柜中，保证安全门的正常工作。

【学习过程】

一、技术参数

EDCU 技术参数如表 3.2.1 所示。

表 3.2.1　EDCU 技术参数

供电电压：	110 V DC（−30%～+25%）
功耗：	＜8 W
电机最大电流：	3.5 A，短路保护
数据输入：	16（I0-I15）正开关量（输入电流 4 mA，电压为 110 V DC）
数据输出：	4（O0–O3）；正开关量，110 V DC，0.5 A DC，短路保护，最大 15 W 电灯负载 2（O4–O5）；继电器干触点，110 V DC，0.5 A DC，短路保护
温度范围：	−25 °C～+70 °C
质量：	约 1 kg
对所有输入输出、电机状态、安全继电器、5 V DC 和故障都有 LED 指示	
测试按照《轨道交通机车车辆电子装置》(TB/T 2511—2019）相关标准执行	

二、外部接口

EDCU 输入信号如表 3.2.2 所示。

表 3.2.2　EDCU 输入信号

序号	输入口	信号名称	EDCU	LCB	备　注	有效
1	I0	手动解锁	X1:1	J8-8	900	高
2	I1	手动信号	X1:12	J8-14	手动信号 901 隔离信号 902（00 自动模式/01 隔离模式/10 手动模式）	高=有效
3	I2	隔离信号	X1:2	J8-7		高=有效
4	I3	ASD 门关闭到位	X1:13	J8-13	903　+110（NC）952　953（NO）	低=到位
5	I4		X1:3			备用
6	I5	ASD 锁闭到位	X1:14	J8-6	904　+110（N0）953　954（NC）	高=解锁
7	I6	EED 门锁闭到位	X1:4	J8-5	906　+110（NC）951　952（N0）	低=锁闭
8	I7	MSD 门关闭到位	X1:15	J8-4	908　+110　（NO）	高=锁闭
9	I8		X1:5			备用
10	I9	安全回路测试 1	X1:16	J8-12	950	高=闭合

续表

序号	输入口	信号名称	EDCU	LCB	备　　注	有效
11	I10	安全回路测试 2	X1:17	J8-15	954	高=闭合
12	I11	自动模式开门信号	X1:7	J8-19	913-1	高=开门
13	I12	自动模式关门信号	X1:18	J8-12	914-1	高=关门
14	I13	自动开/关门使能	X1:8	J8-11	913→915	高=使能
15	I14	手动开/关门	X1:9	J8-1	912	↑开门↓关门
16	I15	EED 旁路开关	X1:10	J8-16	EED-P	高=旁路
17	COM0	DC110V-	X1:11	J8-18	门头电源负极	
18	COM1	DC110V-	X1:6	J8-4	控制室内 DC110V 电源负极	
19	COM2	DC110V-	X1:19	J8-11	门头电源负极	
20	COM3	DC110V-	X1:20	J8-18	门头电源负极	

EDCU 输出信号如表 3.2.3 所示。

表 3.2.3　EDCU 输出信号

序号	输出口	信号名称	EDCU	LCB	备注
1	O0	ASD 状态指示灯	X3:15	J7-8	920　DC110V-
2	O1	蜂鸣器	X3:7	J7-2	921　DC110V-
3	O2	备用	X3:16		
4	O3	电磁铁	X3:8	J7-1	923　DC110V-
5	COM4	软回路 1	X3:10	J7-11	输入控制信号公共端
6	O4NO	备用	X3:3	J7-5	
7	O4NC	软回路 2	X3:11		继电器输出常闭触点
8	COM5	110V+	X3:13	J7-9	电源输入正极
9	O5NO	EED 状态指示灯	X3:4	J7-4	925　DSD 状态指示灯
10	O5NC	备用	X3:12		
11	O6	MSD 状态指示灯	X3:6	J7-3	924
12	POW+	110V+	X3:9	J7-12	电源输入正极
13	POW-	DC110V-	X3:2	J7-6	电源输入负极
14	ENABLE1		X3:5		备用
15	ENABLE2		X3:14		备用
16	空脚		X3:1		NC　不连接

三、基本功能

1. 门控器（EDCU）的初始化

在自动模式和手动模式下，打开电源电压可启动电子门控器，将引起：

（1）门关上和锁紧时。

门被启动并保持关闭。

按下列命令实现更多的功能。

（2）门未关上和锁紧时。

根据所给的指令在开门或关门方向启动门。

电子门控器此时无法监控门的位置。

因此对一个没有关上和锁紧的门，将会运行初始化例行程序，该程序将以低速关闭门直到门达到关上和锁紧位置。在这种情况下障碍检测系统正常工作。

2. 开关门使能信号

在自动模式下，关到位时，只有开关门使能信号有效才能执行开门操作。一旦开关门使能信号被激活，门控器（EDCU）内部安全继电器得电，安全继电器触点闭合门锁电磁铁得电，电磁铁吸合，解除门锁闭状态，此时可执行开门动作。

3. 门的开启和关闭

门的开启和关闭在自动模式下是由表 3.2.4 中开关门信号线电平的变化决定的。当开关门信号线的电平由低到高，则开门；反之，如开关门信号线的电平由高到低，则关门。在门的整个关闭运动中蜂鸣器发声（1 Hz）、状态指示灯闪烁（1 Hz）。

表 3.2.4　开关门使能信号与开关门信号线响应对照表

门使能信号（1=有效）	ASD 关闭信号（1=有效）	非手动解锁电机得电状态（1=得电）	开门信号线（1=有开门信号）（0=有关门信号）	初始化信号（1=初始化完成）	门所采取的响应
1	0	1	0→0	1	保持
			0→1	1	开门
			1→0	1	关门
			1→1	1	保持
			X	0	关门
1	1	1	0→0	1	保持
			0→1	1	尝试开门
			1→0	1	保持
			1→1	1	保持

续表

门使能信号（1=有效）	ASD关闭信号（1=有效）	非手动解锁电机得电状态（1=得电）	开门信号线（1=有开门信号）（0=有关门信号）	初始化信号（1=初始化完成）	门所采取的响应
0	0	1	0→0	1	保持
			0→1	1	开门
			1→0	1	关门
			1→1	1	保持
			X	0	继续关门
0	1	1	0→0	1	保持
			0→1	1	保持
			1→0	1	保持
			1→1	1	保持
			X	0	继续关门
X	X	0	X	X	保持原位

（1）开门。

在自动模式下，满足某些条件时，开门信号线有正跳变，将启动开门流程，在门到达开门终点位置之前，开门信号线必须维持高电平；否则将进入关门流程。

在手动模式下，按下开门按钮 500 ms 以上，将启动开门流程，门开启到开门终点位置并且在接收到关门按钮信号之前保持在这一位置上。

开门过程中状态指示灯闪烁（1 Hz），蜂鸣器鸣响（1 Hz）。

（2）关门。

在自动模式下，开门信号线有负跳变，且维持至关门终点位置；或者在手动模式下，按下关门按钮 500 ms 以上，将通知车门关闭。

蜂鸣器鸣响（1 Hz），站台门上方橙黄色灯闪烁（1 Hz）。

在提醒声响 3 s 后，车门开始关闭。

四、状态指示灯

在每个站台门的上方均设有一个红色的指示灯。

当指示灯长亮时表示该门开启，停在非关到位位置。

当指示灯闪烁（1 Hz）时，表示已发出关门或开门指令，车门在运动流程中。

当指示灯亮 0.5 s、灭 5.0 s 循环往复时，表示此门被隔离，请求维修。

车门完全关好后，非隔离状态，橙黄色指示灯灭。

在连续 3 次关门过程中均检测到障碍物，指示灯持续明亮，直到任何开门或关门指令将门重新启动。

指示灯工作情况如表 3.2.5 所示。

表 3.2.5　指示灯工作情况表

运行状态＼选择模式	自动	手动	隔离
站台门在开启中	1 Hz 闪烁	1 Hz 闪烁	
站台门已完全开启	常亮	常亮	亮 0.5 s 灭 5 s
站台门在关闭中	1 Hz 闪烁	1 Hz 闪烁	
站台门已完全关闭及锁闭	灭	灭	亮 0.5 s 灭 5 s
有障碍物	1 Hz 闪烁	1 Hz 闪烁	

五、蜂鸣器

在每个滑动门的上方均设有一个蜂鸣器。

当蜂鸣器以 1 Hz 的频率鸣响时，表示已发出开/关门指令，相应的站台门正在运动流程中。

站台门完全关好后蜂鸣器停止鸣响。

如果操作了手动解锁装置，蜂鸣器持续鸣响，1 min 后蜂鸣器停止鸣响。

六、手动解锁

1. 关门过程的障碍检测

关门过程中的障碍由下列系统负责监测：

路程/时间监测：通过门位置传感器的检测，将门的运动分成距离段，如果在给定的时间内门未通过这些距离段，障碍检测被激活。

障碍检测被激活后，将会施加一个持续 0.5 秒左右的最大关门力（150 N 左右）。之后门自动打开 350 mm 左右，停止 2 s（可在 0 ~ 10 s 的范围内调节）后，再次关闭，以便清除障碍物。

这个循环将重复 3 次（防挤压次数可调），且在 3 次连续关门顺序中如果障碍检测都被激活，门将运动到开门终点位置并停留，由状态指示灯引导司机注意这个故障。

任何有效的关门和开门指令都可使门重新启动。

2. 开门过程的障碍检测

在开门过程中也有路程/时间障碍检测功能。

障碍检测可被激活 6 次。开门时若有障碍会使开门循环停止 1 s，在 6 次开门动作之后门将会停在此位置并且电子门控器会认为此位置是最大可达开门位置，此时任何关门指令都可将门关闭。

3. 门隔离

站台工作人员可用钥匙将模式转换开关位于“隔离档”，对门进行隔离。“隔离模式”将会使门处于关闭和锁紧位置。隔离开关向电子门控器发出一个信号，电子门控器会关闭除参数存储功能和通讯功能以外的所有功能。

隔离模式下，ASD 关到位后，将不再响应开门及手动解锁指令，该 ASD 单元退出服务。

4. 电源隔离开关

为了进行维修工作，可通过关闭位于驱动机构的电源隔离开关来切断一扇门区域的电源。

5. 门头电源

在每一档门的门头均配置了一套电源模块，电源模块的参数如下：

输入电源：AC 220 V±10%，50 Hz±10%，UPS 供电。

输出电压：DC 110 V±20%。

输出功率：300 W。

负载特性：90%以上为电机感性启停负载，间歇式周期性工作。

工作环境：海拔高度：≤2 500 m；工作温度：－25 °C ~ +70 °C。

相对湿度：≤95%。

振动：振频 100 Hz，加速度 20 m/s^2。

冲击：持续时间 70 ms，加速度 20 ~ 25 m/s^2。

安全性能：绝缘电阻：输入-输出、输入-外壳、输出-外壳≥20 MΩ。

介电强度：输入-输出、输入-外壳≥AC 2 000 V、1 min；输出-外壳≥AC 500 V、1 min。

冲击耐压：1.2 us/50us、2 000 V 冲击电压波。

漏电流：流经滤波器旁路电容、输入输出耦合电容的漏电流≤1 mA。

外形尺寸：260 mm × 180 mm × 90 mm（长 × 宽 × 高）。

安装孔距：单侧三个孔两侧共 6 个孔，孔间距 110 mm，孔径：Ø4.5 mm。

防护等级：IP54。

MTBF：10 年。

变压器为 R 型。

6. 接线端子

L1、N1、L2、N2、PE 电源接线端子必须符合接 6 mm^2 线的要求。

L1—L2 以及 N1—N2 之间可通过 50 A 电流，DC 110 V 接线端子满足通过 15 A 电流要求。

接线端子部分必须有不易掉落的绝缘防护。

电源水平摆放，接线处面对人侧必须印有明确的接线标签并贴有警示标示和文字提示。

接线端子及端子安装螺钉在供货时应单独打包并保留一定余量。

在盒子侧面需装有双极船型开关（可同时切断 L 和 N），船型开关的参数要求如下：

（1）门到位开关功能。

站台门系统的每个滑动门单元上设有一套门到位开关检测装置，安装在滑动门的快关闭到位处。当滑动门关闭时，安装在承载小车上的撞块随滑动门运动并压下门到位开关，此时门到位开关发出“门关到位”信号给门控制单元（EDCU），门控制单元（EDCU）再将此信号发送给中央接口盘（PSC）确认门已关到位。当滑动门打开时，安装在承载小车上的撞块脱离门到位开关，“门关到位”开关信号被释放，此时中央接口盘（PSC）显示滑动门已打开。

（2）安全互锁回路。

安全互锁回路是由下列触点串连连接而成的：

① EED 关闭开关（本实训系统单侧由一组（两套）应急门，无 EED 单元相对应信号被屏蔽）。

② ASD 关闭开关。

③ ASD 锁闭开关。

只有当安全互锁回路闭合时，列车才能离站。

如果模式转换开关置位“隔离”，则安全互锁回路关到位开关上的 NC 触点将被忽略。

（3）模式转换开关。

模式开关安装于站台门单元的门栏上，分为触点和固定两个部分，模式开关通过插入的钥匙来切换站台门单元的工作状态，其安装如图 3.2.1 所示。

图 3.2.1　模式开关安装图

模式开关参数如表 3.2.6 所示。

表 3.2.6　模式开关参数表

参　数	要　求	备　注
定位形式	定位式	
定位角度	−45°、0°、45°、90°	
额定电流	10 A	满足毫安级电流的要求
安装方式	中心安装	
旋转形式	钥匙式	
使用电压	DC 110 V	
钥匙位置	在 −45°和 0°时可以取出，45°和 90°不可取出	

模式开关触点分布如表 3.2.7 所示。

表 3.2.7　模式开关触点分布表

触点＼角度	隔离（－45°）	自动（0°）	手动关门（45°）	手动开门（90°）
1—2	×			
3—4	×			
5—6		×		
7—8			×	×
9—10			×	
11—12				×

模式开关触点和线号的对应关系如表 3.2.8 所示。

表 3.2.8　模式开关触点接线对应表

触点	线号	指示灯	含　义
1	950	无	安全互锁回路信号 1
2	954	无	安全互锁回路信号 1
3	+110	无	DC 110 V 正极
4	902	I2	隔离信号
5	913	无	使能信号输入
6	915	I13	使能信号输出
7	+110	无	DC 110 V 正极
8	901	I3	手动使能信号
9			
10			
11	901	无	手动使能信号
12	912	I3	手动开关门信号

① 主要功能。

模式开关用于切换站台门单元的工作模式，以及在非正常情况下，将故障单元隔离，脱离整个系统的控制，以保证站台旅客的人身安全。

② 隔离模式。

用钥匙将模式开关切换到“隔离”（－45°）位置，该站台门单元处于隔离模式，脱离整个系统的控制，此时隔离模式指示灯 I2 点亮，手动模式指示灯 I1 熄灭该单元由关到位开关上的 NC 触点以及锁到位开关的 NO 触点组成的安全互锁回路将被忽略。

③ 自动模式。

用钥匙将模式开关切换到“自动”（0°）位置，该站台门单元处于自动模式，此时隔离模式指示灯 I2 及手动模式指示灯 I1 熄灭，该单元由关到位开关上的 NC 触点以及锁到位开关的 NO 触点组成的安全互锁回路有效，此时，若使能信号有效（I13），操作开/关门信号（I12），则站台门单元响应相应的开/关门动作。

④ 手动模式。

用钥匙将模式开关切换到“手动关门”（45°）位置，该站台门单元处于手动开门模式，此时隔离模式指示灯 I2 及手动模式指示灯 I1 点亮，该单元由关到位开关上的 NC 触点以及锁到位开关的 NO 触点组成的安全互锁回路有效，此时，若手动操作使能信号有效（I1），若门体处于开门状态，则执行关门操作，若门体处于关闭锁紧状态，则门体无动作。继续旋转钥匙至“手动开门”（90°）位置，I14 指示灯点亮，若此时门体处于关门状态，则站台门单元响应开门动作。

7. 就地控制盘（PSL）

（1）PSL 组成。

PSL 设置在站台门站台侧、端头门外侧，与站台门门体以及站台门固定门相结合进行设计，操作按钮高度方便运营人员操作，不影响司机对站台的瞭望操作。其主要组成部分包括外壳、指示灯、按钮、端子排等。PSL 面板包括以下部分。

① PSL 开/关钥匙开关。

② 互锁解除钥匙开关。

③ PSL 指示灯测试按钮。

④ PSL 操作状态指示灯（灯亮表示 PSL 允许操作）。

⑤ PSL 开/关门操作指示灯（红色代表开门，绿色代表关门）。

⑥ ASD/EED 状态指示灯（灯亮表示 ASD/EED 完全闭锁）。

⑦ 互锁解除指示灯（灯亮表示 PSL 执行互锁解除操作）。

⑧ 结构如图 3.2.2 所示。

图 3.2.2　就地控制盘 PSL

（2）PSL 接口。

PSL 与 PSC 上下行控制单元（LCU）通过一根 25×0.3 mm^2 屏蔽电缆连接。PSL 接线定义如表 3.2.9 所示。

表 3.2.9　PSL 接线端子排接线定义表

序号	线缆颜色	上行线号	下行线号	LCU 接口	含　义
1	棕色 1	+24VPSLU	+24VPSLD	X1:2	DC 24 V 电源正极
2	黑色 1	-24VPSLU	-24VPSLD	X1:3	DC 24 V 电源负极
3	红色 1	101	301	X1:4	PSL 操作使能信号
4	橙色 1	102	302	X1:5	PSL 开门信号 1
5	黄色 1	103	303	X1:6	PSL 开门信号 2
6	绿色 1	104	304	X1:7	PSL 关门信号 1
7	蓝色 1	105	305	X1:8	PSL 关门信号 2
8	紫色 1	106	306	X1:9	PSL 互锁解除信号
9	灰色 1	107	307	X1:10	PSL 指示灯测试信号
10	白色 1	108	308	X1:11	PS L 操作优先互锁线
11	黑色 2	114	314	X1:12	PSL 互锁解除指示
12	棕色 2	009-1	309-1	X1:16	PSL 互锁解除信号 1
13	红色 2	010	310	X1:17	PSL 互锁解除信号 2
14	橙色 2	011-1	311-1	X1:18	PSL 互锁解除信号 3
15	黄色 2	012	312	X1:19	PSL 互锁解除信号 4
16	绿色 2	512-1	522-1	X1:20	PSL 关门信号
17	蓝色 2	514	524	X1:21	PSL 开门指示
18	紫色 2	515	525	X1:22	PSL 关门指示
19	灰色 2	516-1	526-1	X1:23	ASD/EED 状态指示信号
20	白色 2	517-1	527-1	X1:24	PSL 操作使能信号指示

（3）主要功能。

PSL 具有发出“开门”“关门”“互锁解除”命令的功能。

监控系统可以探测到 PSL 的操作状态信息。

当系统控制火灾时，由 PSL 对站台门进行就地控制。

在 PSL 允许操作状态下，PSL 能控制站台门进行开/关门操作。

PSL 向信号系统发送“ASD/EED”互锁解除信息。

测试 PSL 盘面的指示灯是否良好。

站台门（PSD）与站台绝缘处理。

系统绝缘处理包括内容：站台表面绝缘、上部连接件、底部支撑与土建绝缘以及相关部件间的绝缘。

① 绝缘电阻。

全部设备满足绝缘电阻要求，绝缘电阻要求如表 3.2.10 所示。

表 3.2.10　绝缘电阻要求表

设备电压	绝缘电阻	测量电压
U≤60 V	≥5 MΩ	250 V
U > 60 V	≥5 MΩ	500 V

② 绝缘强度。

全部设备满足绝缘电阻要求，绝缘强度如表 3.2.11 所示。

表 3.2.11　绝缘电阻绝缘强度表

设备电压	绝缘强度
U≤60 V	500 V
U > 60 V	1 500 V

8. 中央控制盘（PSC）

（1）中央控制盘（PSC）系统组成。

中央控制盘（PSC）是屏蔽门系统的控制核心，配备了高质量、高档次 PLC，系统结构紧凑，设计严谨，能确保整个站台门系统的高可靠性。

中央控制盘（PSC）安装在站台门设备室，中央控制盘（PSC）由 PSC 信号处理单元，中央控制盘（PSC）报警盘，中央控制盘（PSC）上、下行控制单元，电源控制单元等几部分组成。

中央控制盘（PSC）面板结构如图 3.2.3 及图 3.2.4 所示。

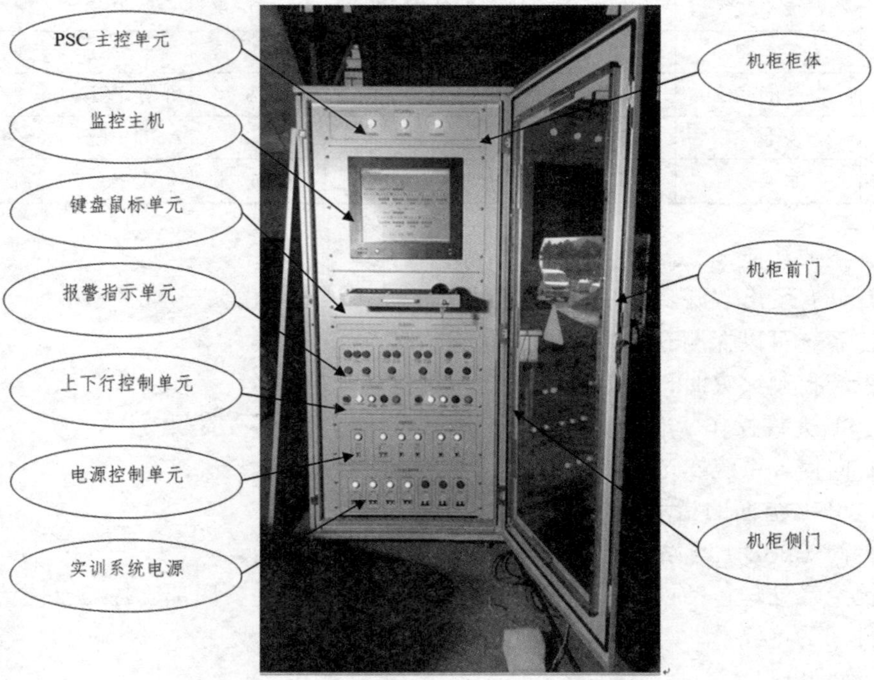

图 3.2.3　PSC 机柜前面板

图 3.2.4　PSC 机柜后背板

（2）中央控制盘（PSC）接口。

中央控制盘（PSC）提供多种接口与外部系统相连，包括硬连线接口和通信接口，通信接口包括 ETHNET 和 RS485 等。

（3）地面信号系统（模拟站台信号系统）接口。

① 开门时序。

列车进站，信号系统确认列车停在允许范围内。

信号系统（SIG）向中央接口盘（PSC）发出开门命令。

中央接口盘（PSC）收到信号系统的开门命令后，向滑动门发出开门命令。

滑动门完成开门动作。

② 关门时序。

列车准备离站。

司机操作关门按钮向信号系统发出关门命令。

信号系统向站台门中央接口盘（PSC）发出关门命令。

中央接口盘（PSC）收到关门命令后，向滑动门发出关门命令。

滑动门完成关门动作。

中央接口盘（PSC）确认所有滑动门都关闭且锁紧时，向信号系统发出锁闭信号。

③ 列车发车。

若其中某个单元滑动门没有关闭到位，则不能发出锁闭信号，不允许列车发车，已接近站台的车辆将实行紧急制动。

当 PSD 系统出现故障时，为保证正常运营，司机操作就地控制盒（PSL）上“互锁解除”钥匙开关向中央接口盘（PSC）发送互锁解除信号，中央接口盘（PSC）再向信号系统发出“滑动门/应急门互锁解除”信号，信号系统接收到互锁解除信号后，解除对 PSD 系统的状态检查和互锁关系，使列车能够正常发车。PSC 与地面信号系统接口界面如图 3.2.5 所示。

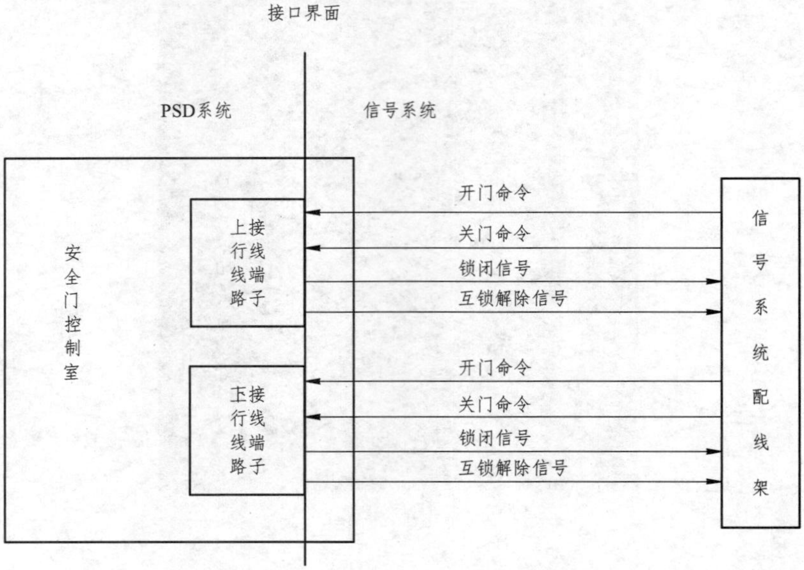

图 3.2.5　PSC 与地面信号系统接口界面图

（4）与操作指示盘（IBP）接口。

主控系统和 IBP 的接口分为两个部分：

硬连线接口：用于控制紧急开门和门状态指示。

通信接口：用于实时采集系统状态信息，在人机界面上显示。

主控系统与 IBP 接口如图 3.2.6 所示。

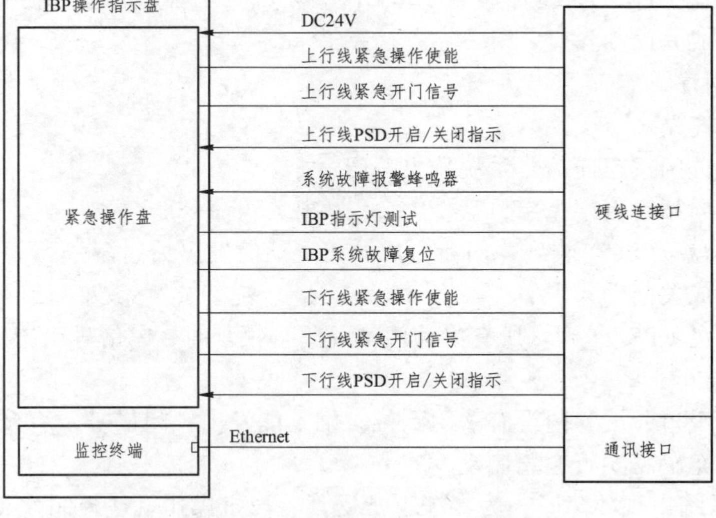

图 3.2.6　主控系统与 IBP 接口图

（5）与就地控制盘（PSL）接口。

主控系统和 PSL 的接口是硬连线接口，主要用于控制站台门的开启、关闭以及互锁解除，如图 3.2.7 所示。

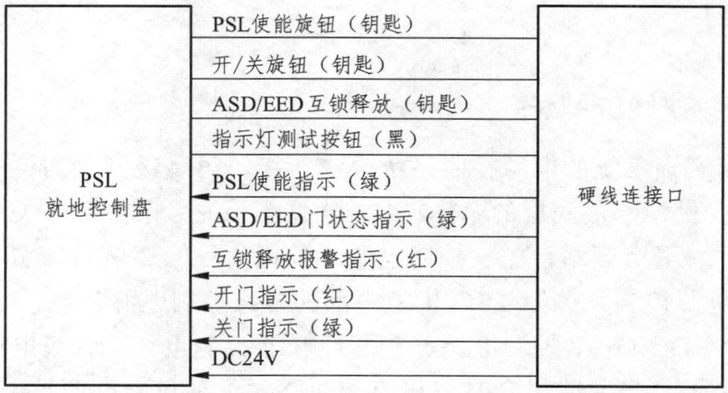

图 3.2.7　主控系统与 PSL 接口图

9. PSC 功能

PSC 可以实现站台门的监视、控制功能，故障报警、数据的采集与管理功能以及站台门系统的测试、自诊断和远程维护功能；

（1）系统声光报警。

在 PSC 主控柜上的 PSC 报警指示盘上提供了系统的声光报警功能。

包括以下几大部分的报警指示:电源部分、上下行线站台门和 PSC 系统。

（2）光报警装置。

光报警是由多个 DC 24V 的 LED 指示灯提供。

其工作情况大致如下：

当系统监控到开关门故障发生时，开关门故障指示灯点亮。

当系统监控到互锁解除操作有效时，互锁解除指示灯点亮。

当系统的现场总线故障发生时，现场总线指示灯点亮。

（3）音响报警装置。

音响报警是由一个 DC 24 V 的蜂鸣器提供。

其工作情况大致如下：

当系统监控到光报警工作的同时系统故障蜂鸣器响，提示值班人员及时处理。

（4）诊断维护功能。

通过中央控制盘（PSC）对门控器参数进行配置及维护。

工作任务二　站台门的操作系统

【学习目标】

通过该情境的教学，使学生掌握屏蔽门的供电及信号系统的运行原理。

【情境描述】

对屏蔽门电源控制系统的认知及调试。

【学习过程】

一、电源控制系统概述

整个屏蔽门实训系统的电源控制系统分成3级，第1级开关为位于设备控制室的中央控制盘PSC机柜的最底层的AC 220 V电源总开关，第2级开关为总开关下一级的上行侧站台门、下行侧站台门、控制电源、备用1、2、3共计6路AC 220 V电源开关。第3级电源控制开关为PSC机柜内部的各级控制电源，包括PSC AC 220 V电源、IBP电源、DC 110 V控制电源、上下行PSL控制电源。各级电源均有指示灯进行工作状态的指示，当回路闭合时，相应的回路显示绿色。电源控制单元如图3.2.8所示。电源容量及空开编号如表3.2.12所示。

图3.2.8 电源控制单元

表3.2.12 电源容量及空开编号

AC 220 V					AC 220 V				
序号	名称	容量	空开号	级别	序号	名称	容量	空开号	级别
1	总开关	63A	QF1	1	5	备用1	10A	QF5	2
2	上行侧	10A	QF2	2	6	备用2	10A	QF6	2
3	下行侧	10A	QF3	2	7	备用3	10A	QF7	2
4	控制电源	10A	QF4	2					

二、系统上电

闭合位于设备控制室的中央控制盘PSC机柜的最底层的实训台架控制电源AC 220 V电源总开关QF1，按需闭合上行侧站台门、下行侧站台门、控制电源。

启动 PSC 电源控制单元依次为 PSC 电源 AC 220 V、DC 110 V、DC 24V，启动监控主机电源、启动门头电源、启动 LCB 盒电源开关（平时训练时，门头电源及 LCB 盒电源开关可以不断开，在检修时一定要断开相应的电源，确保人身安全）、启动 PSL 电源上行 PSL 电源 DC 24 V、启动下行 PSL 电源 DC 24 V，启动 IBP 电源 DC 24 V。

三、注意事项

（1）严格按照上电及断电次序操作设备（紧急情况除外）。
（2）闭合开关过程中，集中注意力，严禁触摸带电铜母排或其他带电金属体。
（3）严禁在闭合电源时，嬉笑打闹。
（4）通电前请严格检查各系统接线是否可靠，是否存在漏电或短路情况。

四、系统断电

断电过程与上电过程操作顺序相反，首先断开 IBP 电源 DC 24 V、关闭监控主机、断开上下行 PSL 电源 DC 24 V 空开、断开 PSC 控制电源 DC 110 V、DC 24 V 空开、断开单元内部的 LCB 盒电源空开，再断开电源模块的电源按钮，断开实训台架控制电源空开、断开上下行侧电源空开、断开 PSC 机柜电源总开关。

工作任务三　站台门的使用及运行维护

【学习目标】

通过该情境的教学，使学生掌握屏蔽门的操作模式，各种模式下怎么开关门。

【情境描述】

对屏蔽门电源操作系统的认知及调试。

【学习过程】

一、站台门操作说明

站台门的操作模式可以分为以下五级操作，级数越小，级别越高，高优先级操作可以屏蔽低优先级操作。

一级操作：自救操作 ——轨道侧解锁把手和站台侧解锁钥匙。
二级操作：单门就地操作 ——LCB 控制盒+模式转换开关。
三级操作：紧急控制 ——车控室内的 IBP 控制盘。
四级操作：站台级控制 ——PSL 控制盘。
五级操作：系统级控制 ——SIG 信号系统控制。

二、模式选择

站台门 ASD 单元有四种不同的操作模式，在不同模式下的操作方式有所不同，可分为隔离模式、自动模式、手动模式等，正常情况下为自动模式。

自动模式是站台门系统的标准工作模式。旋转钥匙开关至“自动”位置时，ASD 单元处于自动模式。在此状态下，ASD 门单元根据 PSC 发出的开/关门指令，执行相应的动作。模式开关的模式位置图如图 3.2.9 所示

当 EDCU 处于自动模式时，根据系统控制级别的不同可以分为以下 3 种控制模式：系统级控制、站台级控制、紧急运行模式，正常情况为系统级控制。

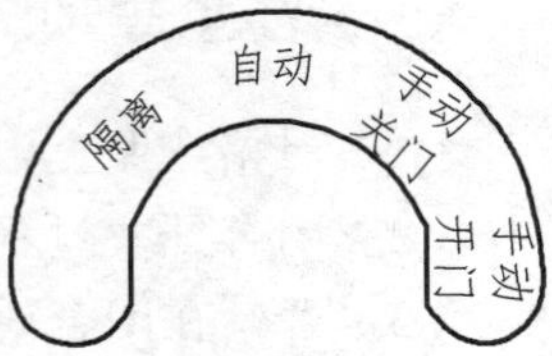

图 3.2.9　模式开关的模式位置图

（一）自动模式

1. 系统级控制

系统级控制为正常运行模式，系统级属于第五级控制，当系统存在信号系统（SIG）且所有信号均正常时，可使用系统级控制。当列车到站并且停在允许的误差范围内时，ASD 门控器（EDCU）接受 ATC 指令自动控制或经列车司机确认后控制 ASD 门的开/关。

（1）开门操作。

当列车停站，信号系统（SIG）确认列车停止位置在允许误差范围内时，向站台门主控单元（PSC）发出开门指令，然后（PSC）向上（或下）行线的各个 ASD 门控器（EDCU）发出开门命令，EDCU 接收到开门命令后，执行解锁、开门等顺序操作。

（2）关门操作。

列车离站时，信号系统（SIG）通过 PSC 向 EDCU 发出关门命令。EDCU 接收到关门命令后，执行关门、闭锁等顺序操作。在所有 ASD 关闭后，PSC 向信号系统发出所有 ASD 关闭并锁闭的信号，允许列车离站。

2. 站台级控制

站台级控制为临时运行模式。站台级属于第四级控制模式，当系统出现列车停车位置不正确、系统缺少信号系统（SIG）或者信号系统（SIG）故障、信号系统（SIG）与 PSC 的通信中断等非正常情况时，列车驾驶员或站务人员可通过司机控制盘（PSL）进行站台门的开门、关门操作，实现站台门的站台级操作（本系统中不包含使能开关）。

（1）开门操作。

列车司机先拨动 PSL 上的钥匙开关，允许 PSL 操作站台门，然后操作 PSL 的开/关门钥匙旋钮，拨至开门位置，向站台门主控单元（PSC）发出开门指令，然后（PSC）向上（或下）行线的各个 ASD 门控器（EDCU）发出开门命令，EDCU 接收到开门命令后，执行解锁、开门等顺序操作如图 3.2.10 所示。

（2）关门操作。

由司机操作 PSL 的开/关门钥匙旋钮，拨至关门位置，向站台门主控单元（PSC）

发出关门指令，然后 PSC 向上（或下）行线的各个 ASD 门控器（EDCU）发出关门命令，EDCU 接收到关门命令后，执行关门、闭锁等顺序操作。当所有站台门关闭后，PSL 发出所有站台门关闭并锁闭的信号，允许列车离站。司机看到该信号时，可将开/关门钥匙旋钮拨至中间位置，将 PSL 使能钥匙钮旋至关位置后，取下所有钥匙，发车离站。

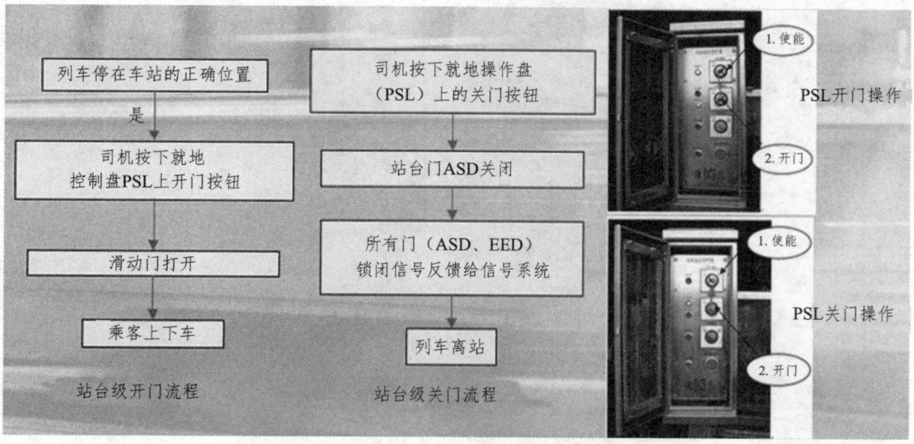

图 3.2.10　PSL 开关门操作

（3）ASD/EED 互锁解除。

当滑动门全部关闭，但因为锁闭信号丢失或者信号系统无法确认门是否锁闭而不能发车时，列车驾驶员或站务人员用钥匙打开就地控制盘（PSL）上的“操作允许开关”，此时中央接口盘面板上的“PSL 操作指示灯”点亮，然后，列车驾驶员或站务人员将就地控制盘（PSL）上的“ASD/EED 互锁解除”开关打到“互锁解除”的位置，发出互锁解除信号，允许列车发车。PSL 互锁解除操作如图 3.2.11 所示。

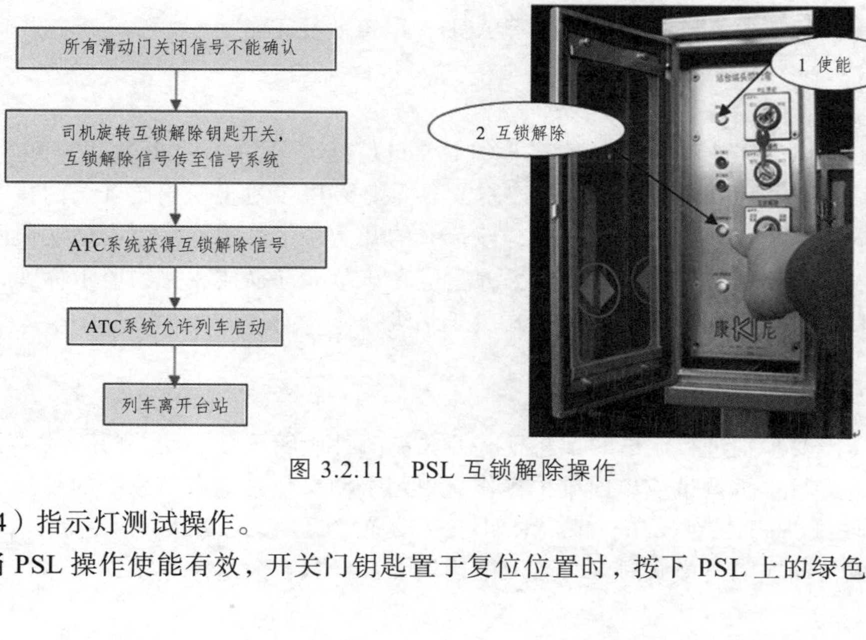

图 3.2.11　PSL 互锁解除操作

（4）指示灯测试操作。

当 PSL 操作使能有效，开关门钥匙置于复位位置时，按下 PSL 上的绿色指示灯测试按钮，所有指示灯均点亮，延时 2 s 后指示灯熄灭后，指示灯指示当前门体状态及开关操作状态。PSL 指示灯测试如图 3.2.12 所示。

图 3.2.12 PSL 指示灯测试

3. 紧急运行模式

紧急运营模式属于第三级控制模式，当系统级控制、站台级控制均不能操作站台门，或者隧道内或站台发生火灾等意外情况时，可由车站值班员操作车控室内的远端报警盘（IBP）实现紧急开门操作。

操作步骤：首先旋转 IBP 操作使能钥匙开关至开位置，然后按下紧急开门按钮，向站台门主控单元（PSC） 发出开门指令，（PSC）向上（或下）行线的各个 ASD 门控器（EDCU）发出开门命令，EDCU 接收到开门命令后，执行解锁、开门等顺序操作。系统恢复正常或现场状况得到控制时，关闭 IBP 操作使能，退出紧急运行模式。操作 PSL，执行站台级控制，关闭所有 ASD，系统恢复正常运营。

（二）隔离模式

当个别门体出现故障，无法正常开关时，可以将该单元的模式开关切换到“隔离”模式，此时，该单元脱离整个系统的控制，不再接受 PSC 机柜发出的开关门指令，另外该单元的“安全互锁”回路被旁路，该单元的开关将不影响整个“安全互锁回路”的通断。隔离后该单元退出服务，站务人员应在该单元前摆放相关的警示标牌，以提醒乘客从其他单元出入车厢。隔离模式属于二级操作。

（三）手动模式

当门体需要个别进行调试时，将模式开关顺时针旋转至“手动关门”及“手动开门”位置，进行单机调试或单门维护操作。单门手动操作是站台门系统的维护调试模式，手动模式也属于二级操作。当 ASD 处于手动模式时，模式设置钥匙是取不下来的，只有恢复成自动或隔离模式时，方可取下钥匙，这样就有效地防止了误操作。当系统跳出手动模式，ASD 将自动关闭。

（四）自救操作

自救操作是由站台人员或乘客对站台门进行的操作。

当系统出现以下紧急情况之一时：

① 控制系统电源故障。

② 站台门机构故障。

③ 自动模式不能操作滑动门。

站台工作人员可在站台侧用钥匙或乘客在轨道侧用开门把手打开滑动门。此时，综合监控台安全互锁回路关闭锁紧信号消失，相应指示灯熄灭，提示站台工作人员系统状态，如图 3.2.13 所示。

图 3.2.13　自救紧急操作

在电控系统失灵或轨道内出现火灾等异常情况时，当地铁列车停稳后，在轨道侧，由司机通过车内广播通知乘客使用 PSD 上的手动解锁把手自行开启站台门。若列车无法在规定范围内停车，且偏离量较大，而且乘客无法从滑动门进出时，由站台侧工作人员用钥匙打开应急门或者由列车司机通过广播指导乘客用开门把手打开应急门。当隧道内发生火灾等情况，需要在隧道内停车时，乘客从车厢疏散到隧道，用开门把手打开端头门，乘客通过端头门进入站台。

【知识拓展】

三、监控软件界面

监控系统软件可实现对整个系统包括门控单元的监控和维护，并可对历史记录和数据进行方便快捷的查询，软件拥有完全的中文界面、完善的操作功能，并可迅速响应用户的需求而灵活定制，可切实满足对安全门系统的管理维护。监控主界面如 3.2.14 所示。

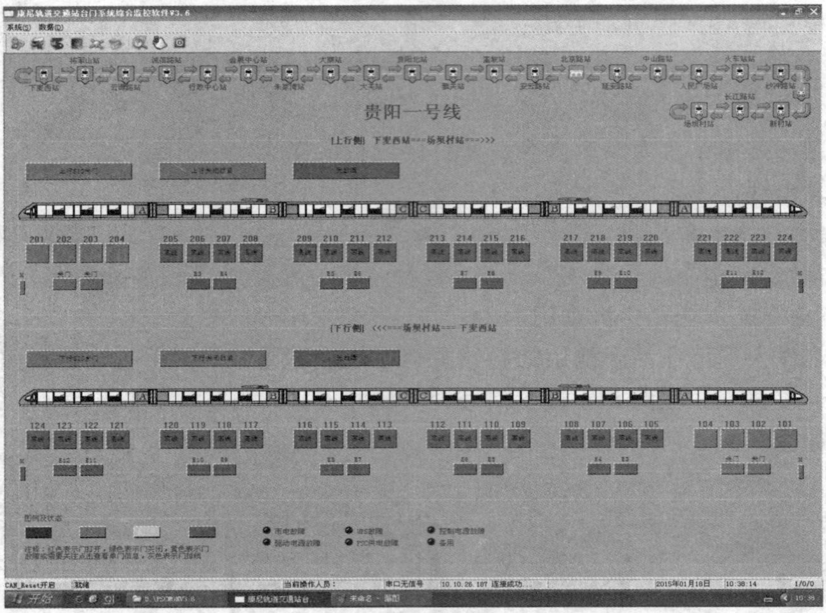

图 3.2.14　监控主界面

四、顶层主画面

主界面用于实时监控整个站台门系统的工作情况。

监控主画面如图 3.2.15 所示：画面上方 24 个一排的小色块代表上行线的 24 套滑动门的状态，画面下方的 24 个一排的小色块则代表下行线的 24 套滑动门的状态，其中 EED 和 MSD 的状态均包含在其相邻的滑动门的状态中。

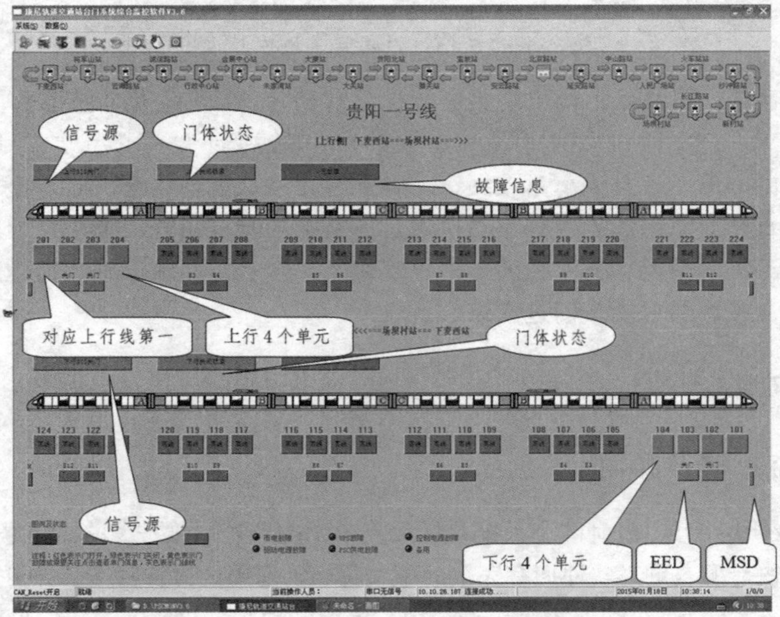

图 3.2.15　监控主画面

界面上主要由三种颜色组成，它们分别的含义如下：

红色为开门状态。

绿色为关门状态。

黄色为关注状态（指示有需引起关注的事件发生）。

【知识拓展】

教学中需要注意的事项。

实训学生在开始操作或维护系统之前，务必仔细阅读以下注意事项并遵照执行，以免操作不当导致严重后果。

（1）⚠请勿擅自操作，请在实训老师指导下进行操作。

（2）⚠请注意现场实训秩序，请勿在现场推攘或嬉闹，以免误入危险区域，发生事故。

（3）⚠控制设备使用环境要求通风良好，保持场地干燥、无腐蚀性气体、爆炸性物质、导电尘埃及蒸汽等、同时现场无强烈振动。

（4）⚠系统设备机壳需保持良好接地，地线不能接在暖气管道、供水管道、燃气管道等公益设施上，避免发生违反安全用电要求而造成的触电或人身伤害事故。

（5）⚠地线与零线不能接反或接在一起，以免系统机壳带电而不能正常使用，L 与 N 线不得接反，以免损坏系统。

（6）⚠请勿擅自进入轨行区。

（7）⚠请勿用手或身体阻止门体运动，以免发生肢体夹伤。在屏蔽门自动开启或关闭时，严禁有意阻碍其运作。

（8）⚠当屏蔽门出现损坏或工作不正常时，应立刻将它封锁（或隔离），同时联系相关维护人员进行维修。

（9）⚠请勿将手指伸入旋转部件，以免发生肢体夹伤。

（10）⚠在屏蔽门系统运行期间，严禁进行任何测试，否则将可能引起严重的后果。

（11）⚠当门扇运行时，严禁将手指置于门缝处，以防手指被夹伤。

（12）⚠严禁粗暴操作，以免造成门扇的损坏。

（13）⚠请勿使用损坏的插座或电缆，以免发生触电及火灾。

（14）⚠请使用额定电压，电源供电功率符合系统要求，以防发生意外。

（15）⚠系统上电及断电，插拔电源插头时，请注意安全。

（16）⚠线缆严格按照对应关系插接，严禁拖拽连接线缆。

（17）⚠设备安装及调试或移动过程中，必须切断电源，最终检查无误后，方可接通电源。

（18）⚠不要在门体运动时，进行零件的拆卸或调试工作，以防肢体夹伤!

（19）⚠严禁用手直接接触机构丝杆表面，以免丝杆生锈！万一接触，请做好防锈处理。

（20）⚠调试结束后，主要部件上的所有紧固件都必须用额定转矩旋紧，并打上乐泰 243 胶，并用标记油漆进行标记（用于识别螺纹紧固性）。

（21）⚠为避免出现由于误操作导致的严重后果，操作本实训系统的各种不同用途的钥匙应放在安全的地方并由授权人员保管使用。

（22）⚠为使屏蔽门运动顺畅，请及时清扫门槛。

（23）⚠为避免门槛变形，请勿敲击门槛或者向门槛施加强力。

（24）⚠为延长设备使用寿命，长时间不使用设备时请切断电源，连续运行时间不得超过 2 h。

【学习评估】

一、复习思考题

（1）PSC 有哪些电源控制开关，各自有何作用？

（2）当今电源的电流与线缆的截面积有怎样的关系？

（3）如何根据电流选取线缆及控制开关？

（4）屏蔽门系统有多少种控制方式？

（5）紧急操作由谁执行？在什么样的情况下使用？如何操作？

二、技能操作

以实训基地的系统终端设备为例，通过实训任务的方式完成本项目的技能学习。

（1）任务 1——认知屏蔽门的系统构成。

（2）任务 2——屏蔽门的一级操作。

（3）任务 3——屏蔽门的二级操作。

（4）任务 4——屏蔽门的三级操作。

（5）任务 5——屏蔽门的四级操作。

（6）任务 6——屏蔽门的五级操作。

项目四

火灾报警系统

学习指导

学习指导书

<table>
<tr><th>名称</th><th colspan="2">火灾报警系统</th></tr>
<tr><td rowspan="2">学习目标</td><td>知识目标</td><td>1. 掌握 FAS 系统的组成
2. 了解各部件的结构及基本工作原理
3. 了解 FAS 系统及设备的组成结构及技术要求
4. 熟悉 FAS 系统的警告类型及含义
5. 熟悉 FAS 系统可能出现的常见问题</td></tr>
<tr><td>技能目标</td><td>1. 掌握火灾报警系统的基本使用方法
2. 掌握 FAS 系统及软硬件设备的日常维护
3. 掌握 FAS 系统及软硬件设备的常见问题及故障处理</td></tr>
<tr><td>学习内容</td><td colspan="2">任务一　火灾报警系统使用
知识准备：火灾报警系统组成、界面组成与功能、屏幕显示与菜单、状态类型、主机要求
情境一　基本操作方法
情境二　系统设置与其他操作
任务二　火灾报警系统设备的维护及日常检修
知识准备：FAS 系统、FAS 系统维护检测中心、点型光电感烟火灾探测器、点型感温火灾探测器、手动火灾报警按钮
情境一　系统常见故障及处理
情境二　系统日常维护</td></tr>
<tr><td>学习准备</td><td colspan="2">收集各个城市轨道交通运营公司 FAS 系统的相关资料，收集 FAS 系统使用手册及日常检修操作标准</td></tr>
</table>

任务一
火灾报警系统使用

任务一　火灾报警系统使用的相关内容扫码观看

任务二
火灾报警系统设备的维护及日常检修

【任务导入】

FAS 系统是各大城市轨道交通普遍使用的火灾自动报警系统。随着计算机技术和网络技术的发展，火灾报警系统已具有同楼宇管理系统（BMS）联网的能力，并提供楼宇自控系统、综合保安管理系统、广播系统以及有线/无线通信系统等在发生火灾时提供相应的联动功能。它的工作状态直接决定了地铁运营的安全与否。所以 FAS 系统及设备的日常维护及常见故障的检修是一名合格的地铁员工应该掌握的重要内容。

结合 FAS 系统及设备的使用，学生应知应会 FAS 系统及设备的日常维护及常见故障处理的相关内容。

【知识准备】

一、FAS 系统

FAS（Fire Alarm System）是火灾报警系统。火灾报警系统，一般由火灾探测器、区域报警器和集中报警器组成；也可以根据工程的要求同各种灭火设施和通信装置联动，以形成中心控制系统。火灾报警系统（FAS）具有自己的网络结构和布线系统，以实现在任何情况下，该系统都可以独立的操作、运行和管理。

二、FAS 系统维护检测中心

FAS 系统维护检测中心由维护检测中心工作站、UPS 及相应打印设备组成。实现远程、现场报警、维护监管功能。能使维护、维修人员方便、实时了解系统设备运行状态，以保证设备的正常运行。同时它具有网络拓扑功能和监控功能。整个维修系统在网络拓扑结构上具有一定的故障监测与自愈能力，具有较高的实用性，一般设置在车辆段及车站综合维修中心。

三、JTY-GM/FDO181 型点型光电感烟火灾探测器

光电式感烟火灾探测器由光源、光电元件和电子开关组成。利用光散射原理对火灾初期产生的烟雾进行探测，并及时发出报警信号。根据烟雾颗粒对光线的作用原理，可分为减光式和散射式两类。光电感烟探测器如图 4.2.1 所示。

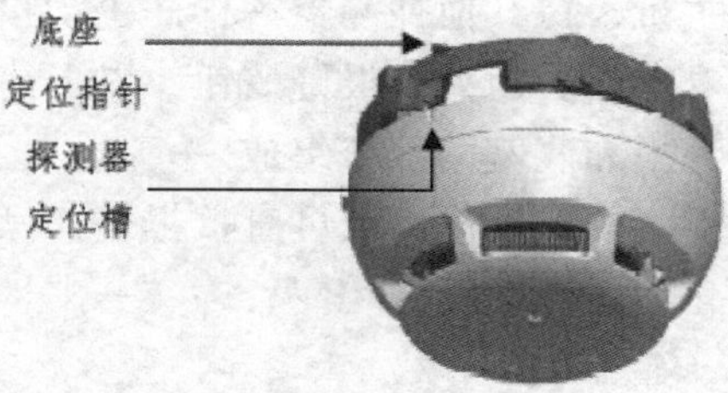

图 4.2.1　光电感烟探测器

JTY-GM/FDO181 点型光电感烟火灾探测器采用光学传感器，运用光散射原理，提高了对火灾产生烟雾粒子的探测能力，从而大大提高了对明火或者暗火的探测灵敏度，进而及早探知火情。

探测器本身带有指示灯，用来指示探测器的工作状态（如表 4.2.1 所示）。

表 4.2.1　指示灯状态

探测器状态	指示灯状态
正常工作	灭
定位/测试火警	闪烁
报警	常亮

四、JTW-ZOM/FDT181 型点型感温火灾探测器

感温探测器是响应异常温度、温升速率和温差等参数的探测器。按原理可分为定温、差温、差定温。用于存在大量粉尘、烟雾、水蒸气的场所，如厨房、锅炉房等不能安装使用感烟探测器进行火灾报警的场所。点型感温探测器如图 4.2.2 所示。

图 4.2.2　点型感温探测器

JTW-ZOM/FDT181 型点型感温火灾探测器为智能型感温探测器，适用于建筑物内部空间的早期火灾探测，尤其可用于工作过程产生烟、灰尘、排放气体等不能使用其他种类探测器的地方。

探测器本身带有指示灯，用来指示探测器的工作状态，如表 4.2.2 所示。

表 4.2.2　指示灯状态

探测器状态	指示灯状态
正常工作	灭
定位/测试火警	闪烁
报警	常亮

五、FDM183 手动火灾报警按钮

当有人发现火灾后，可通过安装在通道或楼梯处的手动报警器进行人工报警。手动报警器外观为红色，安装于墙或柱子上，外部有保护罩。人工确认火灾后敲碎保护罩，按下报警按钮。一方面会使本地报警设备动作，另一方面将该报警信息送到报警主机，像其他探测器一样。手动报警器如图 4.2.3 所示。

该手动火灾报警按钮（以下简称手报）用于当火灾发生时的手动启动报警。它由手报和底座两部分组成。

按下操作面板可直接报警，操作面板显示变化，火警指示灯亮。操作面板显示变化如图 4.2.4 所示。

图 4.2.3　手动报警器

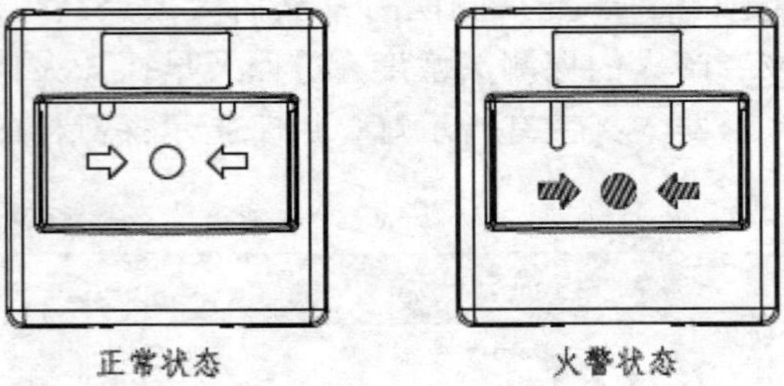

图 4.2.4　操作面板显示变化

插入电话插孔（直径 3.5 mm），即可呼叫总机，电话插孔位置如图 4.2.5 所示。

将钥匙从底部插入，使操作面板复位，钥匙与复位插孔如图 4.2.6 所示。

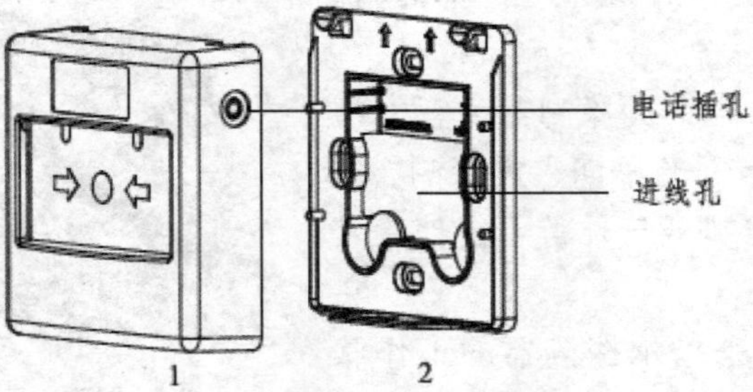

图 4.2.5　电话插孔位置

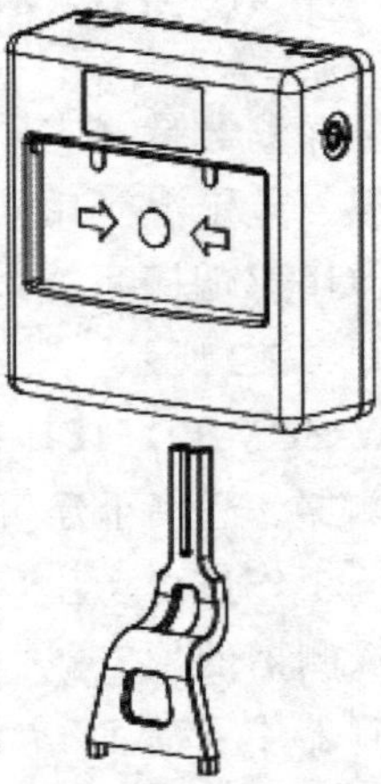

图 4.2.6　钥匙与复位插孔

表 4.2.3 列出了火警指示灯所指示的不同状态.

表 4.2.3　火警指示灯状态

状态	红色 LED 指示灯
正常	灭
报警	常亮
定位	闪亮

表 4.2.4 列出了电话指示灯所指示的不同状态。

表 4.2.4　电话指示灯状态

状态	红色 LED 指示灯
正常（挂机）	闪亮

【任务实施】

情境一　系统常见故障及处理

【学习目标】

掌握常见故障及解决方法。

【情境描述】

通过对常见故障的分析和解决掌握火灾报警系统故障处理流程和方法。

【学习过程】

一、硬件设备故障及维护

	名 称	质量检查和复试要点
情况 1	电源及主控板故障告警	（1）电源故障告警。 故障表现：系统电源板故障。出现故障后及时告警。每 1 min 告警一次，直至故障消除。 可能的故障点：铃流、磁铃、备用板。 原因及处理：备用板未通电，或备用板电源故障，或铃流、磁铃未开。可通过指示灯查看故障点，逐个处理。 （2）主控对机故障。 故障表现：S 系统或 M 系统主板检测到另一主控板复位或死机。 可能的故障点：背板、主控板、电源。 维护处理：检查主控板是否复位，检查背板是否正常

续表

	名　称	质量检查和复试要点
情况 2	通信故障告警	（1）U 口板通信告警。 故障表现：S 系统或 M 系统 U 口板不能通信。 可能的故障点：背板、U 口板。 维护处理：检查 U 口板是否运行正常，检查背板扁平电缆是否接好，背板跳线是否正确。对 M 系统还要检查会议板、音源板是否正常。 （2）数字板通信告警。 故障表现：S 系统或 M 系统数字通信板与主控板不能通信。 可能的故障点：背板、数字板。 维护处理：检查数字板是否运行正常，检查背板 DB25 电缆是否接好，背板跳线是否正确。对 M 系统还要检查会议板、音源板是否正常。 （3）主备板通信告警。 故障表现：S 系统或 M 系统主控板两个平面不能通信 可能的故障点：背板、主控板。 维护处理：检查主控板是否运行正常，对 S 系统检查背板串口电缆、对 M 系统还要检查对机是否上电。 （4）后台通信告警。 故障表现：维护台与所维护范围内的 S 系统或 M 系统通信中断。 可能的故障点：背板、串口电缆、维护台等。 维护处理：检查串口电缆是否接好，背板是否完好没有虚焊。主控板、数控板是否正常。检查维护台的串口设置及维护台 PC 机串口是否完好。 （5）S 系统数字板与主控板通信告警。 故障表现：S 系统数字板与主控板通信故障。 可能的故障点：背板、主控板、数字板。 维护处理：检查主控板是否运行正常，检查背板槽内插针是否正常，检查本数字板。 （6）S 系统备用板与主控板通信告警。 故障表现：S 系统备用板与主控板通信故障。 可能的故障点：背板、主控板、数字板。 维护处理：检查主控板是否运行正常，检查背板槽内插针是否正常，检查本数字板交换网和 HDLC 协议控制器是否正常。 （7）M 系统数字板与 S 系统数字板通信告警。 故障表现：M 系统数字板与 S 系统数字板通信故障。 可能的故障点：S 系统关电、数字板不工作。 维护处理：检查告警对应的 S 系统是否上电工作并且运行正常
情况 3	线路及数据故障告警	（1）U 口线路告警。 故障表现：U 口板收不到操作台消息。 可能的故障点：U 口板、前台键盘、2B+D 连线、电源线、接线盒、触摸屏操作台、2B+D 卡。 维护处理：检查 2B+D 电缆是否符合标准，接头是否松动。或者置换 U 口板、前台键盘等。 （2）数据告警。

续表

	名 称	质量检查和复试要点
情况 3	线路及数据故障告警	故障表现：FAS 系统数据不能通信或者数据错误。 维护处理：正确设置参数及输入相关正确数据。 （3）数字环邻站检测告警。 故障表现：FAS 系统检测板检测不到上行或下行方向邻站数字板发送的工作信息。 可能的故障点：本站数字板、上下行方向邻站数字板、上下行 2M。 维护处理：检查本站及邻站数字板是否正常工作，检查出现故障所在方向的 2M 是否出现断开。 （4）拓扑图邻站检测告警。 故障表现：FAS 系统检测不到上下行邻站信号与数字环拓扑站号排列顺序不一致。 可能的故障点：本站车站拓扑图数据、上下行邻站站号设置。 维护处理：检查本站车站拓扑数据是否与实际数据排列一致。 （5）2M 告警。 故障表现：FAS 系统数字板检测 2M 帧丢失。 可能的故障点：M 系统时钟、上下行 2M。 维护处理：检查 M 系统时钟是否正常，检测上下行 2M 系统是否断开连接
情况 4	FAS 系统操作台硬件故障	（1）调度台无声。 维护处理：按 Ctrl+Alt+1 进入调试界面，进行自环测试。 （2）调度台无声。 维护处理：再做一次挂机摘机动作，看是否上次没挂机。 （3）调度喇叭有啪啪杂音。 维护处理：检查 2B+D 连线或更换 2B+D 卡。 （4）前台录音接口输出声音小。 维护处理：检查录音输出口接线，正确的接法是耳机插头连接左右声道线作为信号平衡输出线，不接地。 （5）主系统与分系统之间组呼声音不通。 维护处理：更换主数字板测试。 （6）触屏失效，不起作用。 维护处理：如果重启不能恢复，一般是应力变化造成屏幕压力不均所致，通过调整屏幕固定螺丝松紧检测。若重启能够恢复但不稳定，可以更换 PS2 鼠标检测是否恢复
情况 5	外设硬件故障	（1）火灾报警器故障。 故障表现：误报警或不报警。 可能的故障点：火灾报警器损坏或因外界原因短路。 维护处理：检查报警器电路板是否因为灰尘或潮湿而短路或损坏、检查驱动电源是否正常工作。必要时更换报警器或驱动电路板。 （2）感烟探测器故障。 故障表现：不能正常工作或错误感应。 可能的故障点：感烟探测器损坏或因外界因素影响感应灵敏度。 维护处理：定期清洗探测器，防止空气灰尘附着表面影响感应二极管。并注意是否有灰尘黏着在烟室周围网上，

续表

	名 称	质量检查和复试要点
情况 5	外设硬件故障	影响烟进入烟室速度，造成迟报警或不报警。另外要注意正确设置感烟探测器的参数，使其能够正常工作。若却有损坏，必要的时候即时更换。 （3）声光报警器故障。 故障表现：报警铃不响或报警灯不亮。 可能的故障点：声光报警设备故障。 维护处理：检查声光报警器电路板是否因为灰尘或潮湿而短路或损坏、检查驱动电源是否正常工作。必要时更换声光报警器或驱动电路板。

二、软件系统故障及维护

	名 称	质量检查和复试要点
情况 1	计算机系统故障	（1）系统反应缓慢。 故障表现：界面系统反应缓慢。 可能的故障点：计算机病毒、或计算机内存过小。 处理方法：使用正版杀毒软件定期杀毒，并定期清理磁盘存储空间。 （2）数据备份丢失或错误。 故障表现：FAS 系统后台数据备份丢失或错误。 可能的故障点：计算机病毒、软件冲突、操作误删除等。 维护处理：删除不经常使用的冲突软件、并且做到实时备份、多处备份，以便数据调取与分析。
情况 2	FAS 系统软件故障	（1）打开软件系统崩溃蓝屏。 故障表现：打开 FAS 系统软件，计算机蓝屏重启。 可能的故障点：可能安装了影响系统稳定系和有效性的软件或插件、或者根文件损坏。 维护处理：删除冲突软件及插件，重新启动，重装 FAS 系统软件。 （2）FAS 系统软件操控功能无法正常实现。 故障表现：正常操作，但是 FAS 系统软件操控功能无法正常实现。 可能的故障点：已安装的 FAS 系统软件损坏，或者相关功能程序或插件丢失或被误删除。 维护处理：请相关公司重装 FAS 系统软件并调试成功后方可

三、现场设备故障

1. 现场设备故障——某一个设备故障

（1）设备丢失，恢复安装。

（2）设备连接线（联动总线，报警总线）断开，拆下现场设备，用数字万用表电压档测量现场设备信号总线间（Z1、Z2）、电源总线间（D1、D2）电压，如线间电压不正常，先排除线路原因。

四、其他故障

测试探测器不报警时：

（1）测试方法不对，与相关公司技术服务部门联系。

（2）该探测器未注册上，利用“设备检查”操作，查看该探测器是否注册上，若未注册，请及时与原施工单位联系。

（3）该探测器被人为隔离（关闭），利用“取消隔离”操作先将其释放。

若探测器坏，更换探测器。

情境二　系统日常维护

【学习目标】

掌握本系统日常维护方法和规范。

【情境描述】

通过对日常维护的练习，养成良好职业习惯，形成职业素养。

【学习过程】

一、光电感烟探测器迷宫清除灰尘操作规程

（1）将迷宫上盖、迷宫体从迷宫红外管座拆下，用黑颜色的湿布轻擦迷宫上盖内部的底面和侧面，重点为底部，底部应完全露出黑色。

（2）用湿布轻擦或吹掉红外管座光路边缘，灰尘和纤维。

（3）将迷宫装配好，安装好上盖。

二、消防设备的定期检查

（1）系统必须设专人管理，落实设备维护部门及责任人。

（2）消防系统应必须定期做全面检查，感烟探测器应定期做加烟试验。

（3）每季度应对备用电源进行 1 ~ 2 次充放电试验。

三、保存好设备连续运行记录

（1）严密监视设备运行状况，遇到报警要按规定程序迅速、准确处理，做好各种记录，遇有重大情况发生时要及时报告。

（2）控制器的工作电压在 187～242 V，备电工作时间不能超过 8 h。

（3）因故障而隔离（关闭）的探测器或其他设备应及时检修并排除故障，在隔离（关闭）期间应加强对相关场所的巡视检查。线路有搭地、断路、短路或线间电阻过低的情况，必须及时排除以保证系统的可靠运行，如有不可解决的施工或设备故障问题，应及时通知施工单位或相关设备厂家维修。

（4）不能擅自拆装控制器的主要部件，不能擅自拆装控制器的外围线路，不能擅自改变系统的设备数量与连接方式，不能擅自对控制器进行系统设置操作，不能修改设备定义、二次编码、联动公式、机器类型等有关内容。

（5）未经公安消防部门同意不得擅自关闭火灾自动报警、自动灭火系统。

（6）每日如实填写值班记录。

（7）妥善保管系统竣工平面图、设备技术资料（如产品说明书）、（季）年检查登记表及值班记录等。

【知识拓展】

一、事件优先级

JB-TGZL-FC18R 型火灾报警控制器（联动型）包含了十种类型的实时事件，如表 4.2.5 所示。

表 4.2.5　事件优先级

实时事件类型	优先级
火警/启动/反馈	1
监管	2
屏蔽	3
故障	4
测试	5
移动测试	5
定位测试	6
未配置设备	7
未知设备	8
类型不一致设备	9
需更换设备	10

未配置设备：工程文件中没有配置的设备，系统即认为其是未配置设备。

未知设备：非兼容的设备。

类型不一致设备：现场安装的设备类型与工程文件配置的设备类型不一致。

需更换设备：当感烟探测器太脏时，系统会自动提示其为需更换设备。

优先级：当有新的实时事件时，系统优先显示优先级高的事件窗口。当系统在设定时间的登录时间内无任何操作时，系统自动跳转到优先级最高的事件窗口。

二、屏蔽功能应用场合

当有建筑装修、设备损坏或失效的情况发生时，需要对其进行屏蔽。当装修或维修完成后，需立即将其开放，使其恢复到正常状态。

【案例展示】

控制器出现火警时通常处理程序：

（1）接到报警信号后，应立即携带对讲机、插孔电话等通信工具，迅速到达报警点所在位置进行确认。

（2）如未发生火情，应查明报警原因，采取相应措施，并认真做好记录。

（3）如确有火灾发生，应立即用通信工具向消防控制室反馈信息，利用现场灭火器材进行扑救。

（4）消防控制室值机人员根据火灾情况启动有关消防设备，通知有关人员到场灭火，报告单位值班领导，并拨打 119 向消防队报警。

（5）情况处理完毕后，将各种消防设备恢复为正常运行状态。

【学习评估】

一、知识理论复习题

（1）FAS 系统的日常维护工作有哪些？

（2）FAS 系统的常见故障该如何处理？

二、实际操作目标考核

（1）FAS 系统的日常维护实操。

（2）简单的 FAS 系统故障排查实操。

项目五

低压配电及照明系统

城市轨道交通低压配电系统包括降压变电所和动力照明配电系统，它与主变电所、牵引供电系统及电力监控系统共同构成了整个地铁的供电系统，提供除机车动力以外所有车站及区间动力照明负荷的供电。

学习指导

学习指导书

<table>
<tr><td>名称</td><td colspan="2">城市轨道交通低压配电及照明系统</td></tr>
<tr><td rowspan="2">学习目标</td><td>知识目标</td><td>1. 了解城市轨道交通低压配电系统的组成
2. 掌握城市轨道交通低压配电房的设置原理
3. 掌握照明系统的组成
4. 了解地铁照明的分类及功能
5. 了解和掌握低压开关柜技术要求
6. 了解应急照明系统的布置形式
7. 掌握开关柜的组成结构
8. 了解应急照明系统主要部件</td></tr>
<tr><td>技能目标</td><td>1. 能叙述低压配电系统各组成部分的主要功能
2. 能识别照明种类及其功能
3. 能够熟练使用低压开关柜
4. 能够叙述应急照明的供电方式及简单故障的处理</td></tr>
<tr><td>学习内容</td><td colspan="2">知识准备：
关于标准电压等级的定义：
有关照明的名词定义。
负荷等级的分类：</td></tr>
</table>

续表

名称	城市轨道交通低压配电及照明系统
	任务一 城市轨道交通低压配电及照明系统的认知 工作任务一 低压配电系统认知 工作任务二 低压开关柜认知 工作任务三 城市轨道交通照明系统的认知 任务二 城市轨道交通低压配电及照明系统设备的使用及运行维护 工作任务一 低压开关柜的运行及维护 工作任务二 应急照明系统设备
学习准备	

任务一
城市轨道交通低压配电及照明系统的认知

【任务导入】

车站需要供电的场所及设备有：

（1）照明（见图 5.1.1 ~ 5.1.4 所示）。

图 5.1.1　廊道照明用电

图 5.1.2　装饰照明用电

图 5.1.3　站厅照明用电

图 5.1.4　调度用电

（2）各种终端设备（见图 5.1.5 ~ 5.1.7 所示）。

图 5.1.5　售票机用电

图 5.1.6　闸机用电

图 5.1.7　电梯用电

【教学目标】

通过对城市轨道交通低压配电及照明系统的组成、照明分类的介绍，使学生对城市轨道交通低压配电照明系统及分类有一个初步的认识，了解低压配电系统的整个工作过程，为后面的学习提供基础知识。

【知识准备】

一、关于标准电压等级的定义

在我国电力系统中，把标称电压 1 kV 及以下的交流电压等级定义为低压，把标称电压 1 kV 以上、330 kV 以下的交流电压等级定义为高压；把标称电压 330 kV 及以上、1 000 kV 以下的交流电压等级定义为超高压；把标称电压 1 000 kV 及以上的交流电压等级定义为特高压；把标称电压±800 kV 以下的直流电压等级定义为高压直流；把标称电压±800 kV 及以上的直流电压等级定义为特高压直流。我国国家电网有限公司（简称为 SG）的规范性文件中把 1 ~ 20 kV 的电压等级称为中压。

目前我国规定的输电线路标准电压等级有：0.22 kV、0.38 kV、3 kV、6 kV、10 kV、35 kV、110 kV、220 kV、330 kV、500 kV、750 kV。

二、有关照明的名词定义

1. 一般照明（general lighting）

为照亮整个场所而设置的均匀照明。

2. 局部照明（local lighting）

特定视觉工作用的、为照亮某个局部而设置的照明。

3. 正常照明（normal lighting）

在正常情况下使用的室内外照明。

4. 应急照明（emergency lighting）

因正常照明的电源失效而启用的照明。应急照明包括疏散照明、备用照明。

5. 疏散照明（escape lighting）

作为应急照明的一部分，用于确保疏散通道被有效地辨认和使用的照明。

6. 维护系数（maintenance actor）

照明装置在使用一定周期后，在规定表面上的平均照度或平均亮度，与该装置在相同条件下新装时，在规定表面上所得到的平均照度或平均亮度之比。

7. 照度均匀度（niformity of illuminance）

规定表面上的最小照度与平均照度之比。

8. 平均照度（average lluminance）

规定表面上的照度平均值。

9. 统一眩光值（nified glare rating）

它是度量处于视觉环境中的照明装置发出的光，对人眼引起不舒适感主观反应的心理参量，其值可按 CIE（Commission Internationale de l'Eclairage，国际照明委员会）统一眩光值公式进行计算。

10. 照度标准值

城市轨道交通运营各场所的照明照度标准值应按以下系列分级：1、2、3、5、10、15、20、30、50、75、100、150、200、300、500、750、1 000、1 500 和 2 000（单位：lx）。

三、负荷等级的分类

电力负荷应根据对供电可靠性的要求及中断供电在政治、经济上所造成损失或影响的程度进行分级，并应符合下列规定。

（1）符合下列情况之一时，应为一级负荷：

① 中断供电将造成人身伤亡时。

② 中断供电将在政治、经济上造成重大损失时。例如：重大设备损坏、重大产品报废、用重要原料生产的产品大量报废、国民经济中重点企业的连续生产过程被打乱需要长时间才能恢复等。

③ 中断供电将影响有重大政治、经济意义的用电单位的正常工作。例如：重要交通枢纽、重要通信枢纽、重要宾馆、大型体育场馆、经常用于国际活动的大量人员集中的公共场所等用电单位中的重要电力负荷。在一级负荷中，中断供电将发生中毒、爆炸和火灾等情况的负荷，特别重要场所不允许中断供电的负荷，应视为特别重要的负荷。

（2）符合下列情况之一时，应为二级负荷：

① 中断供电将在政治、经济上造成较大损失时。例如：主要设备损坏、大量产品报废、连续生产过程被打乱需较长时间才能恢复、重点企业大量减产等。

② 中断供电将影响重要用电单位的正常工作。例如：交通枢纽、通信枢纽等用电单位中的重要电力负荷，以及中断供电将造成大型影剧院、大型商场等较多人员集中的重要公共场所的秩序混乱。

（3）不属于一级和二级负荷者应为三级负荷。

一级负荷的供电电源应符合下列规定：

① 一级负荷应由两个电源供电，当一个电源发生故障时，另一个电源不应同时受到损坏。

② 一级负荷中特别重要的负荷，除由两个电源供电外，尚应增设应急电源，并严禁将其他负荷接入应急供电系统。

下列电源可作为应急电源：

① 独立于正常电源的发电机组。

② 供电网络中独立于正常电源的专用的馈电线路。

③ 蓄电池。

④ 干电池。

根据允许中断供电的时间长短可分别选择下列应急电源：

① 允许中断供电时间为 15 s 以上的供电，可选用快速自启动的发电机组。

② 自投装置的动作时间能满足允许中断供电时间的，可选用带有自动投入装置的独立于正常电源的专用馈电线路。

③ 允许中断供电时间为毫秒级的供电，可选用蓄电池静止型不间断供电装置、蓄电池机械贮能电机型不间断供电装置或柴油机不间断供电装置。

应急电源的工作时间，应按生产技术上要求的停车时间考虑。当与自动启动的发电机组配合使用时，时间不宜少于 10 min。

二级负荷的供电系统，宜由两回线路供电。在负荷较小或地区供电条件困难时，二级负荷可由一回 6 kV 及以上专用的架空线路或电缆供电。当采用架空线时，可为一回架空线供电；当采用电缆线路时，应采用两根电缆组成的线路供电，其每根电缆应能承受 100%的二级负荷。

【任务实施】

工作任务一　低压配电系统认知

【学习目标】

通过该情境的教学，使学生掌握城市轨道交通低压配电系统的组成及功能。

【情境描述】

系统组成：

低压配电系统配电原则一般采用放射式、树干式以及两者相结合的方式。在《地铁设计规范》（GB 50157—2013）中明确规定："大容量设备或性质重要的用电设备宜采用放射式配电"。由此决定了通信、信号、自动售检票、设备监控、防灾报警、消防、电梯及变电所自用电等重要负荷与隧道通风机（一般单台容量为 90 ~ 110 kW）、冷水机组均采用由降压变电所直接供电的放射式配电方式，除此之外，只有照明及为数不多的二、三级负荷采用树干式供电。

在城市轨道交通的配电系统中，为使故障范围缩小到最低限度，大都采用以放射式为主、树干式为辅的配电原则，这也是供电可靠性保障的根本选择。

【学习过程】

一、低压系统的型式

城市轨道交通低压配电系统的供电方案集中体现为降压变电所（以下简称"降压所"）的设置型式。基于以上的动力照明配电原则，降压所的设置必须遵循靠近车站负荷中心的基本原则。为满足《地铁设计规范》（GB 50157—2013）中规定的"末端设备电压偏差允许值（以额定电压的百分数表示）为 ± 5%” 的要求，降压所不可以远离负荷中心。在此前提下，可以根据不同站型，采用多种型式及数量。以下主要就降压所的几种型式进行剖析。

（一）一所型式

车站只设一座降压所，位于重负荷一端。根据上述配电原则，车站所有重要的一、二级负荷及容量较大的三级负荷均从所内放射性供电。根据设计经验，标准的地下双层车站，降压所馈出回路数量为 80 ~ 90 个。除冷冻站外，由于车站两端负荷一般分布较为均匀，故远离降压所一端的供电回路约占一半。

以上分析表明，降压所为一所型式的供电方案，具备以下比较明显的优势：

（1）设备房屋简捷，整个车站的供电设备（除环控电控室外）集中设置在一处，做到数量最少，从而减少了降压所的设备投资。

（2）设备用房数量最少，最低限度地影响土建造价。

但随之带来的不利因素亦很明显，体现在以下几方面：

（1）由于供电方案为放射式，势必造成供电距离大幅度增加，为保障将线路电压损失限制在规定范围内，必须增大导线截面；同时低压线路的数量也大幅度增加，出现故障的几率增大，较大程度地降低了供电的质量及可靠性。

（2）因为供电距离较大，单机大容量设备需要采用电缆大截面或密集型母线供电，而二者（尤其是密集型母线）价格高昂，会引起电力投资的显著增加。

（3）由于地下车站风道、水管道及各专业的管线均集中在站台板下及吊顶内，会造成电缆尤其是母线路径的不通，从而影响供电方案。

（4）采用单所供电时，由于低压线路多而复杂，运营时的电能损耗将会增加，对长久的经济效益不利。损耗产生的热量又会加剧空调的负荷，从而产生不良循环。

（二）一主所一跟随所型式

在车站一端设一座降压所（与高压柜相邻），另一端设一座跟随式降压变电所。主接线及运行方式为：降压所的高压侧采用单母线分段中间加母联断路器的接线方式，正常时，母联断路器处于断开状态，每段母线分列运行，且每段均有一主所和一跟随所两路变压器的馈出。

主接线型式决定了两所的高压进线均为两路独立电源，引自不同的馈线回路，互不干扰，即为并列关系的两座降压所。因此，两者低压间亦不存在联系，各自负担本端的负荷用电。

以上的主接线决定了此种型式供电方案具有诸多优点。

（1）两所各负责本端的用电负荷，所间为高压送电，根本上解决了低压供电的压损问题，电缆截面及数量随之显著降低，供电方案十分合理。

（2）所间采用高压联系，在供电质量、可靠性和安全性上达到了质的飞跃，尤其突出体现在远离站中心的用电负荷及单机大容量设备的供电上，能做到可靠、安全和灵活。

（3）两所型式单台变压器容量一般为 1 000、800、630 kVA 几种规格，较一所型式规格为 1 250、1 600 kVA 的配电变压器来说，总安装容量变化虽不大，但单台安装容量降低了二至三个级别，其运转的经济性会大为提高。

两所型式在供电方案上虽有显著的优势，但也存在一定的缺陷：

（1）设置跟随所须增加高压柜、变压器及低压柜等设备，使整个降压所的投资有较大增加。

（2）因跟随所的设置，其房屋要求增加许多，面积约在 110 m^2，对土建设计造成一定影响。

（三）一所一室型式

除以上两种型式外，还存在一所一室型式。与两所型式不同的是，低压配电室替代了跟随所。以车站中心分界，降压所与低压配电室各负责本端的负荷供电（除单台容量较大的车站通风机外），为确保车站一、二级负荷供电的可靠性，降压所与低压配电室均采用单母线分段中间加母联断路器的接线方式，且两处的一、二级负荷母线为并列关系，最大程度地降低了故障范围及影响。低压电气主接线如图 5.1.8 所示。

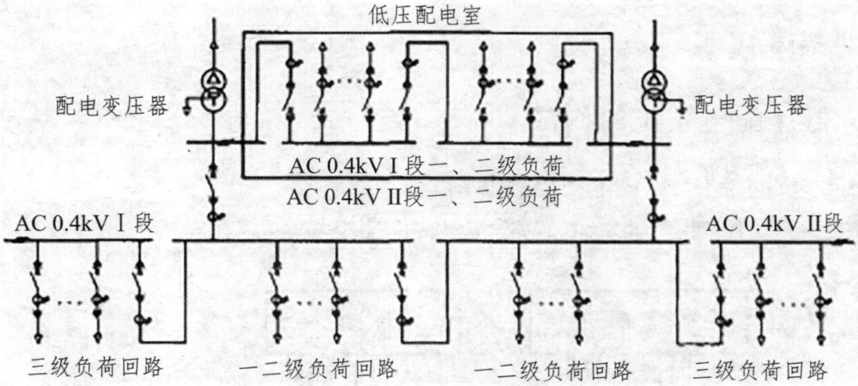

图 5.1.8　低压电气主接线

使用一所一室型式的低压供电方案的优势：

（1）远离降压所端的大部分设备从低压配电室馈出，供电负荷较一所型式有明显地降低，从而减少了纵穿车站低压电缆的数量。

（2）低压配电室配电负荷的供电距离相对减小，可在一定程度上减少故障的几率，提高供电的质量及可靠性。

（3）低压配电室房屋面积为 80 m^2，较一主所一跟随所型式有减少，同时亦减少两面高压馈出柜。

由于方案所限，优点是相对的，而缺点却非常明显。

（1）由于低压配电室电源引入为低压，不可避免地会造成电压损失，从根本上未解决末端设备的压损问题。

（2）由于单机大容量设备还须从降压所直接供电，所以仍存在一所型式的供电可靠性差的缺陷。

（3）低压配电室引入 0.4 kV 的低压电源，为保障供电方案，进线必须采用大截面电缆或密集型母线的型式。根据核算，其设备与电缆或母线的总投资与跟随所的造价基本持平。

从专业角度而言，跟随所是最佳方案，它可以保障供电质量，提高供电可靠性，减少有色金属消耗和运营能耗，但须结合经济造价。一般换乘站、带折返线的车站以及车站长度超过 200 m 的大规模车站，由于其负荷容量较大，供电距离较长，两所的方案较为合理；而车站长度低于 200 m 的一般车站，在节约投资的前提下，一所型式即可满足供电方案。另外，对于综合管线比较困难的站型（如站台宽度为 8 m 的岛式车站 ），一所型式无法实现，则必须采用另两种型式。

工作任务二　低压开关柜认知

【学习目标】

通过该情境的教学，使学生掌握城市轨道交通低压开关柜的构成及功能。

【情境描述】

一、低压配电系统的构成

电源（来源介绍）—输电线路—负荷。

低压配电室开关柜—低压电缆线路—设备配电箱。

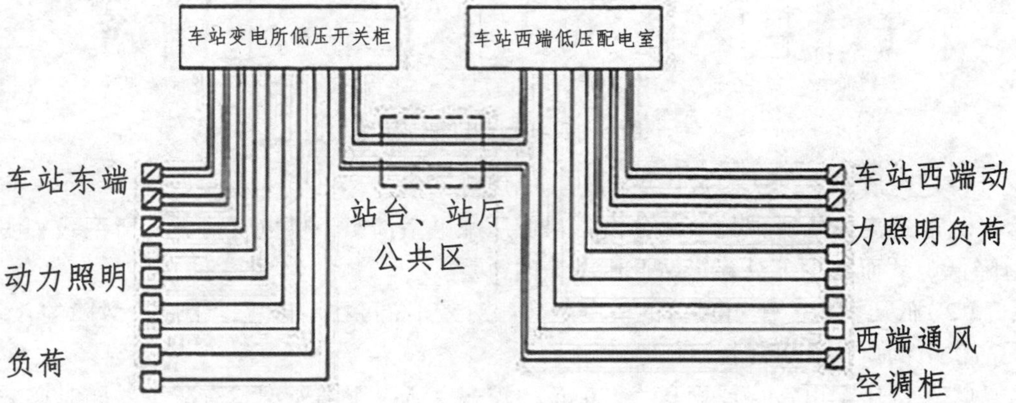

图 5.1.9　开关柜接线示意图

【学习过程】

二、低压开关柜的定义

低压开关柜是一个或多个低压开关设备和与之相关的控制、测量、信号、保护、调节等设备，由制造厂家负责完成所有内部的电气和机械的连接，用结构部件完整地组装在一起的一种组合体。开关柜外形如图 5.1.10 所示。

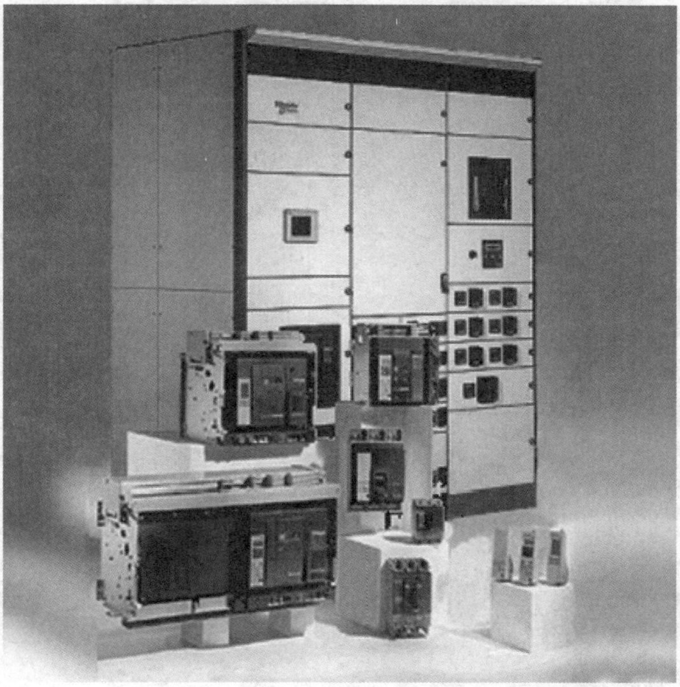

图 5.1.10　开关柜外形

三、低压开关柜的分类

母联柜：分配母线之间电能的传递。
馈线柜：分配电能。
进线柜：接收电能并传递给水平母线。
电机控制柜：风机、风阀等机电设备的控制。
电容补偿柜：进行无功补偿，提高功率因数。

四、主要组成部件

柜体：开关柜的外壳骨架及内部的安装、支撑件。
母线：一种可与几条电路分别连接的低阻抗导体。
功能单元:完成同一功能的所有电气设备和机械部件(包括进线单元和出线单元)。
开关柜进出线断面图如图 5.1.11 所示。
低压开关柜拓展：元件的保护功能。
过载保护、缺相保护、堵转保护、漏电保护、短路保护(延时、瞬动)、欠压保护。

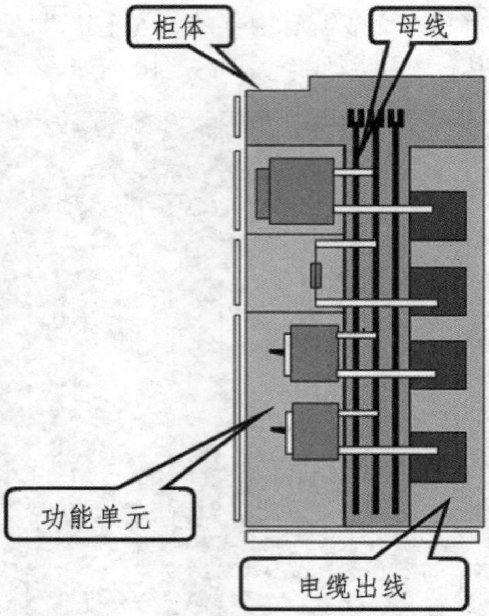

图 5.1.11　开关柜进出线断面图

工作任务三　城市轨道交通照明系统的认知

【学习目标】

通过该情境的教学，使学生掌握城市轨道交通车站站台门的照明系统的组成及各种照明的控制方式。

【情境描述】

地铁的建筑特点决定了照明的多样性：

事故照明一级负荷；

应急照明；

节电照明；

疏散诱导指示照明；

一般照明；

标志照明；

广告照明；

……

【学习过程】

一、照明系统的组成及控制方式

地铁车站照明主要分为正常照明及应急照明，一般除应急照明为满足消防的相应规范及保证人身安全而设置的长明灯外，正常照明普遍采用如下 3 种控制方式相结合的方式以减少对资源的浪费。

（1）翘板开关控制，主要用于设备房及管理用房照明控制口。地铁站设备及管理用房由于只允许有权限的工作人员可以进出，基本能做到“人来灯开，人走灯灭”的管理控制，所以只需在相应的房门口设置就地控制的翘板开关控制房间照明即可。

（2）BAS（设备监控系统）控制，主要应用于过去的公共区域照明控制。以往车站公共照明设计还是沿用的非智能系统的设计思路，通过给相应各照明配电箱的照明回路串联接触器，通过 BUS（建筑智能）控制系统来控制接触器触点的开闭以实现区域控制、定时开关及中央控制。

（3）智能照明控制系统，主要应用于现代的公共区域照明控制中。充分利用自然光，在满足照明质量的前提下，尽可能减少人工照明设置及使用时间。同时应结合照明技术（光源、灯具、控制技术等）的发展，安全合理地采用新技术实现照明节能这一要求，科学控制公共区域照明灯具，提高管理效率，达到照明节能效果。智能照明控制系统通过开关、照度自动开关、程序定时器或由网络转换器接受控制指令。控制命令由这些设备通过系统总线传人传送单元，然后由传送单元辨识该指令后将动作信号通过系统总线传送给继电器控制用 T/U 和荧光灯调光器，并由这些设备来对荧光灯进行调光。继电器动作后，又通过信号总线将照明回路的状态信号反馈至开关，通过开关上的 LED（发光二极管）指示灯显示。该系统可实现群组控制、模式控制、时间控制、照度控制和组合控制等多种控制功能。

车站公共区内以站厅或站台中心线为界，分别于站厅和站台层的两侧各设置 2 个照明配电总箱，在每个照明总箱内设置各公共照明回路。在每个总箱面板上设置多位可编程控制开关，可就地实现本箱内每一个照明回路的手动控制和群组控制。在车控室内设置智能照明控制系统主体控制的传送单元、系统时钟、集中控制面板以及 MODBUS 通信接口。通过通信接口将智能照明控制系统与车站 BAS 系统连接。在车控室最近的出入口（能采集到外界自然光的位置）设置 1 套照度传感器。通过对自然光照度信号的采集，对各出入口的荧光灯实施调光控制。

二、应急照明系统配电方式

应急照明是因正常照明的电源失效而启用的照明。轨道交通应急照明属于一级负荷中特别重要的负荷，除由双电源供电外，应增设应急电源。应急照明包括疏散照明、备用照明。

EPS 电源（Emergency Power Supply，紧急电力供给）是当今重要建筑物中为了电力保证和消防安全而采用的一种应急电源。它主要由输入单元、输出单元、充电模块、电池组、逆变器、监控器、输出切换装置等部分组成。总结近年来城市轨道交通各条线地下站应急照明系统设计，主要有以下四种方式：

（1）EPS 分散设置，即 EPS 安装在站厅层、站台层两端（以车站中心线为界，下同）各照明配电室内，下设分配电箱，由各分配电箱馈出回路供站厅和站台公共区、出入口通道、设备管理用房、区间隧道等应急照明用电。

（2）EPS 分散设置，即 EPS 安装在站厅层、站台层两端各照明配电室内，不设分配电箱，由各 EPS 馈出回路直接供站厅和站台公共区、出入口通道、设备管理用房、区间隧道等应急照明用电。

（3）EPS 集中设置，即 EPS 柜安装在站厅层或站台层两端 EPS 电源室（或称蓄电池室）内，下设分配电箱，由各分配电箱馈出回路供站厅和站台公共区、出入口通道、设备管理用房、区间隧道等应急照明用电。

（4）EPS 集中设置，即 EPS 柜安装在站厅层或站台层两端 EPS 电源室内，除应急导向标志分配电箱外，不设其他分配电箱，由各 EPS 馈出回路直接供站厅和站台公共区、出入口通道、设备管理用房、区间隧道等应急照明用电。

EPS 分散设置，车站无需专用蓄电池室，EPS 柜安装在每个照明配电室内，一般每个站设 4 个照明配电室，每室面积为 15 ~ 20 m^2，全站 60 ~ 80 m^2。EPS 集中设置，车站需专用蓄电池室，每间蓄电池室面积为 20 ~ 25 m^2，另加 4 个照明配电室，每室面积为 10 ~ 15 m^2，全站 80 ~ 110 m^2。两种方式相差 20 ~ 30 m^2。

三、照明系统总配电

（1）EPS 集中设置，照明配电室设分配电箱，变电所低压开关柜室设在站厅层，EPS 室设在站台层，EPS 电源进线需从站厅层低压开关柜引出，经电缆井引下至站台层 EPS 室，而站厅层照明配电室内应急照明配电箱电源又从站台层 EPS 室经电缆井引来，电源迂回、返送，这对低压配电设计不利。只要变电所低压开关柜室和 EPS 室不在同层，就会产生此问题。根据多年轨道交通工程地下站动力照明设计经验，车站两端 EPS 室和变电所低压开关柜室都在同层的很少。

（2）EPS 集中设置，不设分配电箱（应急导向照明配电箱除外）方式，如 EPS 室设在站台层，会有站厅层公共区应急照明、疏散照明、设备区应急照明、疏散照明、出入口通道应急照明、疏散照明等大量分支回路要从站台层引上至站厅层相应位置；如 EPS 室设在站厅层，将有站台层公共区应急照明、疏散照明、设备区应急照明、疏散照明、区间应急照明、疏散照明等大量分支回路要从站厅层引下至站台层和区间起点相应位置，给施工和运营维护带来很多困难。此种配电方式，不管 EPS 室设在站厅层还是站台层，都会有很多分支回路跨越防火分区（轨道交通工程地下站防火分区划分，一般是站厅层、站台层公共区为一个防火分区，站厅层、站台层两端设备管理用房各为一个防火分区，共 5 个防火分区），违反《民用建筑电气设计标准》（GB 51348—2019）“消防用电设备配电系统的分支回路，不应跨越防火分区，分支干线不宜跨越防火分区”条款的相关内容。

（3）EPS 分散设置，照明配电室设分配电箱，无论变电所低压柜设在站厅层还是站台层，EPS 柜电源电缆和应急照明分配电箱电源电缆都不会迂回。此配电方式缺点是照明配电室配电箱数量较多，配电箱安装布置较困难，而每个配电箱出线回路较少，尤其是站厅层和站台层设备管理用房较少端（轨道交通工程设计中通常简称小端），分配电箱出线回路更少，再设分配电箱就有些浪费。

（4）EPS 分散设置，不设分配电箱，无论变电所低压柜设在站厅层还是站台层，EPS 柜电源电缆和应急照明分配电箱电源电缆同样都不会迂回，且照明配电室配电箱个数较少，节省建筑面积，EPS 馈出回路直接到灯具，减少一级配电，既减少了一级开关动作选择性配合问题，又减少了故障点。且分支回路跨越防火分区的数量大量减少（目前轨道交通工程设计中尚未能解决应急照明分支回路不跨越防火分区的问题）。

任务二 城市轨道交通低压配电及照明系统设备的使用及运行维护

【任务导入】

低压配电与照明系统是确保地铁车站正常运行不可缺少的重要部分，其运行状态直接关系着整个地铁车站的日常运作。根据地铁车站低压配电与照明系统的实际故障情况，采取有效的维护管理措施，并定期检查低压配电与照明系统的运行状态，确保地铁车站低压配电与照明系统处于良好的运行状态。

【知识准备】

一、地铁车站低压配电的负荷分类及供电方式

（一）一级负荷

（1）应急照明、站厅和站台照明、出入口照明。

（2）通信、信号、FAS、EMCS、AFC。

（3）屏蔽门、垂直梯、排水泵、雨水泵、回排风机、排热风机、组合式空调箱、小系统排烟风机。

从低压室Ⅰ、Ⅱ段母线（即两路引自变电器电源）各引一路电源到设备附近，在设备末端设双电源自动切换箱(相对集中的小容量 一级负荷为节省投资而共用一个双电源自动切换箱就近配电，即前述树干式布线）。

（二）二级负荷

（1）一般照明（房屋、板下、插座）。

（2）自动扶梯、污水泵、通风机。

（3）设备房维修、区间检修。

从低压室 I 或 II 段母线引一路电源，当所在母线故障时母联开关投入使用，由另一母线供电。当电网只有一路电源时，允许将其从电网中切除（人工切除）。

（三）三级负荷

（1）广告照明。
（2）装饰照明。
（3）冷水机组。
（4）冷冻泵、冷却泵、冷却塔风机。
（5）清扫机械。
（6）商铺。

由三级负荷总开关引来一路单电源，一路总进线电源故障时自动被切除，人工复位。在火灾情况下，FAS 系统直接切断三级负荷总电源。

二、就地控制与综合控制的概念

就地控制：指在设备附近，便于直接控制的控制方式

综合控制：是指在车站综合控制室有 EMCS 系统实现对风机、空调、水泵等设备的控制与监视，并将采集的信息送至中央控制室。

【任务实施】

工作任务一　低压开关柜的运行及维护

【学习目标】

通过该情境的教学，使学生掌握城市轨道交通低压开关柜的运行及设备维护方法。

【情境描述】

低压配电与照明系统是确保地铁车站正常运行不可或缺的重要部分，其运行状态直接关系着整个地铁车站的日常运作。根据地铁车站低压配电与照明系统的实际故障情况，采取有效的维护管理措施，并定期检查低压配电与照明系统的运行状态，确保地铁车站低压配电与照明系统处于良好的运行状态。

【学习过程】

一、低压开关柜故障及解决措施

（1）母联断路器运行故障。

地铁车站低压开关柜的母联断路器发生运行故障后，自动转换开关没有处在自动

位置会造成 PLC 死机，母联断踣器未及时投入会造成母联断路器失电，低压开关柜的转换开关没有设置在远控位置会导致母联断路器发生运行故障。

针对地铁车站低压配电系统的这种运行故障，首先可以将母联断路器设置在人工作业位置，将母联断路器的转换开关设置到自动位置。如果开关柜的指示灯仍然不亮，则可以判定是熔断器烧坏，维护检修人员要及时更换熔断器。同时，将低压开关柜 PLC 的控制电源插头拔掉，将转换开关设置在远控位置并及时处理母联断路器运行故障。另外，在检查母联断路器的运行状态时，要确保断路器准确分闸，转换开关处于手动或就地状态，并将母联断路器设置到自动位置。将断路器拧到自动位置后，还要停留一段时间再合闸。在更换熔断器时，要将转换开关设置到手动状态，更换完之后，再拧到自动位置，在插、拔的过程中，使三级负荷开关灵活调整。

（2）变压器恢复供电后断路器没有自动恢复，低压配电系统的断路器转换开关没有设置在自动位置，从而导致变压恢复供电之后，断路器没有自动恢复。为了解决这种故障，要及时将断路器转换开关设置到自动位置，将控制电源的插头拔出后，等待几秒钟再通电。同时，要更换熔断器的控制回路，注意检测变压器 PLC 的指示灯。为了避免再次出现这种运行故障，要将母联断路器转换开关拧到自动位置，在插、拔的过程中，转换开关必须处于手动状态，在完成插、拔操作之后，再设置到自动位置。

二、地铁车站低压配电系统的维护管理

1. 日常运营维护管理

在日常工作中，地铁车站工作人员要做好工作票受理，根据低压配电系统的实际运行情况，严格审查工作票上的内容，尽量缩短工作票的申请时间，及时组织维护检修人员处理低压配电系统的运行故障。在对低压配电系统进行倒闸操作时，要提前通知各部门，由专业技术人员在现场进行监护，加强对低压配电系统设备的运行维护。维护检修人员要做好相关的记录，制订科学、合理的低压配电系统检修计划，并定期进行维护检修，提高地铁车站低压配电系统的安全性、稳定性。

2. 异常处理

在正常运行状态下，低压配电系统会失去部分工作能力。在一些特别严重的异常状态下，低压配电系统会出现运行故障，造成地铁车站运行中止或者局部区域中止。在这种情况下，工作人员要准确、快速地判断出系统故障原因，然后根据地铁车站现场的实际情况和低压配电系统的相关技术条件，采用有效的故障解决措施，及时进行处理和抢修，避免影响地铁车站的正常运行。

3. 设备的维护检修

地铁车站低压配电系统的维护检修主要包括临时检修、预防性检修和定期检修。在日常工作中，要将这三种检修方法结合起来，最关键的是要做好低压配电系统的预防性检修，结合低压配电系统的运行特点，采取预防性措施，及时发现低压配电系统的安全隐患。在对低压配电系统进行临时检修时，要注做好相应的安全防护，确保维

护检修人员的安全。

三、地铁车站照明系统的维护管理

一方面，地铁车站照明系统的维护管理不善，没有定期对照明系统进行运行维护，导致照明系统出现运行故障；另一方面，由于刮风、下雪、下雨等因素的影响，造成地铁车站照明系统短路、断路或某些设备出现零件松动、螺栓锈蚀等问题，严重影响了地铁车站的正常运行。

1. 预防性检测试验

为了确保地铁车站的正常照明，要对照明系统的配电箱、低压侧线路和高压侧线路进行预防性检测。根据照明系统的相关技术要求，严格检测照明系统电力回路的绝缘性能。将照明系统的配电箱安装完成之后，要准确标记相序，确保供电系统和照明设备的相序一致。设置好接地线，如果照明系统的试验检测数据达不到合格标准，就要立即查明原因，及时进行检修。

2. 照明系统的保养和维护

地铁车站工作人员要做好照明系统的保养和维护工作，全面掌握照明系统供电回路的结构布置和铺设方式等，加强日常巡视，定期检查照明系统的发热情况和负荷大小。在恶劣的雨雪天气，还要做好相应的防护措施。另外，照明系统的配电箱周围必须严禁烟火，确保良好的通风，并仔细检查接地线是否连接良好，及时更换锈蚀、松动的螺栓。

工作任务二　应急照明系统设备

【学习目标】

通过该情境的教学，使学生掌握城市轨道交通应急照明系统组成及设备配置、维护方法。

【情境描述】

20 世纪 90 年代前 EPS 蓄电池主要采用富液开口式铅酸蓄电池，它有两个主要的缺点，一是充电末期水会分解为氢气、氧气析出，需经常加酸、加水，故维护工作繁重；二是气体溢出时携带酸雾，腐蚀周围设备，并污染环境，故蓄电池一般放置在通风良好的专门房间内。

【学习过程】

一、设备性能

现代轨道交通工程地下站应急电源 EPS 电池一般为阀控式密封铅酸电池，也叫

VRLA（Valve Regulated Lead-acid Battery）电池。在正常操作中，电解液不会从电池的端子或外壳中泄露出，安全密封。电池内压超出正常水平后，VRLA 会放出多余气体并自动重新密封，保证电池内没有多余气体。独一无二的气体复合系统会使产生的气体转化成水，因此在使用电池的过程中不需要加水，维护简单。特殊的吸液隔板将酸保持在内，电池内部没有自由酸液，是干净的绿色能源，因此电池可放置在任意位置。采用了有抗腐蚀结构的铅钙合金栏板，电池可浮充使用 10 ~ 15 年，使用寿命长。

二、设备维护

目前轨道交通工程地下站应急电源 EPS 装置一般由主机柜和蓄电池柜组成，10 kW 以下的主机和蓄电池安装在一台柜中；15 ~ 25 kW 为一面主机柜，一面蓄电池柜；30 ~ 45 kW 为一面主机柜，两面蓄电池柜。轨道交通工程地下站应急电源 EPS 装置总容量一般为 40 ~ 50 kW。分散设置时每台 10 ~ 15 kW，一面柜即可，通常采用离墙 200 mm（考虑通风散热）的安装方式。集中设置时每台 20 ~ 25 kW，至少 2 面柜，通常采用离墙安装方式，柜后离墙 800 ~ 1 000 mm。如果采用 EPS 集中设置，不设分配电箱，出线回路过多时，EPS 除主机柜、电池柜外，还需增加一面馈出柜。

【学习评估】

一、复习思考题

（1）低压配电系统为哪些系统服务？
（2）照明系统由哪些部分组成？
（3）应急照明的配电方式有哪几种？
（4）低压开关柜由哪些部分组成，可以实现什么功能？

二、技能操作

以实训基地的自动售检票系统终端设备为例，通过实训任务的方式完成本项目的技能学习。

（1）任务 1 ——认知低压配电的系统构成。
（2）任务 2 ——照明的照度控制。
（3）任务 3 ——开关柜功能的识别。
（4）任务 4 ——应急照明的使用。

【教学建议】

该部分教学建立在相应的实训基地硬件条件上，要求配备低压配电柜出线、进线、母联、电容及照明配电箱若干。并且普通照明和应急照明系统要独立分开。要求学生能够区别应急照明和普通照明系统，会做简单的拆装和接线工作。

项目六

给排水系统

学习指导

学习指导书

名称	给排水系统	
学习目标	知识目标	1. 掌握城市轨道交通车站给排水系统的组成 2. 掌握给排水系统的基本使用方法 3. 了解给排水系统及设备的组成及设计规范 4. 熟悉给排水系统的含义、标准及维护要求 5. 熟悉给排水系统可能出现的常见问题
	技能目标	1. 城市轨道交通车站给排水系统设备的结构及工作原理 2. 给排水系统的日常巡检方法 3. 掌握给排水系统设备的日常维护 4. 掌握给排水系统设备的常见问题及故障处理
学习内容	任务一 给排水系统使用 知识准备：生产、生活给水系统；消防给水；车站生活、生产给水管网布置；排水系统；排水泵站的控制方式 情境 给排水系统操作 任务二 给排水系统维护 知识准备：给水系统分类；给排水系统主要设备；阀门标志的识别；BAS 与给排水；给排水系统维护检测中心 情境 给排水系统日常维护工作	
学习准备	收集各个城市轨道交通运营公司给排水系统的相关资料，收集给排水系统日常检修操作规范	

任务一
给排水系统使用

【任务导入】

地铁车站给排水系统的功能是满足车站的生产、生活和消防用水对水量、水质和水压的要求，保证车站和车辆段排水通畅，为轨道交通安全运营提供服务，同时对生活污水和生产污水进行收集和处理，以达到排放标准。

另外，车站排水系统还包括消防水系统。由于消防水系统与防灾报警系统和自动灭火系统密切联系，国家技术规范规定消防给水应由消防系统统一控制管理，因此，消防水系统由消防联动控制系统进行控制。

生活给水系统主要是对给水系统的状态、参数进行监测与控制，保证系统的运行参数满足建筑的供水要求，以及保证供水系统的安全。

城市轨道交通水消防设备均应保持良好的状态，以备随时投入使用。平时车站运行人员应定期巡视检查设备，发现故障，及时准确汇报故障情况。任何人不得随意改变消防供水管网的状态，全部消防供水管网的阀门均应处于开启状态，并开启至最大位置。为此，操作人员应熟悉消防供水管道的阀门位置、管道走向，设备现状，定期进行消火栓系统设备的联动喷放检查和自动喷水灭火系统设备的联动喷放检查，做好设备检查记录。以上设备检查均应在保证城市轨道交通正常运营的前提下进行。

【知识准备】

一、生产、生活给水系统

地下车站生活生产给水由车站附近的大口径自来水管引出。先引出两路 DN200 的管道直径 200 m 的管道。在其中一路管道上再引出口径 DN80 ~ DN100 管道一路，作为车站的生产、生活水总管道。如图 6.1.1 所示，并在地面设有水表井，装有水表和阀门。供水管道一般沿车站风道、出入口等部位进入车站，管道在车站内成枝状形式布置。车站站厅层供水管道安装在靠墙的顶部。车站站台层供水管道安装在站台板下。车站厅层、站台层设有冲洗水箱。地铁车站一般均采用以上所述的直接供水方法。

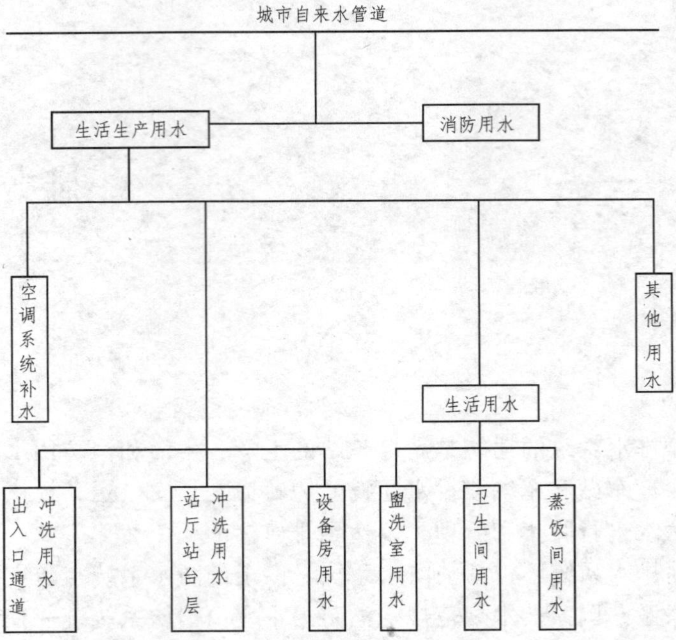

图 6.1.1　车站给排水系统结构图

直接供水方式的缺点：

（1）供水较可靠，系统简单、投资小、安装维护简单。

（2）可充分利用城市自来水管网水压，节省能源。

（3）由于车站内部无储备水量，外部管网停水时车站内部立即断水。

地面车站生活、生产给水采用直接供水的方式，部分车站采用设低位置水池，高位水箱和水泵等组成的供水方式，如图 6.1.2 所示。该供水方式由城市自来水管网供水，在低位水池内设有浮球阀控制水池内的储水量，再由水泵将水提升至高位水箱内，在高位水箱内设有水位控制装置。控制水泵运行，保证高位水箱保持有一定的储水量。采用该供水方式当车站停电停水时可延时供水，供水可靠，供水压力稳定。但系统设备投资较大，设备安装维护保养较麻烦。

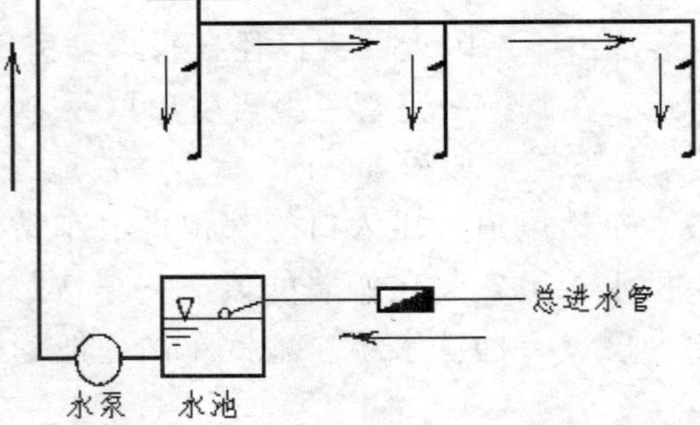

图 6.1.2　供水系统结构图

二、消防给水

地下车站的消防给水根据车站附近市政自来水管网实际情况，采用两路进水方式供消防使用。在有条件的情况下尽量采用分别由两根市政自来水管道引出水源的方式。车站附近只有一根市政自来水管道，则在市政自来水管道上加设一个阀门，并在两侧引出两根进水管道引入车站。总进水管道型号为 DN200，两路管道在地面设有水表井和阀门。

三、车站生活、生产给水管网布置

地下车站的生活、生产给水管道一般沿车站风井、出入口等处与消防供水管道一起进入地下车站。车站设有站内总阀门。然后一路管道沿站厅层顶部两侧延伸至车站两端。另一路由车站一端向下穿入站台层站台板下，给水管道沿着站台板下向车站另一端延伸。车站除卫生设备用水、空调设备用水、生活用水外，在车站站厅层两侧和站台层扶梯旁等处均设有冲洗栓，供车站冲洗所用。在水泵房环控机房等处均设有水龙头。

穿越站厅、站台层上方部位的管道均采取保温措施，以防管道外露。保温材料为超细玻璃棉毡。保温层厚度为 20 mm。给水管道均采用枝状布置，一般每隔 4 m 左右设支架或支墩一处固定。生活、生产给水管道按设计均采用镀锌钢管道，为丝扣联接。

车站地面部分给水管道为承插式非水铸铁管道，为承插式联接。

地铁地面车站低层建筑一般采用市政自来水管网直接供水。高层建筑及地铁车辆场范围侧采取设高低水箱、水泵液位自控装置等组成的供水系统。

四、排水系统

地铁排水系统除重力排水外，机械排水主要有以下五个独立排水方式，车控室通过 BAS 系统对设备运行进行监视。

（一）车站废水排水

车站废水主要包括结构渗漏水，冲洗废水，消防废水以及敞开部位的雨水等。车站站厅层和站台层的冲洗废水、消防废水等由地漏引入车行道两侧的线路明线和站台板下的排水线内，线路明线以 3%的坡度将废水汇集至车站废水泵房的集水池。站台下排水采用两边设小明沟的方式，并依靠底板 2% 纵坡将废水汇集至废水泵集水池。

一般车站内设一至二座废水泵站。位置均设在车站的端头，集水池设在废水泵层下部。每座泵站内设二至三台 CP 型立式排水泵或进口飞力潜水泵。平时二台水泵互为备用，消防时二台并联使用，排出消防废水。集水池容积按大于 5 min 水泵出水量计。废水由排水泵提升后排入市政下水管道。排水泵站排水管道一般沿车站风进处穿出车站后与市政下水道联通。废水排水管道口径一般为 DN150 ~ DN200，集水池下设有反冲洗管，用于冲搅集水池底部，减少池内杂物沉淀。在排水管道的止回阀两端设有一根联通管道，用于反冲洗水泵的叶轮及吸水口，防止泵吸水口叶轮堵塞。

泵站设有就地电器控制箱和液体浮球，根据集水池水位情况自动排水，当高水位时两台排水泵均自动排水，一般集水池内设有停泵浮球、第一开泵水位浮球、第二开泵水位（高水位）浮球、低水位浮球、高水位报警浮球共五个。车控室计算机显示水泵运行过程中的开泵、停泵、运行时间、低水位报警、高水位报警等情况。

（二）区间隧道排水

地铁的区间隧道内主要有结构渗漏水、消防废水、冲洗废水等。地铁一号线采用的是高站位线路结构。所以在两地铁车站之间中部的线路低洼处设置有排水泵站，大部分排水泵站设置在上、下行线两路之间的联络通道中。废水由线路两侧明沟汇集到泵站集水池。集水池容积的设计按 4 h 隧道渗水量考虑。泵站一般设有二台飞力潜水泵，二台水泵平时一用一备，消防时两台并联使用。该潜水泵配有自动耦合机构和自动反冲洗阀装置。泵体与出水管道无须螺栓连接，这样方便了安装维修工作。在水泵启动后反冲阀会自动打开，利用水泵抽出的水压对集水池底部进行约 30 s 后的冲搅后阀门自行关闭，水泵出水。一部分泵站的废水，经水泵提升后先排入车站废水泵站的集水池，再由车站排水泵将废水排出车站。一部分泵站废水由水泵排升后直接排出车站。泵站运行控制方式同上述车站废水泵站。

在地铁南端的矩形区间隧道内，排水泵站设在区间隧道的侧旁。采用的是 LP 型立式排水泵，操作维修人员可由地面进入区间泵房内。泵站设备与车站的废水泵站设备的布置相同。

（三）车站污水排水

车站内厕所等生活污水由排水管道汇集至污水池（主要是厕所污水）污水池设在污水泵站下部。每个车站一般设一个污水泵站。每个泵站设有两台 AS 型潜水泵，平时一用一备（互为备用）。该水泵配有自动耦合机构，水泵与出水管道无需螺栓连接。便于安装、维修。污水池的有效容积不大于 6 h 的水泵排水量。水泵采用水位就地控制，自动排水运行，并不设第二开泵水位浮球。同样车站控制室内可显示水泵运行情况。污水经水泵提升后一般排入设在地面的化粪池内。

（四）在车站敞开式出入口和自动扶梯下，设有排水泵 2 台

其集水池主要汇集敞开出入口的雨水和车站结构的渗漏水。每个泵站设有 2 台 AS 型潜水泵，平时一用一备（互为备用）。排水管道沿出入口穿出车站与市政排水管道连通。水泵采用水位就地控制，自动排水运行。运行方式同污水泵相似，但水泵不配备自耦装置。

（五）在地下车站的风井等部位设有泵站和集水池

主要汇集风井口雨水和车站结构渗漏水。每个泵站设有 2 台 AS 型潜水泵，平时一用一备（互为备用）。水泵采用水位就地控制，自动排水运行。运行方式同车站出入

口排水泵相似。但排水方式分为水泵提升后直接排出车站和先经水泵提升后排入车站泵站，再排出车站两种情况。

五、排水泵站的控制方式

（1）排水泵站均采用就地水位自动控制运行。在就地设置电器控制箱。当将电控箱上的转换开关设定在1用2备或2备1用的位置时，水泵即根据水位高、低自动运行排水。

（2）车站控制室内遥信显示水泵运行情况（开泵、停泵、运行时间等）和高低水位报警。

（3）车站废水泵站，区间泵站（包括消防增压水泵）等地铁主要泵站均采用双电源供电。当集水池高水位时，上述主要排水泵站均可双泵并联启动排水。

在地铁车站废水泵站污水泵站和区间隧道内的排水泵站等主要排水泵站，均加装有应急排水接口装置，以便设备维修应急排水之用。

六、水消防系统

（一）消火栓给水系统

消火栓给水系统是把室外给水系统提供的水量，经过加压、输送到火灾现场用于扑灭建筑物内的火灾而设置的固定灭火设备，是建筑物中最基本的设施。

消火栓给水系统主要作用为控制可燃物、隔绝助燃物、消除着火源。既可通过消防车从市政给水管网或室外消防给水管网取水实施灭火，又可以直接连接水带、水枪出水灭火。所以，消火栓系统是扑救火灾的重要消防设施之一。

室内消火栓给水系统按压力和流量是否满足系统要求，可分为常高压消火栓给水系统、临时高压消火栓给水系统、低压消火栓给水系统3种类型。

消火栓给水系统由消防给水管道、消防水池、高位水箱、消火栓、水泵接合器等组成。

（1）消防给水管道：是一种能保证消防所需用水量的给水管道，可与生活或生产用水系统合并。

（2）消防水池：消防水池用于无室外水源情况下，储存火灾灭火持续时间内的室内消防用水量。它提供整个火灾期间的每一项或全部消防用水，一般设置在地下室。消防泵的作用就是抽取消防水池的水向消防系统提供。消防水池既可以独立设置，也可与生活、生产用水合用。

小贴士：

① 独立的消防水池的有效容积应达到能提供火灾延续时间内的室内、外消防用水总量。且当火灾延续时能连续补水。

② 消防水池与生活、生产合用时，应确保消防用水不被用作其他用途。采用的措施有：

a. 其他用水出水管口应置于消防最高水位之上。

b. 消防用水和其他用水在共用水池内隔开，分别设置出水管。

c. 其他用水管采用虹吸管形式，并在消防最高水位处留进气孔。

d. 消防水池的补水时间应不超过 48 h，缺水地区应不超过 96 h。

（3）消防水箱：消防水箱对扑救初期火灾起着重要作用，为确保其自动供水的可靠性，应采用重力自流供水方式；消防水箱宜与生活（或生产）高位水箱合用，以保持箱内贮水经常流动、防止水质变坏；水箱的安装高度应满足室内最不利点消火栓所需的水压要求（当建筑高度不超过 100 m 时，最不利点消火栓静水压力不低于 70 kPa；当建筑高度超过 100 m 时，最不利点消火栓静水压力不低于 150 kPa）；在消防泵启动前提供消防用水，应储存有室内 10 min 的消防用水量。屋顶设置的增压、稳压系统和水箱能保证消防水枪的充实水柱，对扑救初期火灾起到重要作用。

（4）室内消火栓：指安装在建筑物内的消防给水管路上，由箱体、室内消火栓、消防接口、水带、水枪、消防软管卷盘及电气设备等消防器材组成的具有给水、灭火、控制、报警等功能的箱状固定式消防装置。

室内消火栓主要部件如下：

① 水枪：一般为直流式，口径有ϕ13、ϕ16、ϕ19。

② 水带：有麻织和化纤两种，长度有 15 m、20 m、25 m 和 30 m 等。

③ 消火栓：内扣式接口，球形阀式龙头，有单出口和双出口之分。

④ 消防软管卷盘：又称自救卷盘，由小口径室内消火栓、输水胶管、小口径开关水枪和转盘配套组成，长度为 20 ~ 40 m；它可供商场人员扑灭初期火灾。

⑤ 报警信号装置：向消防控制室发送消火栓工作信号和起动消防水泵。

（5）水泵接合器：水泵接合器是连接消防车向室内消防给水系统加压的装置，一端由消防给水管网水平干管引出，另一端设于消防车易于接近的地方，水泵接合器有地上、地下和墙壁式 3 种。

作用：当发生火灾时，消防车的水泵可迅速方便地通过该接合器的接口与建筑物内的消防设备相连接，并送水加压，从而使室内的消防设备得到充足的压力水源，用以扑灭不同楼层的火灾。有效地解决了建筑物发生火灾后，消防车灭火困难或因室内的消防设备因得不到充足的压力水源无法灭火的情况。

（二）自动喷水灭火系统

自动喷水灭火系统是一种在发生火灾时，能自动打开喷头喷水灭火并同时发出火警信号的消防灭火设施。由洒水喷头、报警阀组、水流报警装置等组件以及管道和供水设施组成。

常用的闭式自动喷水灭火系统有湿式系统、干式系统、干湿式系统和预作用系统。城市轨道交通一般使用湿式系统。

湿式系统是由闭式洒水喷头、湿式报警阀组、水流报警装置、控制阀门、末端试水装置以及管道和供水设施等组成的，管道内充满用于启动系统有压水的闭式系统结构如图 6.1.3 所示。由于该系统在报警阀的前后管道内始终充满着压力水，故称湿式喷水灭火系统或湿管系统。当火灾发生时，在火场温度作用下，闭式喷头的感温元件温度达到预定的动作温度后，喷头开启喷水灭火，阀后压力下降，湿式阀瓣打开，水经延时器后通向水力警铃发出声响报警信号，与此同时，压力开关及水流指示器也将信号传送至消防控制中心，经判断确认火警后启动消防水泵向管网加压供水，实现持续自动喷水灭火。

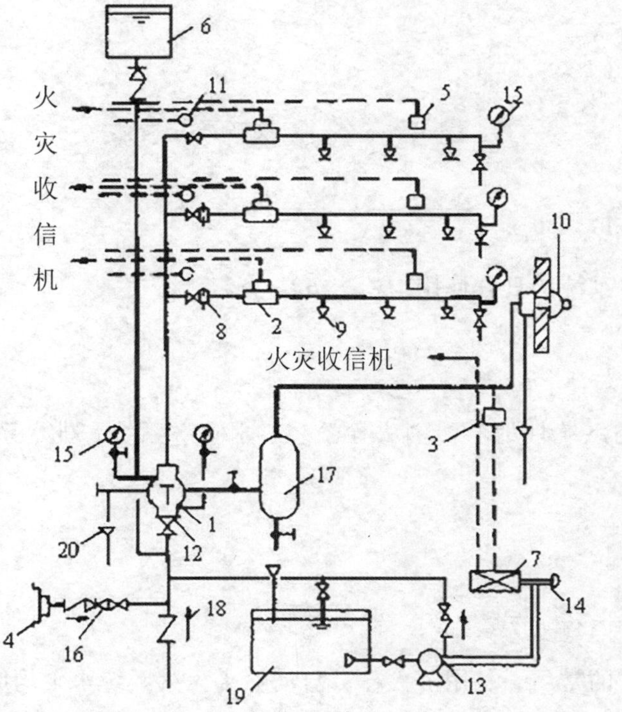

1—湿式报警阀；2—水流指示器；3—压力继电器；4—水泵接合器；5—感烟探测器；6—高位水箱；7—电气自动控制箱；8—减压孔板；10—水力警铃；11—火灾报警装置；12—闸阀；13—水泵；14—按钮；15—压力表；16—安全阀；17—延迟器；18—止回阀；19—储水池；20—排水漏斗

图 6.1.3 湿式自动喷水灭火系统

（三）水幕系统

水幕系统是利用密集喷洒所形成的水墙或水帘，对简易防火分隔物（如防火卷帘、防火幕）进行冷却，提高其耐火性能，或阻止火焰穿过开口部位，直接用作防火分隔的一种自动喷水消防系统。

特点：水幕系统喷头沿线状布置，喷水呈水帘状，发生火灾时不直接扑灭火灾，而是阻挡火焰热气流和热辐射向邻近保护区扩散，主要起阻火、冷却、隔离作用。该系统主要适用于需防火隔离的开口部位，如消防防火卷帘的冷却等。

主要部件：水幕喷头、雨淋报警阀组、供水与配水管道、控制阀及水流报警装置等组成。

工作原理：当保护区发生火灾时，感温感烟探测器探测到火灾信号，通过火灾报警灭火控制器，直接打开隔膜雨淋阀的电磁阀，使压力腔的水快速排出。

由于压力腔泄压，从而作用于阀瓣下部的水迅速推起阀瓣，水流即进入工作腔，流向整个管网喷水灭火（值班人员发现火警时也可以手动打开手动快开阀而实现雨淋阀的动作），同时一部分压力水流向报警管网，使水力警铃发出铃声报警、压力开关动作，给值班室发出信号指示或直接启动消防水泵供水。

【任务实施】

情境　给排水系统操作

【学习目标】

学会给排水系统的日常使用与检查方法。

【情境描述】

在该情境内系统性地学习消火栓系统、水喷淋系统、排水系统的检查步骤与流程。

【学习过程】

（一）正常运行方式

水消防系统的常用、备用消火栓、自动喷水灭火系统水泵均应能随时启动，保持良好的工作状态，消防泵房就地控制箱上均应以自动状态运行。水消防系统的阀门、管网等均应完好，消防供水阀门常开。消防供水压力不应低于 0.08 MPa，配有稳压泵的系统，其稳定水压不应低于 0.25 MPa。

（二）非正常运行方式

（1）消防系统的水泵或各排水泵处于自控或遥控操作失灵状态（此时应采用手控操作）。

（2）消防系统的水泵处于失电状态时，消防供水采用相邻车站消防泵增压供水的方式。

（3）供水管道发生严重漏水时，应立即关闭漏水处管道两端的阀门，必要时关闭总阀门。当消防泵误启动时，应立即停泵，并对系统管网进行卸压操作。

（4）水消防试验按水消防试验操作规程执行。

（5）进行消防检查时，如确需进行水泵试验，则必须先打开消防泵房内消防旁路放水阀门后执行。如泵房内无旁路放水阀门，则必须待列车停运后进行水泵试验，并先接好水带再打开消火栓阀门。

（三）消火栓系统的检查

水消防系统试验前，应检查以下内容：

（1）消防系统设备包括 IS 型清水离心泵、消火栓箱、湿式阀、室外消防接合器、阀门、喷头、压力表、管道等。各类设备必须保持完好。

（2）消防水泵外观是否完好，水泵油位是否正常。

（3）消防管网供水水压是否正常。

（4）消防泵的进出口阀门应常开。

（5）室外消防接合器应完好。

水消防系统试验时间安排：消火栓系统每月进行 1 次试验，自动喷水灭火系统每季度试验 1 次。

（四）消火栓系统试验操作步骤

（1）试验前做好设备检查工作。

（2）按下手动报警或电话报警。

（3）打开消火栓箱取出水带，连接消火栓及水枪，打开阀门，随即启动水泵按钮，持枪喷水。

（4）水泵遥控启动后，情况正常即可手动停泵，然后关闭阀门，取下水枪、水带。水带要冲净晾干。

（5）对试验中出现的故障，应及时报修，以便再次使用。

（五）水喷淋系统的检查

（1）日常巡视。

自动喷水灭火系统正常工作状态为 24 h 处于自动状态。系统供水阀门常开。自动喷水灭火系统的日常巡视、抄表每天不少于 2 次。

（2）每次巡视需检查喷头外观是否完好，湿式报警阀压力是否处于正常状态（供水压力一般在 0.15 ~ 0.5 MPa），喷淋泵的进水压力是否正常，泵体是否漏水，各阀门开关状态是否正确，延时器、水力警铃、压力开关外观是否完好，末端放水压力是否和系统压力相符，管网是否漏水等。配有稳压泵的系统压力应大于 0.25 MPa。

（3）巡视过程中发现有异常情况的应及时处理，并汇报调度、环控调度等，并将异常情况及处理经过记录在运行日志上。

（4）火灾时，自动喷水灭火系统的操作如下：

① 自动喷水灭火系统在火灾发生时，其自动喷水灭火系统喷嘴玻璃球因温度上升致使玻璃球自动破裂（温度在 68 °C 以上）而喷水灭火，引起水流指示器动作：水力警铃报警声响、压力开关动作、自动喷水灭火系统水泵启动。

② 当自动启泵失灵时，应立即在车控室手操箱上或消防泵房就地控制箱上手动启泵。

③ 当系统供水中断时，应立即汇报调度和环控调度，并协助地面消防车做好供水工作。

④ 确认火已被扑灭，方可手动停泵、关闭自动喷水灭火系统供水阀门。

⑤ 检查设备是否有缺损，自动喷水灭火系统喷头必须调换，待系统正常后，将自动喷水灭火系统置于自动状态，并将异常情况处理经过记录在运行日志上。

（六）水喷淋系统试验的操作步骤

（1）试验前做好检查工作：4120 面板以及强电起泵控制箱是否处于自动位置，喷淋泵控制箱处于自动位置，检查湿式报警阀的供水压力（一般在 0.15 ~ 0.5 MPa），当供水压力小于 0.14 MPa 时（未配有稳压泵的系统，其湿式报警阀会发生不能动作的现象），待水压高于 0.14 MPa 时再作试验。并做好供水压力过低时的记录工作。

（2）打开末端自动喷水灭火系统试验阀放水，水流指示器动作并报警，湿式报警阀自动打开，水力警铃报警声响，压力开关动作，自动喷水灭火系统水泵自动启泵。

（3）水泵自控运行后，即可手动停泵，关闭放水阀。

（4）检查设备是否有缺损，检查湿式报警阀自动复位是否正常，使系统处于自动状态。

（5）喷淋系统联动试验每月 1 次，信号蝶阀每 3 个月开关 1 次。湿式阀旁的放水试验阀每 3 个月放水试验 1 次。

（七）排水系统的检查

城市轨道交通各排水泵站均按自控排水状态运行。设备正常运行时操作人员按规定定期巡检设备，巡检时应手控操作排水，以检查排水系统设备运行是否正常。随后将就地电控箱上的转换开关复位至自控排水位置。并认真记录设备运行情况。当遇汛期和暴雨来临时，操作人员应加强设备巡视工作。

1. 区间废水泵的巡检

分别手控操作 2 台废水泵进行排水试验，直到停泵水位时，手控停泵，恢复自控状态并检查下列项目（当低水位时，则进行泵点动试验）：

检查管道、阀门、管接头等是否漏水，排水是否正常。

检查水泵是否有异常振动或噪声，电流是否在额定范围内。

检查遥信显示水位是否同实际水位相同。

清理集水池两边道床进水口处的垃圾。

区间废水泵房及设备必须保持整洁。

操作人员应注意观察水泵运行的遥信显示情况。当发现高水位报警时，应立即按如下顺序处理：

① 首先到区间废水泵在车站端头的手动操作箱进行排水。

② 在紧急排水后，高水位报警仍未解除，则应立即办理有关手续，到现场进行检查，查明原因，向调度、环控调度汇报，并采取应急措施。

巡检工作内容必须作好记录。

2. 车站排水系统的巡检

车站排水系统设备包括废水泵、污水泵、集水泵及管道、阀门等。车站排水设备均采用就地水位自动控制运行。车站废水泵在集水池高水位时，可双泵并联启动排水（个别车站可 3 泵并联启动排水）。车站的污水泵、废水泵配备有反冲管道，须每周打开反冲管道的阀门冲洗一次，反冲时间为 1 min。冲洗结束后，关闭反冲洗阀，并立即进行手控启泵排水，直至水位达到停泵水位时，手控停泵，并恢复到自控状态。操作人员应注意观察水泵的遥信显示情况，发现异常应立即到现场进行检查，查明原因，并立即向调度汇报。当自控排水失灵时，应进行手动排水到停泵水位，并立即向调度汇报。

3. 车站水泵的巡检内容

当水位高于停泵水位时，可分别手控操作 2 台废水泵进行排水（当低水位时，则进行泵点动试验）并检查下列项目：

检查管道、阀门、管接头等是否漏水，排水是否正常。

检查水泵是否有异常振动或噪声，电流是否在额定范围内。

检查遥信显示水位是否同实际水位相同。

水泵设备房及设备必须保持整洁，并清除集水池进水口的垃圾。

巡检工作内容必须作好记录。

【学习评估】

一、知识理论复习题

（1）请简述车站给排水系统结构。
（2）正常情况下，如何操作车站给排水系统？
（3）非正常情况下，如何操作车站给排水系统？

二、实际操作目标考核

请说明正常与非正常情况下给排水系统的综合操作。

任务二 给排水系统维护

【任务导入】

给排水系统是各大城市轨道交通体系中对于保障每日正常运营举足轻重的车站机

电系统。站务员应按技规要求，巡检给排水设备。应做到熟悉整套给排水系统设备设施，能够处理简单的常见故障，确实遇到无法处理或按规定禁止私自处理的故障时，按要求填写故障汇报情况。

教师应教会每一名合格的地铁员工掌握给排水系统及设备的日常维护与简单故障的检修等相关内容，以保证城市轨道交通的正常运行。结合对给排水系统及设备的认知与使用，学生应知应会给排水系统及设备的日常维护及常见故障处理。

【知识准备】

一、给水系统分类

（一）生活给水系统

生活给水系统是设在工业建筑或民用建筑内，供应人们日常生活的饮用、烹饪、盥洗、洗涤、淋浴等用水的给水系统。满足人们对水量、水压、饮用水水质等的要求（特别是对水质有较高的要求）。划分为生活饮用水系统和生活杂用水系统（中水系统）。

（二）生产给水系统

生产给水系统是设在工矿企业生产车间内，供应生产过程用水的给水系统。生产给水因产品的种类以及生产的工艺不同，其对水质、水量和水压的要求有所不同（如冷却用水、锅炉用水等），被划分为循环给水系统、重复利用给水系统。

（三）消防给水系统

消防给水系统是设在多层或高层的工业与民用建筑内，供应消防用水的给水系统。消防给水对水质要求不高，但必须保证有足够的水量和水压。符合建筑防火规范要求，保证有足够的水量和水压。划分为消火栓灭火系统和自动喷水灭火系统。

以上三种给水系统，可单独设置，也可相互组成不同的共用系统。

地铁给排水（包括水消防）系统设备主要有以下作用：

（1）提供地铁运营所必须的生产、生活，消防等用水。

（2）收集排出生产、生活，消防等产生的废水，污水及地下结构渗漏水，雨水等。

（3）提供完整的水消防系统，保证地铁的安全、正常运营。

地铁的生产、生活，消防水源取自城市自来水供水管网。消防用水为两路供水。地铁地下车站内不设消防蓄水池，消防增压水泵直接从供水管道抽水加压供消防使用。生活、生产用水为单路供水。

二、给排水系统主要设备

（一）阀门

地铁排水系统的阀门主要有闸阀、蝶阀、止回阀（单向阀）、排气阀、安全阀以及卫生间的各种冲洗水阀。

1. 闸阀

闸阀，如图 6.2.1 所示，在介质通过阀体时流动方向不变，因此产生的流动阻力小，安装时没有方向性开启缓慢，不会产生过大冲击，缺点是结构复杂，外形尺寸大，同时闭合面磨损快，维修不方便。

2. 蝶阀

地铁采用的蝶阀按驱动方式分为手动蝶阀和电动蝶阀，如图 6.2.2 和图 6.2.3 所示。蝶阀质量轻，体积小，与金属密封的闸阀和截止阀相比，采用软密封的蝶阀可以实现完全密封，气密性非常好。蝶阀操作简便，在 90°回转范围内即可实现启闭功能。

图 6.2.1　闸阀

图 6.2.2　电动蝶阀

图 6.2.3　手动蝶阀

3. 止回阀

止回阀动作时利用阀前后的压力差使阀门完成自动启闭，从而控制管道中的介质只向指定的方向流动，当介质即将倒流时，它能自动关闭，从而阻止介质逆向流动，如图 6.2.4 所示。

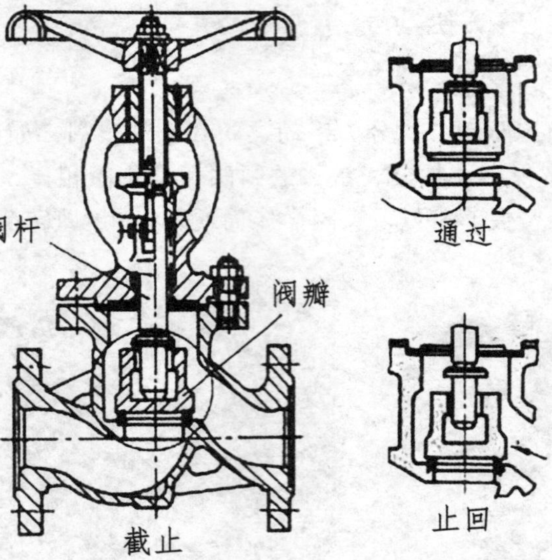

图 6.2.4　止回阀

4. 排气阀

在一般情况下，水中约含少量的溶解空气，在输水过程中，这些空气从水中不断释放出来，聚集在管线的高点处，形成空气袋，使输水变得困难，系统输水能力可因此下降约 5%～15%。排气阀的作用是排除管道中聚集的空气，如图 6.2.5 所示。

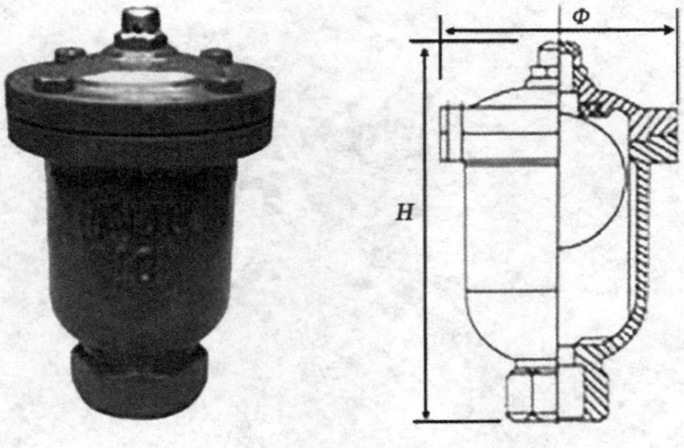

图 6.2.5　排气阀

5. 安全阀

安全阀的作用是当管路里的流体压力超过一定值时，其打开，排放一定量的液体，释放部分压力，保护管道安全，如图 6.2.6 所示。

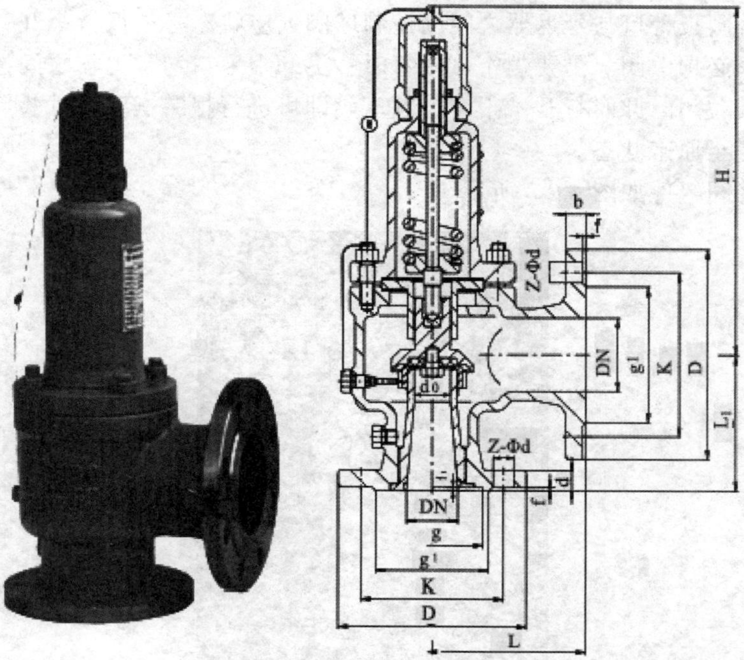

图 6.2.6　安全阀

（二）水泵

地铁给排水系统采用的水泵有潜污泵和消防泵两种，两种水泵都是离心泵，但因所适用的环境不同，结构上也存在差异。

潜水泵是水泵和电动机一体化的水泵，电动机可完全淹没于水面下运行，水泵和电动机中间有一个油腔，水泵和油腔之间采用机械密封进行隔离，油腔和电动机之间采用骨架油封进行隔离，也有一些产品采用机械密封进行隔离，如图 6.2.7 所示。

图 6.2.7　潜污泵

（三）湿式报警阀

湿式报警阀结构是一种单向阀，它只允许水单方向流入喷水系统并在规定流量下报警。它在系统中的作用为接通或关断报警水流。喷头动作后报警水流将驱动水力警铃和压力开关报警，从而防止水倒流。

湿式报警阀工作原理：

依靠管网系统侧水压的降低或升高启闭阀瓣。在伺应状态下，供水压力稍有波动时，旁路平衡管的作用使阀瓣上下水压平衡，而阀瓣上承压面大于下承压面，阀瓣不会打开发生误报警。当发生火灾有喷头爆破造成管网系统侧水压下降时，供水侧和系统侧产生的压差就会将阀瓣打开向打开的喷头连续供水灭火。

湿式报警阀报警口与延迟器之间的控制球阀伺应状态必须保持全开并锁紧，而试报警控制球阀必须关闭。需要进行试报警时：拆卸报警口与延迟器之间控制球阀的锁紧装置并将其关闭。此时打开试报警控制球阀即可进行报警试验。试验后立即将两个控制球阀恢复至原来状态。

湿式报警阀组件如图 6.2.8 所示。

1—阀体；2—一次侧压力表；3—二次侧压力表；4—水源控制闸阀；5—阀芯开关；6—排水阀兼试验阀；7—延迟器；8—水力警铃；9—压力开关。

图 6.2.8　湿式报警阀组件

(四) 水力警铃

水力警铃是一种靠水力驱动的机械警铃，直接装于报警阀组的报警管路上，如图 6.2.9 所示。

作用原理：

当报警阀打开消防水源后，具有一定压力的报警水流形成一股高速射流，冲击水轮带动铃锤快速旋转，敲击铃盖发出的声响警报。水力警铃不得由电动报警装置取代。

图 6.2.9　水力警铃

(五) 水流指示器

水流指示器是用于自动喷水灭火系统中将水流信号转换成电信号的一种报警装置。安装在消防喷淋管路的主供水管或横杆水管上，靠着管内压力水流动的推力而动作，从而推动微动开关并发出报警信号，起到检测和指示报警区域的作用。水流指示器如图 6.2.10 所示。

(六) 压力开关

压力开关是一种压力传感器（压力型水流探测开关），安装在延迟器和水力警铃之间的报警管路上。

作用原理：

报警阀开启后，在水力警铃报警的同时，依靠警铃管内水压的升高自动接通电触点，向消防控制室传送电接点信号，启动消防水泵，并传送火警信号，完成电动警铃报警。报警阀关闭时电触点断开。压力开关如图 6.2.11 所示。

图 6.2.10　水流指示器

图 6.2.11　压力开关

（七）延迟器

延迟器是一个罐式容器，安装于报警阀与水力警铃（或压力开关）之间，在延迟器入口前安装过滤器。

用途：防止由于水压波动引起报警阀短时开启而导致的误报。当配水管道发生渗漏时，有可能引起湿式报警阀阀瓣的微小开启，使水进入延迟器。但由于流量小，进入延迟器的水量会从延迟器底部的节流孔排出，延迟器无法充满水，不能从出口流向压力开关和水力警铃。当湿式报警阀开启，经报警通道进入延迟器水流约 30 s 充满延迟器并由出口溢出，后方可冲打水力警铃和压力开关。延迟器如图 6.2.12 所示。

（八）末端试水装置

末端试水装置安装在系统末端，是用来测试系统各组件是否正常的装置。末端试水装置由试水阀、压力表以及试水接头组成。试水接头出水口的流量系数，应等同于同楼层或防火分区内的最小流量系数喷头。末端试水装置如图 6.2.13 所示。

图 6.2.12　延迟器

图 6.2.13　末端试水装置

(九)信号蝶阀

信号蝶阀是消防供水系统截流及实现截流监控的专用阀门，用在湿式报警阀和水流指示器前，具有明显开闭标志并在其关闭时能输出关闭的电信号。信号蝶阀如图 6.2.14 所示。

图 6.2.14　信号蝶阀

三、阀门标志的识别

在管道安装和检修中，常常是在看见阀门后，识别并判断此阀门的规格和性能，以利于安装更换、维修。常见识别方法如下：

(1)阀门的类别、驱动方式和连接方式可按阀门的外形加以识别。

(2)阀门的公称直径、公称压力或工作压力介质的流动方向等已由制造厂标注在了阀体的正面。

(3)阀体的材料可根据所涂的油漆颜色来识别，油漆颜色与零件材料的涂漆保持一致。

四、BAS(EMCS)与给排水

给排水设备控制子系统，主要功能有监测给排水设备的状态，测量用水量及排水量，检测污物、污水池水位及异常警报，检测水箱水位，过滤公共饮水、控制杀菌设备、监测给水水质，控制给排水设备的启停，监测和控制卫生、污水处理设备运转及检测水质等。

整个供水系统由若干台水泵和各类水池、储水箱组成，每台水泵都可选择手动/自动控制。楼宇自控系统将根据水位的高低来操作泵的启/停，将存储每台泵的整个运行时间，并且自动更换泵的运行，以确保每台水泵有较平均的运行时间。当水位超过设定的高、低位置时，楼宇控制系统将给出报警信号。

常见的设备控制点及监控参量有：

(1)水位信号监测。

① 下水池水位信号(数字量输入)。

② 上水池水位信号(数字量输入)。

(2)生活水泵监测和控制。

① 生活水泵开关状态(数字量输入)。

② 生活水泵故障报警(数字量输入)。

③ 生活水泵开启及停止（数字量输出）。
④ 生活水泵手动/自动转换（数字量输入）。
（3）污水泵监测和控制。
① 污水泵状态（数字量输入）。
② 污水泵报警（数字量输入）。
③ 污水泵开启和停止（数字量输入）。
④ 污水泵手动/自动转换（数字量输入）。
⑤ 污水泵水位监测（数字量报警输入）。
（4）集水泵监测和控制。
① 集水泵状态（数字量输入）。
② 集水泵报警（数字量输入）。
③ 集水泵开启和停止（数字量输入）。
④ 集水泵动/自动转换（数字量输入）。
⑤ 集水泵水位监测（数字量报警输入）。

五、给排水系统维护检测中心

给排水系统维护检测中心由 BAS 维护检测中心工作站、UPS 及相应打印设备组成。实现远程、现场报警、维护监管功能。能使维护、维修人员方便、实时了解系统设备运行状态，以保证设备的正常运行。同时它具有网络拓扑功能和综合监控功能。

【任务实施】

情境　给排水系统日常维护工作

【学习目标】

本小节内容拟总结出城市轨道交通给排水系统中应知应会的日常维护及一些相对简单的常见问题及其处理方式。教师可根据实际教学需要，选取部分或全部内容指导学生学习。

【情境描述】

本小节建议课时为四个学时。其中两个学时为理论认知部分，另外两个学时教师可根据实际情况进行日常维护实操演练或设置相应故障，由学生分析、处理、解决问题。不具备实践教学条件的教学单位，建议进行视频录像教学或模拟演练，或组织学生参加所在城市地铁公司的跟班实习等。

【学习过程】

（一）硬件设备日常巡检及维护

	名 称	质量检查及要点
情形 1	水泵日常巡检	车站水泵的巡检内容 检查水泵填料压的是否太紧，泵轴弯曲、轴承磨损，应松开压盖，重新调整和更换泵轴和轴承。检查叶轮和减漏环是否完好。检查叶轮是否损坏或不平衡，清除叶轮内杂物或更换叶轮。 检查水泵振动或噪声是否异常。 检查地脚螺栓是否松动或减振器是否损坏失灵。 检查轴承发热情况。检查联轴器是否不同心或泵轴是否有弯曲，并应及时调整联轴器和更换泵承。检查轴承是否损坏、轴承座是否磨损，及时更换。是否弯曲或联轴器安装时有未找正，如有问题需更换泵轴或调整联轴器。 检查油位是否在两油位线之间或油质不干净，需加油或更换全部润滑油（润滑油选用 N32、N46）
情形 2	阀门的 日常巡检	阀门的检查： 观察安装位置、进出口是否正确；连接是否牢固、紧密；有无漏水现象；启闭是否灵活等
情形 3	消防设备 日常巡检	（1）检查消防接合器的阀瓣处是否漏水，发现有漏水应更换阀瓣表面的密封片，若阀杆失灵必须更换阀杆及损坏的零件。 （2）检查湿式报警阀阀瓣关闭情况，清洁阀瓣，发现零件损坏，及时更换。若阀瓣损坏、阀体开裂等其他无法修复的故障时宜更新该报警阀。湿式报警阀维修后，必须进行调试、信号管内不应有连续不间断的漏水现象。 （3）检查消防设备有无漏水现象，发现有漏水应及时修复。检查压力表是否已坏，压力表坏了应更换压力表，零件被损坏的均应更新配齐。 （4）消防设备（包括阀门、管道、水泵等）更换时，满足阀门、管道、水泵等的技术要求外，还应符合以下规定： 室内消火栓栓口应朝外，启闭应灵活。 消火栓门应锁得牢，打得开。 湿式报警阀重新安装后应进行调试，检查其性能。湿式报警阀的信号管内不应有连续不间断的漏水现象存在。 站消火栓出水压力不得小于 10 m 水柱，水喷淋系统未端放水的出水压力不应小于 0.1 MPa，消火栓、水喷淋各系统的联动试验应正常。 消防供水为 2 路进水，且布置成环状，形成“1+1”互为冗余系统。 钢管均应在表面进行镀锌处理

（二）给排水系统常见故障及处理

	名 称	质量检查和复试要点
情形 1	特殊情况 应急处理	（1）发生误喷： ① 应立刻关闭湿式报警阀前的蝶阀。如果喷淋泵启动，则先立即关闭喷淋泵再进行系统复位。 ② 误喷情况需汇报行调和环调。 ③ 自动喷水灭火系统修复后，人工确认无误，则可将系统恢复自动状态。 （2）水压波动及超压时： ① 因供水水压波动引起误动时应立即停泵，并对系统进行放水卸压，待系统压力正常后，才能将系统恢复为自动状态。 ② 当自动喷水灭火系统水压>0.6 MPa，自动喷水灭火系统并未引起误动时，应对系统进行放水卸压，待系统压力正常后，将系统恢复为自动状态
情形 2	车站设备故障的 操作及处理	（1）消火栓系统管道故障发生跑水。 ① 跑水发生在区间隧道内管道中。 应立即关闭该隧道两端头的消火栓供水阀门，切断水源。查明情况后上报调度，执行调令。 专业人员进入故障点查明原因，关闭跑水点两端供水阀门，打开其余的被关闭阀门。 检查管道损坏情况，采用快速堵漏装置或其他方法修复管道，恢复消防供水。 ② 跑水发生在车站。 关闭跑水点两端的阀门，切断水源。 必要时切断本车站的消火栓系统管网水源。操作时应关闭以下的阀门：关闭消防泵房内 2 台消火栓增压水泵的出水口阀门（即可切断市政自来水管的供水）；关闭站间 4 个区间隧道内消火栓管道的阀门（即切断车站与区间隧道内消火栓管道的水流）。 查明跑水原因，关闭跑水点两端阀门，打开其余的被关闭阀门。修复管道并恢复供水。 城市轨道交通的地面车站和高架车站由于各站之间消火栓系统是不连通的，此时只需切断市政自来水管对车站消防供水即可。 （2）自动喷水灭火系统供水管道跑水。 ① 立即关闭车站内报警阀的供水阀门，必要时可关闭自动喷水灭火系统的 2 台增压水泵出水口阀门。将自动喷水灭火系统增压水泵设置于手动位置。 ② 查明跑水原因，修复设备，恢复供水。 ③ 自动喷水灭火系统恢复供后应进行系统调试，以防自动喷水灭火系统误动作，影响城市轨道交通的正常运营。 （3）市政自来水管网供水水源中断。

续表

	名 称	质量检查和复试要点
情形 2	车站设备故障的操作及处理	城市轨道交通的自动喷水灭火系统设备已投入自动运行状态。当发现消防供水中断或需要切断消防供水时。为防止自动喷水灭火系统误动，应将增压泵置于手动位置。待市政供水恢复后，确认无误后方可调回自动模式。 （4）车站自动喷水灭火系统玻璃球洒水喷头发生误喷或管道发生漏水。 紧急关停自动喷水灭火系统水泵，就地控制箱转换开关放“就地”档。 立即关闭车站内报警阀的供水阀门，必要时可关闭自动喷水灭火系统的 2 台增压水泵出水口阀门。 打开自动喷水灭火系统的卸水阀门和末端试验放水阀放水 ① 组织抢修，及时修复设备。 ② 完整真实地记录事件过程。 （5）排水泵故障不能排水。 ① 当常用备用排水泵均故障，一时无法修复并且集水池水位已处于高水位情况下，值班人员应立即投入应急排水泵，从泵站排水管的应急排水接口排水，无应急排水接口装置的泵站，用塑料排水带排水，随后交由赶来的检修队员抢修设备。 ② 投入应急排水泵的数量根据实际情况，参照排水泵的流量，扬程确定。 ③ 抢修人员应集中力量先修复一台排水泵投入运行。 （6）排水泵排水管道止回阀故障。 ① 立即启泵排水至低水位，然后关闭排水管道阀门和停泵。 ② 在故障未排除前，运行操作人员必须手控排水。将排水泵启动后，立即打开排水阀门，排水至低水位后关闭阀门停泵。 ③ 更换或修复止回阀。 （7）雨水进入车站，且超越车站排水能力时采取的措施。 ① 投入应急排水泵排水，将积水排出车站。 ② 立即向上级汇报，组织更多人力及排水设备将积水排出车站

小贴士：

给排水系统规范与标准部分也对系统日常维护与故障问题处理有着指导作用，其相关内容请参阅《车站线路设计与施工》等相关课程。主要内容应包括但不局限于以下几个方面：

（1）室内消火栓系统的安装。

① 系统组成。

② 材料选用标准。

③ 工程误差标准。

（2）自动喷水灭火系统安装。

① 施工准备。

② 供水设施安装与施工。

具体有：一般规定、消防水泵和稳压泵安装、消防水箱和水池安装施工、消防气压给水设备安装、消防水泵接合器的安装、管网及系统组件安装、喷头安装、报警阀组安装、系统测试等内容。

【知识拓展】

给排水系统维护保养制度

（1）集水井污水泵及主要相关配件保养内容。

A类：

① 定期检查水泵运行中是否出现异常，如：漏水、异响、不转以及抽水不畅等。

② 检查电箱电气配件是否正常工作，紧固接线端子。

③ 检查电液位控制浮球是否启闭灵敏。

④ 检查电箱的和水泵的接地是否牢固可靠。

B类：

⑤ 定期清洁电箱内外以及室内其他的配套件。

⑥ 检查止回阀是否启闭正常。

⑦ 检查闸阀是否启闭良好、不漏水，并为螺杆添加润滑油脂。

⑧ 清洗水泵体积污物。

C类：

⑨ 检查水泵底进水口格网是否有异物堵塞，并清理。

⑩ 检查水泵电缆是否老化、破损等。

⑪ 水泵固定支架及管道卡箍油防锈漆。

（2）生活水泵与空调补水泵保养内容。

A类：

① 定期检查水泵机组各压力表和其他仪表参数，压力变化是否正常。

② 检查水泵是否漏水（机封密封性），是否泵内有声音反常，是否振动。

③ 清洁水泵表面灰尘，保持泵体干净。

④ 检查水泵吸水是否正常，电机散热是否良好、运行温度是否在允许范围内。

B类：

⑤ 检查水泵各部件连接与底座固定螺丝是否牢固，防止松动。

⑥ 定期更换水泵电机轴承润滑油脂。

⑦ 检查电机各电缆的绝缘是否有损坏，接地是否可靠。

⑧ 定期打开放气阀（多级离心泵）排空气。

⑨ 紧固控制接线端子（电箱里的与电机上的）。

C类：

⑩ 定期更新水泵体表面的防锈油漆

⑪ 检测电机电缆的绝缘，检查电机滑油脂。

（3）消防水泵保养内容。

A类：

① 紧固各接线端子（控制电箱与水泵上接地线等）。

② 清除水泵表面与电箱内（外）表面的灰尘。

③ 定期检查水泵接地与电箱接地。

④ 检查水泵运行时，是否有异响，是否异常振动，是否漏水。

⑤ 检查电机散热（电机散热风扇）是否良好。

⑥ 检查控制电箱里的元器配件。

B类：

⑦ 检查水泵转速是否正常。

⑧ 检查水泵流量是否稳定。

⑨ 定期打开放气阀门排气。

⑩ 水泵轴承加油漆，检查润滑情况。

C类：

⑪ 定期更换电机轴承的润滑油脂。

⑫ 定期除锈，涂防锈漆。

⑬ 检查各电机的绝缘测试及电机加油。

（4）水系统管网保养内容。

A类：

① 定期检查各给水闸阀启闭灵活性。

② 检查管道卡箍的胶封是否良好，连接螺栓是否牢固。

③ 检查各应急闸阀附近的使用环境是否通畅。

④ 检查各排污管网（车场明渠、外围明渠等）。

B类：

⑤ 定期检查排污情况。

⑥ 定期清洗环管立管的Y型过滤器网芯。

⑦ 检查闸阀用途挂牌是否明确，启闭信息是否清晰。

⑧ 检查各管网相应的排气阀是否正常排气。

C类：

⑨ 定期紧固螺杆型闸阀法兰螺栓，并添加润滑油脂。

⑩ 定期给闸阀、箍除锈，涂防锈漆。

备注：A类为月份保养；B类为季度保养（包含月份保养）；C类为年度保养（包含月份保养、季度保养）。

【案例展示】

2010年某市轨道交通3号线一车站站厅消防管上的波纹补偿管爆裂，造成站厅大面积积水。

（1）处理经过：

① 关闭车站两路消防总进水阀门，即切断市政进入车站的消防水。

② 关闭通往相邻车站上、下行区间联络阀门，切断通往相邻车站的消防。

③ 打开站台消火栓（由于站台消火栓处于车站消防管网最低点，此时打开消火栓即对管网进行泄压，需注意泄压用的消火栓应避免采用公共区域内的，以免造成站台大面积积水）。

④ 更换爆裂波纹补偿管，并确认无漏水、渗水现象。

⑤ 打开车站两路消防总进水阀门及通往相邻车站上、下行区间联络阀门。

⑥ 完成相关故障报备与登记。

（2）防范措施：

① 加强对事故区域水管的监控与巡检。

② 测试事故区域水管的压强承受力。

练一练：给排水系统各项参数是否正常工作的记录与调试。

【学习评估】

一、知识理论复习题

（1）请简要列举给排水系统的设备？

（2）给排水系统的日常维护工作任务有哪些？

（3）给排水系统的常见故障该如何处理？

二、实际操作目标考核

（1）给排水系统的日常维护实操。

（2）简单的给排水系统故障排查实操。

项目七

城市轨道交通环控系统

学习指导

学习指导书

名称	项目七 城市轨道交通环控系统	
学习目标	知识目标	1. 了解城市轨道交通环控系统的基本概念、特点 2. 掌握城市轨道交通环控系统的构成 3. 熟悉环控系统正常情况下的操作与运行方法 4. 熟悉环控系统阻塞情况的操作与运行方法 5. 熟悉环控系统火灾工况下的操作与运行方法 6. 熟悉环控系统日常巡视的规则
	技能目标	1. 会进行环控系统正常情况下运行的操作 2. 会进行环控系统阻塞工况下运行的操作 3. 会进行环控系统火灾工况下运行的操作 4. 能熟练进行环控系统的常规巡视
学习内容	任务一 城市轨道交通环控系统的使用 工作任务一 环控系统正常工况下的使用 工作任务二 环控系统阻塞工况下的使用 工作任务三 环控系统火灾工况下的使用 任务二 城市轨道交通环控系统的运行管理 工作任务一 环境控制系统设备运行管理 工作任务二 环境控制系统设备维护管理 案例解析 环控系统典型故障案例解析（故障经过、事件原因及性质、事件教训和防范措施）	

任务一
城市轨道交通环控系统的使用

【任务导入】

地铁环控系统是地铁工程的重要组成部分，其主要作用是对地铁环境空气进行处理，为车站内乘客及工作人员提供舒适的空气环境：平时为车站通风换气。为设备房降温除湿、为地铁区间隧道通风换气；当列车因故障阻塞在区间隧道时通风换气；自动火灾模式能迅速排烟，防止烟气蔓延，有利于人员迎风疏散。环控系统组成图如图 7.1.1 所示。

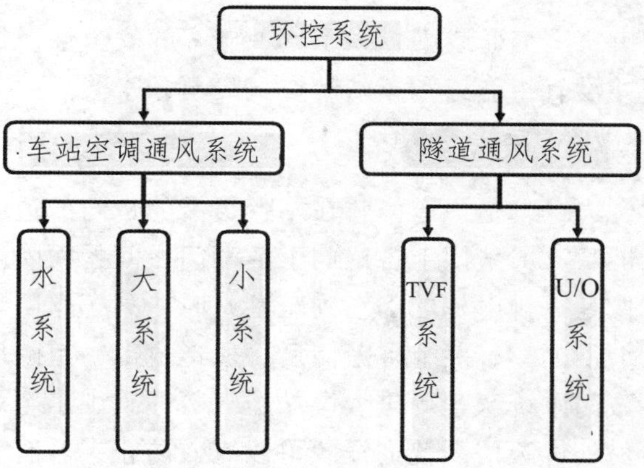

图 7.1.1　环控系统组成图

【知识准备】

一、地铁车站分类

根据地铁工程特点，环境控制对象可分为地面车站（含地面高架车站）、地下车站、地下区间隧道、主变电站和牵引变电站等。

根据城市轨道交通隧道通风换气的形式以及隧道与车站站台层的分隔关系，城市轨道交通通风空调系统一般划分为三种制式：开式系统、闭式系统和屏蔽门系统。

1. 开式系统

隧道内部与外界大气相通，仅考虑活塞通风或机械通风，它是利用活塞风井、车站出入口及两端洞口与室外空气相通，进行通风换气的方式，主要用于北方，我国采用该系统的线路有北京地铁 1 号线和环线。

2. 闭式系统

闭式系统是一种地下车站内空气与室外空气基本不相连通的方式，即城市轨道交通车站内所有与室外连通的通风井及风门均关闭，夏季车站内采用空调，仅通过风机从室外向车站提供空调所需最小新风量或空调全新风。区间隧道则借助于列车行驶时的活塞效应将车站空调风携带入区间，由此冷却区间隧道内温度，并在车站两端部设置迂回风通道，以满足闭式运行活塞风泄压要求，线路露出地面的洞口则采用空气幕隔离，防止洞口空气热湿交换。闭式系统通过风翼控制，可进行开、闭式运行。我国采用该种形式的线路有广州地铁 1 号线、上海地铁 2 号线、南京地铁 1 号线和哈尔滨地铁 1 号线等。

还有另一种闭式系统即大表冷器闭式系统，在其空气处理模式方面同上述闭式系统基本一致，只是将隧道事故风机多功能化以取代组合空调机组的离心风机和回、排风机，采用结构式空调设备，空气过滤装置和翅片式换热装置设置于土建结构的风道内。我国采用该系统的线路有南京地铁 2 号线，北京地铁 4 号线、5 号线、10 号线、复八线。

在闭式系统的城市轨道交通线中，为了增加旅客的安全性，许多车站在站台边缘设置了安全门，但其并没有将隧道和车站的空气隔离开来。

3. 屏蔽门系统

屏蔽门安装在站台边缘，是一道修建在站台边沿的带门的透明屏障，将站台公共区与隧道轨行区完全屏蔽，屏蔽门上各扇门上活动门之间的间隔距离与列车上的车门距相对应。看上去就像是一排电梯的门。列车到站时，列车车门正好对着屏蔽门上的活动门，乘客可自由上下列车，关上屏蔽门后，所形成的一道隔墙可有效阻止隧道内热流、气压波动和屏蔽门系统灰尘等进入车站，有效地减少了空调负荷，为车站创造了较为舒适的环境。另外屏蔽门系统的设置可以有效防止乘客有意或无意跌入轨道，减小噪声及活塞风对站台候车乘客的影响，改善了乘客候车环境的舒适度，为轨道交通实现无人驾驶奠定了技术基础，但屏蔽门的初期投资费用较高，对列车停靠位置的可靠性要求很高，若客流密度较大，车门口可能出现拥挤，且面对长期运行隧道内温度超标的问题难以解决。采用该系统的线路有香港新机场线、深圳各地下线、广州地铁 2 号线及以后所有地下线、广佛地铁、上海地铁除 2 号线外的各地下线、杭州地铁 1 号线、苏州地铁 1 号线、重庆地铁 1 号线、成都地铁 1 号线、长沙地铁 1 号线等。

不管是站台加装了屏蔽门系统还是通常所说的闭式系统，地铁环控系统主要由以下几部分组成：车站空调通风系统（由车站大系统通风空调系统，车站小系统通风空调系统，水系统三部分组成）；隧道通风系统（由隧道通风系统 ——TVF 系统及隧道排热系统 U/O 系统组成）。地面车站、高架车站公共区域由于散热散湿条件好，无空调通风系统，只有小系统。

二、车站空调通风大系统认知

城市轨道交通车站的站厅、站台层公共区既是乘客活动的主要场所，也是环控系统空调、通风的主要控制区。公共区的通风空调简称为大系统。包括站厅层、站台层公共区的所有环控设备。设计中除在站厅、站台长度范围内设有通风管道均匀送、排风以便通风换气（空调季节提供冷风）外，还在站台层列车顶部设有车顶回、排风管（OTE），站台层下部设有站台下网、排风道（UPE），并在列车进站端的车站端部设有集中送风口，其作用是使进站热风尽快冷却、增加空气扰动、减少活塞风对乘客的影响。当站厅、站台通风系统发生火灾时排除站厅、站台层的烟气，防止烟气蔓延。

为实现大系统的功能，该系统主要设备有：组合式空调器、回/排风机、小新风机、组合式电动风阀、防火阀、消声器等。

（一）组合式空调器

组合式空调器属于中央空调系统的末端设备，主要用来实现对空气进行冷却、加热、加湿、除湿、净化、消声及输送等功能。由过滤段、表冷段、风机段、消声段组成。组合式空调柜图如图 7.1.2 所示。

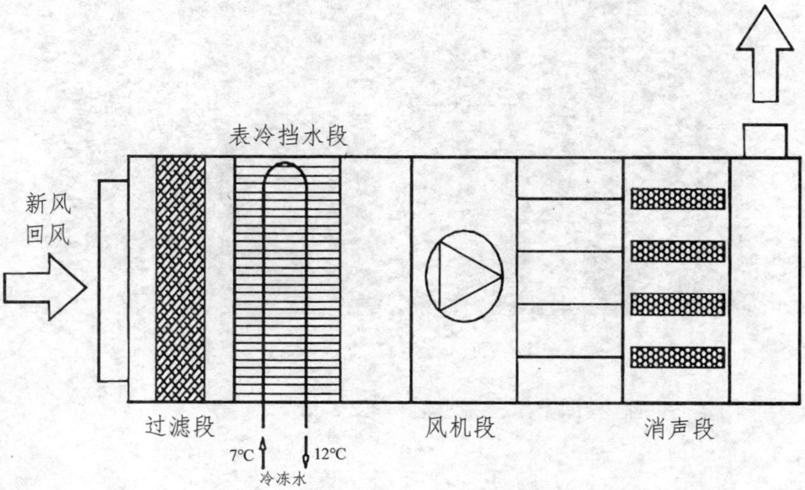

图 7.1.2　组合式空调柜图

新风/回风经过滤段过滤、净化，被表冷段中循环流动的冷冻水冷却，由风机段进行加压，送往站厅、站台。

（二）消声器

消声器是一种既能允许气流通过，又能有效地衰减噪声的装置。主要用于控制和降低各类空气动力设备进排气口辐射或沿管道传递的噪声。

根据地铁通风空调的特点，地铁项目常用直片式消声器。

（三）电动放风阀

电动放风阀采用电动控制，DC2-10V 控制/反馈信号。动作方式为对开，采用 0～100%无极调节。

电动放风阀门如图 7.1.3 所示，单体风阀电动执行器接线如图 7.1.4 所示。

图 7.1.3　电动放风阀门

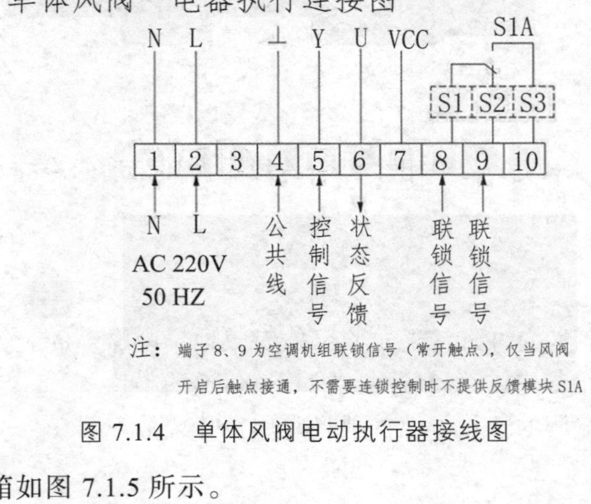

图 7.1.4　单体风阀电动执行器接线图

单体风阀控制箱如图 7.1.5 所示。

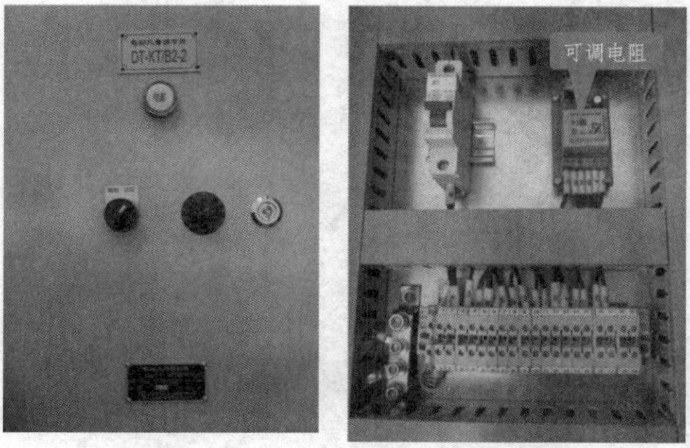

图 7.1.5　单体风阀控制箱

（四）组合风阀

由几个小单元体组成一个大流通面积的风阀，通过连杆的机械传动使其各单元体做同步运动。由底框，若干单体风阀，传动机构及执行机构等部分组成。

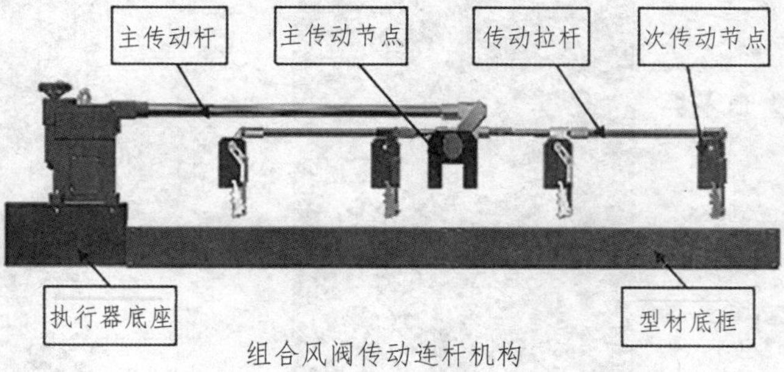

组合风阀传动连杆机构

图 7.1.6　组合风阀

（五）防火阀

防火阀是安装在空调系统和通风系统管路上的主要器件，其主要功能是隔烟阻火，在正常情况下，防火阀处于储能状态，在火灾模式下，防火阀能够按照模式要求瞬间动作，实现其隔烟阻火功能。

分类：

防烟防火阀（HF、HFL）：平时常开，70 °C 熔断关闭，手动关闭/复位。

排烟防火阀（HFH、HFHL）：平时常开，280 °C 熔断关闭，手动关闭/复位。

电动防烟防火阀（FD）：平时常开，70 °C 熔断关闭，DC 24 V 0.5A 电控关闭，DC 24 V 0.5 A 电动复位，手动关闭/复位。

常闭排烟口：平时常闭，DC 24 V、0.5 A 电控打开，手动远控开启，钢丝绳远控复位。

防火阀如图 7.1.7 所示，电动防烟防火阀如图 7.1.8 所示，防火阀的常闭排烟口如图 7.1.9 所示。

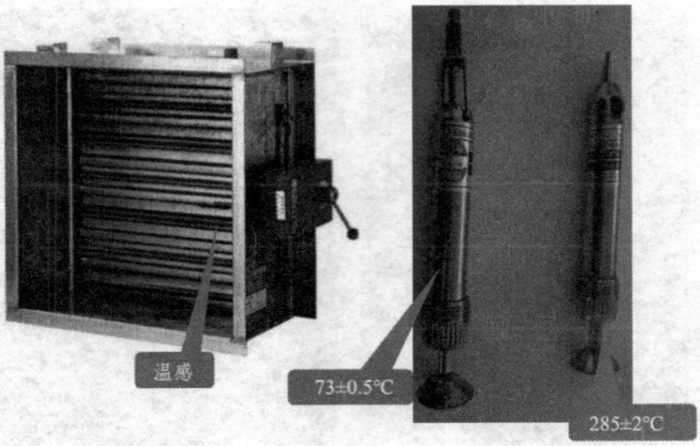

图 7.1.7　防火阀

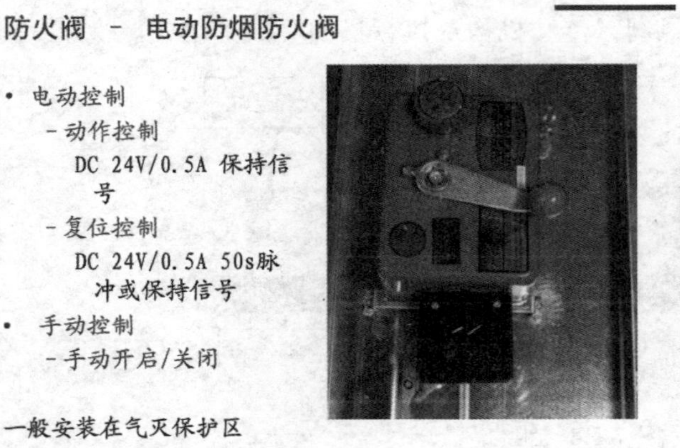

图 7.1.8　电动防烟防火阀

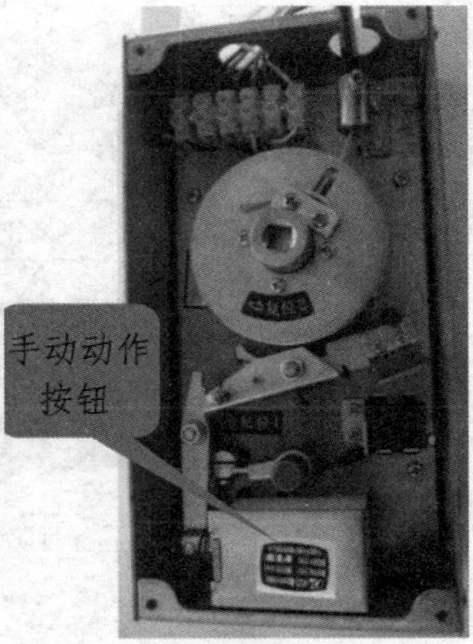

图 7.1.9　防火阀的常闭排烟口

三、车站空调通风大系统运行原理

车站的空调、通风机设于车站两端的站厅层，设备呈对称布置，基本上各负担半个车站的负荷，主要有：四台组合式空调机组，四台回、排风机及相应的各种风阀、防火阀等设备，其作用是通过空调或机械通风来排除车站公共区的余热余湿，为乘客创造一个舒适的乘车环境，并在发生火灾时通过机械排风的方式进行排烟，使车站内形成负压区，新鲜空气由外界通过人行通道或楼梯口进入车站站厅、站台，便于乘客撤离和消防人员灭火。

由新风亭送来的新风（或部分回风）经消声处理后由新风机送往混合室混合，经组合式空调柜处理后由静压室送往站厅、站台等处，由站厅、站台等处过来的污浊空气的一部分作为回风送往混合室，另一部分通过排风亭排出。车站空调通风大系统运行原理如图 7.1.10 所示。

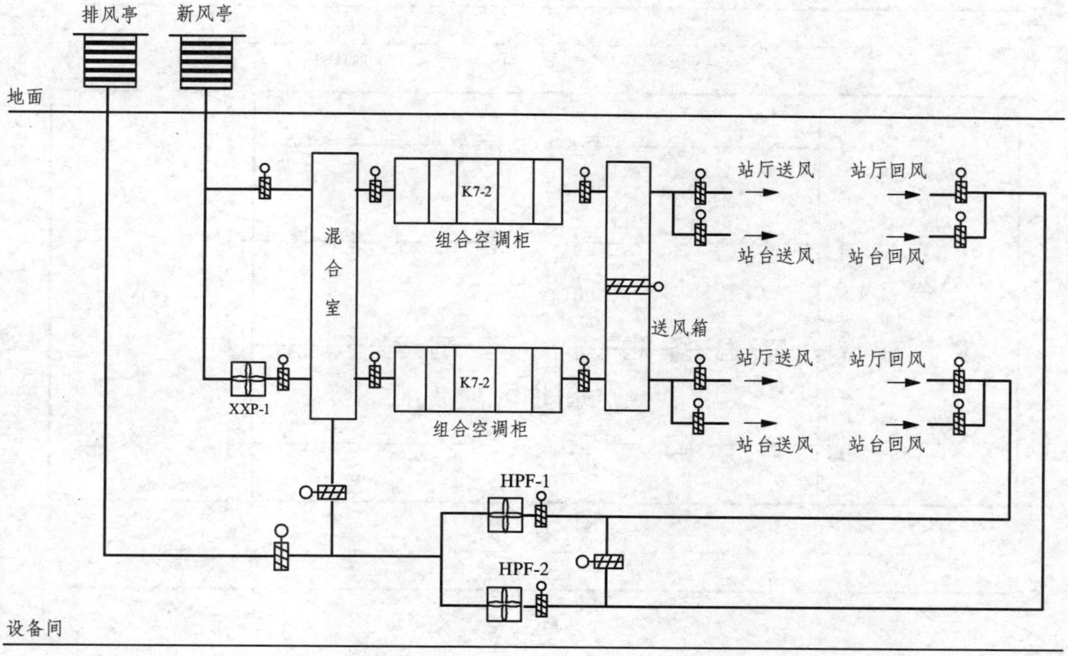

图 7.1.10　车站空调通风大系统运行原理图

站厅层空调风管平面如图 7.1.11 所示。

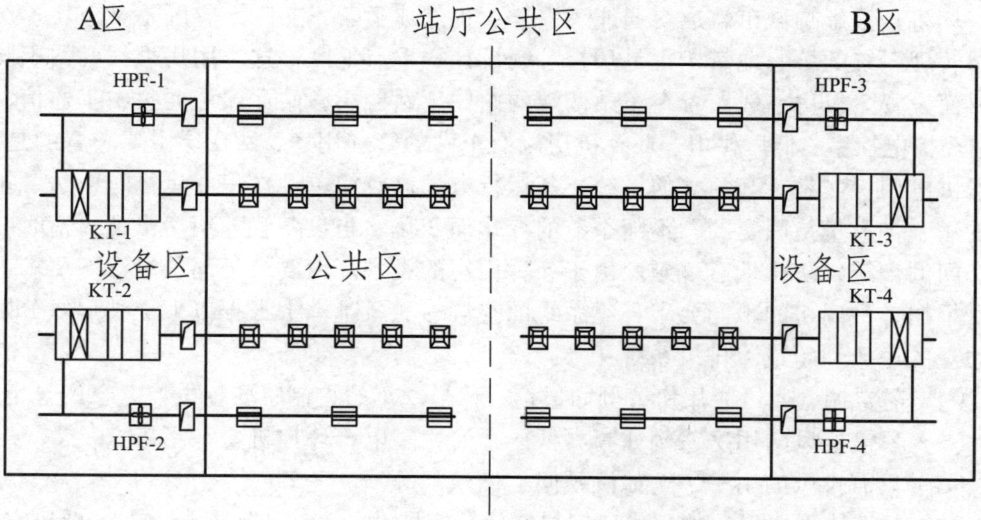

图 7.1.11　站厅层空调风管平面

站厅层空调风管平面如图 7.1.12 所示。

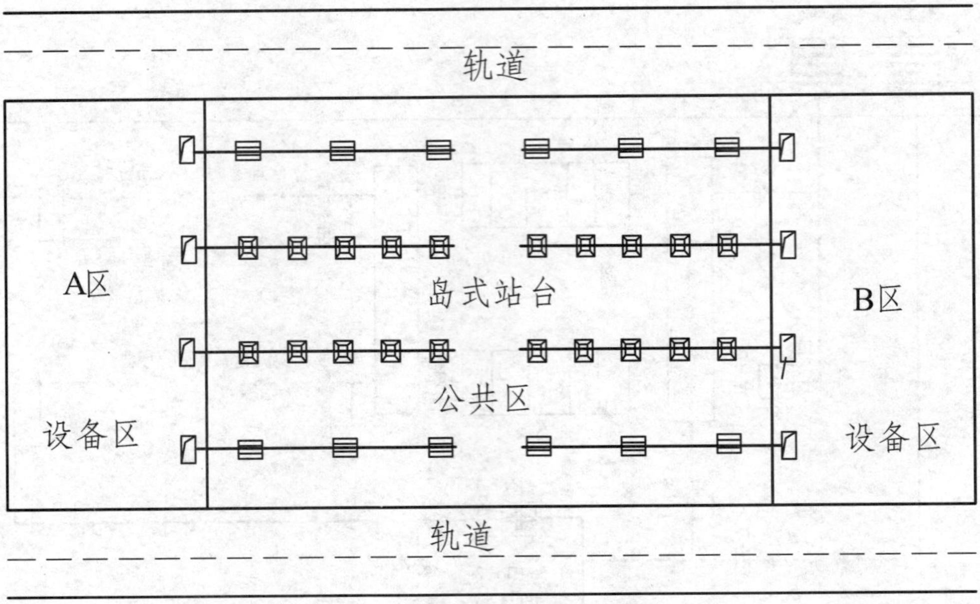

图 7.1.12　站厅层空调风管平面

四、车站空调通风小系统认知

车站空调通风小系统是车站设备及管理用房空调和通风系统的简称。车站的管理及设备用房区域内主要分布着各种运营管理用房和控制系统的设备用房，它的工作环境好坏将直接影响城市轨道交通能否安全、正点地运营，实际上它既是城市轨道交通车站管理系统的核心地带，也是环控系统设计的重点地区，这类用房根据各站不同的需要而设置。机房一般布置在车站两端的站厅、站台层，站厅层主要集中了通信、信号、环控电控室、低压供电、环控机房以及车站的管理用房，站台层主要布置的是高、中压供电用房。是一套独立的系统，其运行方式比较简单。在正常运行时，送、排风机的送、排风量是固定的，不随季节的变化而变化。当设备管理用房出现火情时，排除房间的烟雾，防止烟雾蔓延。由于各种用房的设备环境要求不同，温湿度要求也不同，根据各种用房的不同要求，小系统的空调、通风基本上根据以下 4 种形式分别设置独立的送风和（或）排风系统：

（1）需空调、通风的用房，例如通信、信号、车站控制、环控电控、会议等用房。

（2）只需通风的用房，例如高、低压，照明配电，环控机房等用房。

（3）只需排风的用房，例如洗手间、储藏间等。

（4）需气体灭火保护的用房，例如通信、信号设备室，环控电控室，高低压室等。

车站小系统的设备组成主要包括为车站的设备及管理用房服务的轴流风机，柜式、吊挂式空调机组及各种风阀，其作用是通过对各用房的温湿度等环境条件的控制，为管理、工作人员提供一个舒适的工作环境，为各种设备提供正常运行的环境。在火灾发生时，通过机械排风方式进行排烟，有利于工作人员撤离和消防人员灭火。在气体灭火的用房内关闭送、排风管进行密闭灭火。

由新风亭送来的新风与回风在混合室混合，经组合式空调柜处理后送往设备及管理用房，由设备及管理用房排出的污浊空气一部分作为回风送往空气处理机，另一部分通过排风亭排出。

小系统运行图如图 7.1.13 所示。

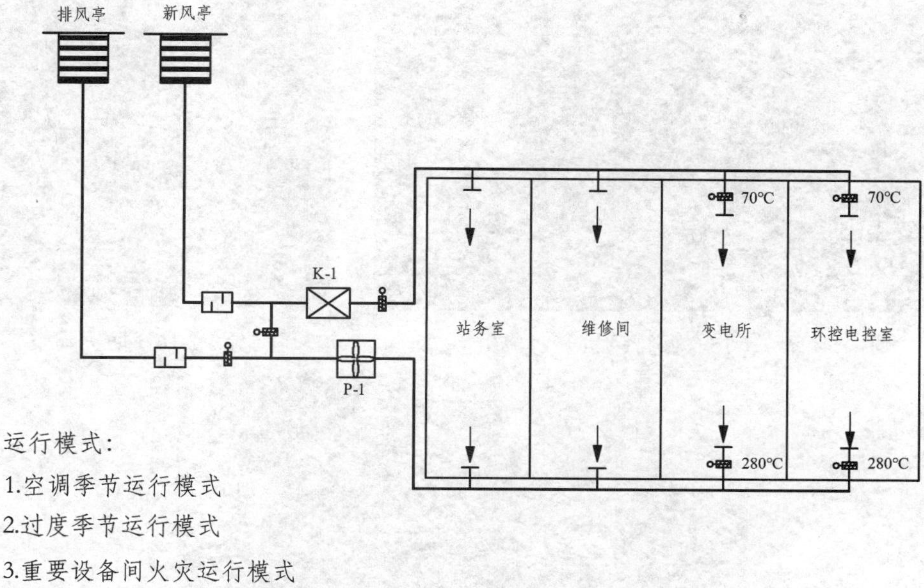

图 7.1.13　小系统运行图

小系统主要设备：由空调柜、回排风机、电动风阀、防火阀、消声器等组成。空气处理机如图 7.1.14 所示，回排风机如图 7.1.15 所示，防火阀如图 7.1.16 所示，风机如图 7.1.17 所示。

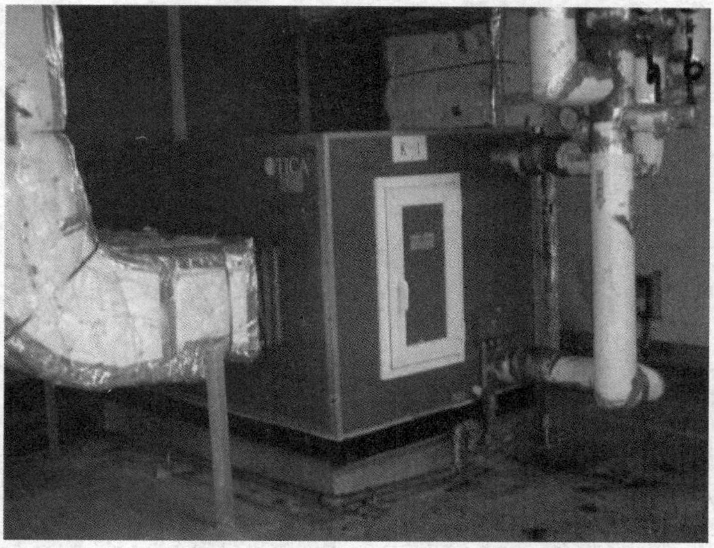

图 7.1.14　空气处理机

图 7.1.15 回排风机

图 7.1.16 防火阀

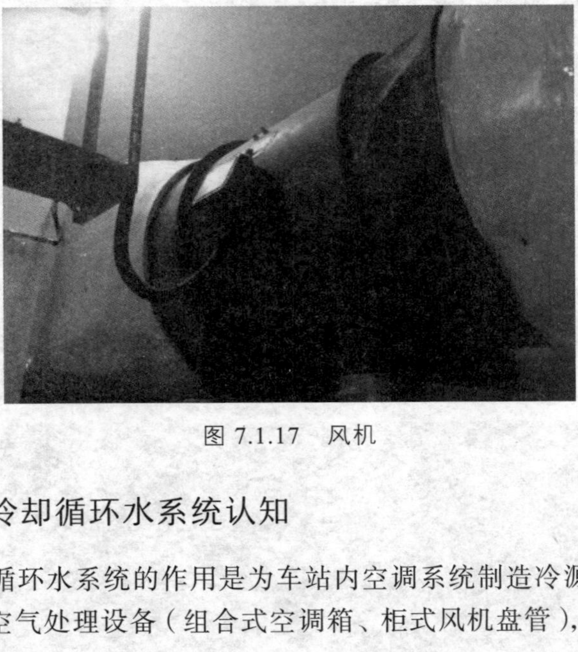

图 7.1.17 风机

五、冷冻、冷却循环水系统认知

车站空调制冷循环水系统的作用是为车站内空调系统制造冷源并将其供给车站空调大、小系统中的空气处理设备（组合式空调箱、柜式风机盘管），同时通过冷却水系统将热量送出车站。

目前，城市轨道交通通风空调系统根据冷源与车站的配置关系分为独立供冷与集中供冷两种形式。

（一）独立供冷

一般每个地下车站中均设置有独立冷冻站，通常采用两台制冷能力相同的较大（制冷量≥1 000kW）的螺杆式机组和一台较小的（制冷量≤500 kW）螺杆式冷水机组（或活塞式冷水机组及其他形式）组合运行的模式。两台制冷量大的螺杆式机组按大系统空调冷负荷选型；一台制冷量小的螺杆式冷水机组按小系统（负责设备管理用房）空调冷负荷选型，它既可单独运行，也可并入大系统，与大容量的螺杆式机组联合运行。空调水系统还包括冷冻、冷却水泵、冷却塔、空调箱等末端设备。

小系统分集水器与公共区冷源分集水器间通过管道连通，连通管上设有阀门，正常运行时关闭，需要互为备用时手动开启。冷冻站集中设置在车站一端制冷机房内，位置尽可能靠近负荷中心，力求缩短冷冻水供/回水管长度。

空调冷冻水温度：供水 7 °C，回水 12 °C；冷却水温度：供水 32 °C，回水 37 °C。冷冻水系统采用一次泵系统，小系统空调机组的回水管上设置电动二通阀，小系统集水器和分水器间设置压差式旁通阀，大系统集水器和分水器不连通。

冷冻水系统的定压采用膨胀水箱。

（二）集中供冷

集中供冷系统具有能效高、环境热污染小、便于维护管理等优点，它作为节能环保的重要途径在城市的规划和发展中正成为一大趋势。

在城市轨道交通线路中采用集中供冷系统形式：第一，通过对线网中冷冻站的合理布局减少冷却塔对周围环境的影响；第二，减少了前期为了满足对室外冷却塔设备占地及美观等的要求与城市规划部门协调的工作量；第三，减少了冷冻站的数量，节约地下的有限空间；第四，提高了运营效率，同时也便于集中维护管理，提高自动化水平。集中供冷系统已在广州地铁 2 号线、中国香港地铁车站、埃及开罗地铁车站中成功得到应用。

城市轨道交通集中供冷系统采用集中设置冷水机组、联动设备及其他辅助设备，经过室外管廊、地沟架空、区间隧道敷设冷水管，用二次水泵将冷水输送到车站空调大系统末端。水系统运行模式如图 7.1.18 所示。

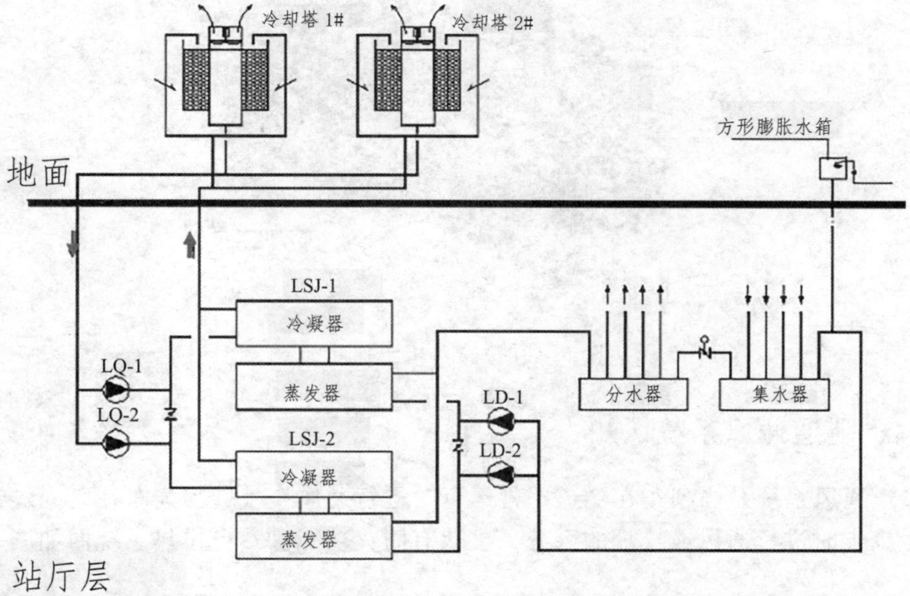

图 7.1.18　水系统运行模式

（三）水系统设备

冷水机组主要由压缩机、冷凝器、节流装置和蒸发器四部分组成，完成冷冻水的降温处理。低温低压的制冷剂液体在蒸发器里吸收来自膨胀水箱的冷冻水的热量，使冷冻水降温，而制冷剂吸热后成为低温低压的蒸气，经压缩机压缩成为高温高压的气体，在冷凝器中通过来自冷却塔的冷却水冷却成为高温高压液体，经节流装置节流降压后成为低温低压液体送回蒸发器循环使用。

被蒸发器冷却的冷冻水被送入组合式空调箱作为冷却空气的冷源。螺杆式冷水机组实物图如图 7.1.19 所示，冷水机组剖面图如图 7.1.20 所示。

图 7.1.19　螺杆式冷水机组实物图

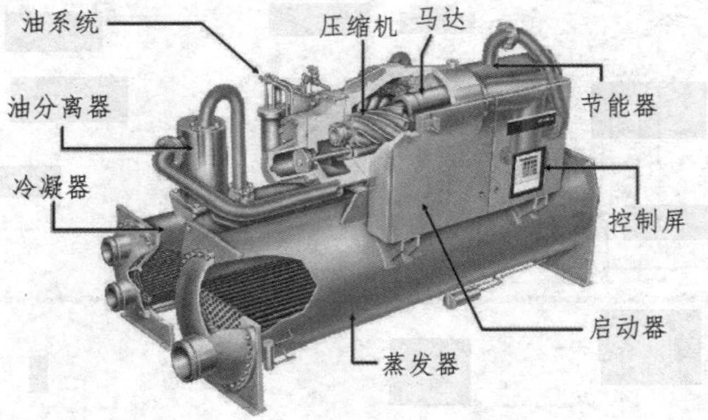

图 7.1.20　冷水机组剖面图

六、隧道通风系统认知

隧道通风系统是当列车在隧道正常运行时进行通风换气，当列车在区间隧道阻塞或发生火灾时进行通风或排烟的系统，也兼有防灾功能。站台排热系统图如图 7.1.21 所示。

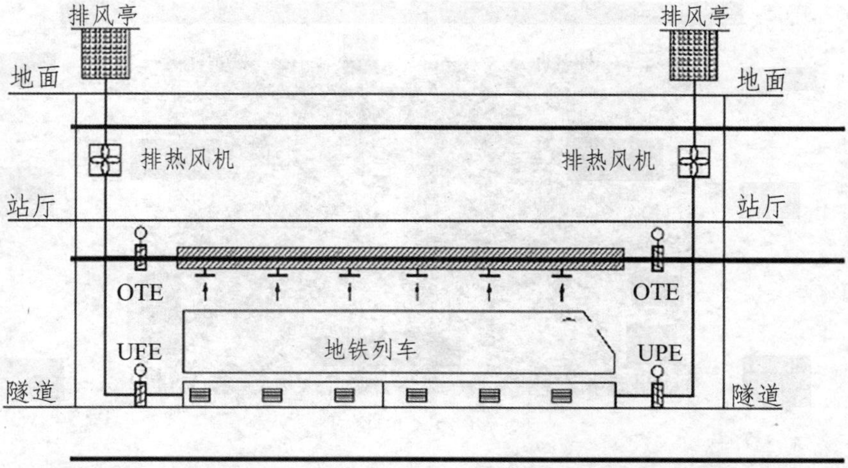

图 7.1.21　站台排热系统图（OTE，over trackway exhaust air duct，轨顶排热风管；UPE，under platform exhaust air duct，站台排热风管）

隧道通风系统的设备主要由分别设置在车站两端站厅、站台层的四台隧道通风机，以及与其相应配套的消声器、组合风阀、风道、风井、风亭等组件构成，其作用是通过机械送、排风或列车活塞风作用排除区间隧道内余热余湿，保证列车和隧道内设备的正常运行。另外在每天清晨运营前半小时打开隧道风机，进行冷却通风，既可以利用早晨外界清新的冷空气对城市轨道交通进行换气和冷却，又能检查设备及时维修，确保事故时能投入使用；当列车由于各种原因停留在区间隧道内，而乘客不下列车时，顺列车运行方向进行送一排机械通风，冷却列车空调冷凝器等，使车内乘客仍有舒适的旅行环境；当列车发生火灾时，应尽一切努力使列车运行到车站站台范围内，以利于人员疏散和灭火排烟。当发生火灾的列车无法行驶到车站而被迫停在隧道内时，应立即启动风机进行排烟降温：隧道一端的隧道风机向火灾地点输送新鲜空气，另一端的隧道通风机从隧道排烟，以引导乘客迎着气流方向撤离事故现场，消防人员顺着气流方向进行灭火和抢救工作。

另外隧道通风系统中还包括闭式系统隧道洞口处的设备及过渡段折返线处的局部通风设施。隧道洞口和车站出入口通道是外界大气与城市轨道交通地下空间直接相通的地方，为了减少外界高温空气对城市轨道交通空调系统的影响，在地面至隧道洞口处设有空气幕隔离系统，该系统是由两台风机和空气幕喷嘴组成，机房设置在地下隧道洞口处。折返线两端均设道岔与正线相连接，折返线一般在正线的中部，断面积较大，原车站内的隧道通风机很难满足正线和折返线的同时通风，另设风机将增大机房面积，也较难实施。通过各种方案比较，比较常采用的是射流风机通风的方案，由射流风机和车站隧道通风机共同组织气流，此设计主要是解决地下空间紧张及折返线（过渡段）气流组织困难的问题。

隧道通风系统设备如下。

1. TVF 风机

TVF 风机主要用于地铁区间通风、列车阻塞、火灾时高温通风和排烟。TVF 风机如图 7.1.22 所示。

图 7.1.22　TVF 风机

2. UPE/OTE 排风系统

UPE/OTE 排风系统主要用于抑制车站屏蔽门外区温度的升高，以利于列车空调系统运行和隧道道线设备的防护。通过 OTE 抽排列车顶部空调排热，UPE 抽排列车进站刹车产生的热量实现温度控制。由排热风机[（U/O）风机]、电动风阀、消声器等设备组成。UPE/OTE 风机如图 7.1.23 所示。

图 7.1.23　UPE/OTE 风机

【任务实施】

车站通风空调系统的使用包含大系统、小系统、水系统及隧道通风系统的使用，在使用中应掌握合理的开停顺序。本任务实施由三个情景构成：正常工况下环控系统的使用；阻塞工况下环控系统的使用；火灾工况下环控系统的使用。通过本任务的实施，使学生掌握环控系统在正常情况和应急情况下的使用。

所谓模式可以解释为一种标准形式，站在通风空调系统的角度来定义各种运行模式：首先它是通风空调系统自身运行节能的要求，其次它也是环境控制系统（BAS）控制接口的依据，再者车站通风空调系统均兼有防排烟功能，最后从安全性考虑，它必须应对各种可预见的灾害形式，事先定义出各种模式状况，做到以预防为主。

城市轨道交通通风空调系统的运行可分为正常运行与阻塞及火灾事故运行两种状

态，对应这两种状态，系统又可细分出正常运行模式、阻塞及火灾事故运行模式。

工作任务一　环控系统正常工况下的使用

正常运行工况是一种占主导地位的运行模式，在正常运行期间应考虑最大努力优化环境系统的性能，满足乘客要求的舒适度。按《地下铁道设计规范》“最热月最高日平均稳定小于等于 35 摄氏度”，对车站各种设备和管理用房按工艺和功能要求提供一定温度和湿度条件及舒适性环境或通风换气次数。

一、大系统的使用

正常运行时，车站环控大系统按全新风空调运行、正常空调运行、通风运行三种工况控制模式运行，整个控制过程全是由设备监控系统根据环控工艺自动控制实现的。该系统根据布置在车站风亭、风室、公共区等处的温度、湿度传感器所探测的数据进行自动分析、处理后得出车站大系统的运行模式，同时根据负荷大或小，自动控制与调节空调机组回水管调节阀的开度，控制风阀开度和风机的启停。

在全新风空调、通风运行环境下，外界大气焓值大于车站空气焓值，启动制冷空调系统，运行全新风机，外界空气经由空调机冷却处理后送至站厅、站台公共区，排风则全部排出地面，此种运行模式称为全新风空调、通风运行。

在小新风空调、通风运行环境下，启动制冷空调系统，运行空调新风机，部分回/排风排出地面，部分作为回风与空调新风机所输送的外界新风混合，经由空调机冷却处理后送至站厅、站台公共区，此种运行模式被称为小新风空调、通风运行。

在非空调通风运行环境下，外界大气焓值小于或等于空调送风焓值，关停制冷系统，外界空气不经冷却处理直接送至站厅、站台公共区，排风则全部排出地面，此种运行模式被称为非空调通风运行。

正常运行工况各设备的使用情况如下。

1. 组合式空调柜

开机必备条件：管路上各阀门处于正常状态，组合式空调箱各水路畅通，组合空调箱风路畅通，供电电压在 380（±10%）V。

就地操作顺序：将就地控制的“本地/远程”旋钮转到本地档，按下启动按钮（需确保相关风阀都开到位），组合式空调机组开始工作，同时运行指示灯亮。

机组运行正常后，检查电机的运行电流是否在正常范围内，三相电流是否平衡。

观察机组的运行状况，在正常运行过程中，机组不会出现异常的振动和噪音。

检查过滤段的压差检测装置的检测值，在正常情况下，该值为 0～150 Pa。

检查机组整体有无漏风现象。

设备运行时如发现有异常情况，应立即停机。

停机操作：停机时，按下停止按钮，机组停止运行，同时运行指示灯灭，停止指示灯亮。

现场控制的操作完成后，将就地控制柜的“本地/远程”按钮切换到远程档。

2. 组合风阀电动执行机构使用

可以电动、手动控制，控制模式有全开、全关、停止。

开机必备条件：风阀上的各阀门处于正常状态，供电电源的电压在 380（±6%）V 范围内。

就地操作顺序：将电控柜的“本地远程”旋钮转换到本地档，根据 OCC 指令或现场要求按下 TVF 风机的正转或反转按钮。

3. TVF 风机停机

停机时，按下 TVF 风机停止按钮，风机停止运行，风机停止信号灯亮。

现场控制的操作顺序完成后，将控制柜“本地、远程”旋钮转换到远程档。

设备运行时如发现有异常情况，应立即停机检修。

风机的运行状态：首先确保相关组合阀开到位，按下按钮后，风阀开到位的信号反馈到 PLC 模块后，PLC 模块输出风机正转或反转的运行信号，相应的运行指示灯亮，风机开始按正转或反转运行（软启动的风机无 PLC 反馈信号）；风机运行正常后，检查电机的三相电流是否平衡在正常范围内，在正常情况下，风机不应出现异常的声音和振动。

二、水系统的使用

在空调季节正常运行工况下，根据车站冷负荷的大小来控制大容量螺杆式机组及小容量螺杆式冷水机组启停的台数；非空调季节，水系统全部停止运行。当发生区间隧道堵塞事故时，水系统按当时正常的运行工况继续运行。

1. 冷水机组的操作

冷水机组在控制柜中与冷却水泵、冷冻水泵、冷却塔风机和电动蝶阀实现内部联锁，进行连锁启动和连锁停机是为了保证冷水机组的安全运行。机器在启动前，冷水泵和冷却水泵、冷却塔应运行正常，然后再启动冷水机组，在这一原则下，不同工程的设计方法略有不同。

当冷水机组接到运行指令后，首先开启冷冻水泵，当冷水水流量开关得到确认的流量信号后便开启冷却水泵和冷却塔，当冷却水水流量开关得到确认的流量信号后，再开启冷水机组，也就是说当冷冻水和冷却水系统没有正常运行时，冷水机组不能启动，一般工程设计中是按时间顺序启动和停机。

其开关顺序为：

启动：开冷却塔风机、开冷却水泵、开冷冻水泵、开冷水机组。

停止：停冷水机组、关冷冻水泵、关冷却水泵、关冷却塔风机。

2. 冷水供、回水压差控制

冷水系统由于管网运行特性的改变，水泵的工作也随着改变，供、回水的压差也会改变，因此在供、回水干管之间设电动压差控制阀的旁同管，以稳定供、回水压差，同时也满足了冷水机组定流量运行。

3. 冷却水温度控制

冷却塔配用风机为变风量时，利用冷却塔出水温度控制风机转速改变风量的方式来控制冷却水供水水温，当冷却水供水水温高于冷水机组要求时，通过提高风机转速加大风量的方式来降低供水温度，反之则通过减少风量的方式提高供水温度，以便风机节能。如果是利用供水温度控制时，则要求冷却水量恒定，否则，当水量减少时，回水温度将升高，同样会降低冷却效果。

4. 冷量调节

冷冻机房内通过在冷水供、回水干管上设的温度传感器，在主供水干管上设置流量计便可以测出供冷量，从而可以根据冷负荷来调整冷水机组的运行情况。

对每台空调机组，环控系统通过调节每台空调机冷冻水出水二通调节阀开度调节空调机送风温度，同时该二通阀兼做水系统工况转换水阀，根据空调机开启情况和水系统运行模式来输出相应控制开度或者关闭二通阀，保障风系统和水系统的协调动作。

正常工况下，BAS 系统将通过室内外温湿度值实时计算空气焓值，并自动确定空调工况，控制空调系统运行工况转换。如盛夏季节，控制空调运行于最小新风工况，最大程度地防止冷量的散失，同时维持车站内的最小新风需求，从而达到节能的目的。当计算出当前季节为过渡季时，则控制空调系统进入全新风工况，尽量利用室外低含湿量空气，可同样达到节能的目的。当空调系统送风温度小于室外温度时，BAS 系统则控制空调系统进入通风工况，此时将停止冷机的运行。

三、区间隧道通风系统正常工况的使用

在自然闭式系统中，关闭隧道通风井，打开车站内迂回风道，区间隧道内由列车运行的活塞作用进行通风换气，活塞风由列车后方车站进入隧道，列车前方气流部分进入车站。部分从迂回风道循环到平行的相邻隧道内口。

在自然开式系统中，打开隧道风井，由列车的活塞作用，外界大气从列车运行后方的隧道通风井进入城市轨道交通隧道，此方式为进风方式，由于列车的活塞作用，外界大气从列车运行的前方隧道通风井排出地面，此方式为排风方式。

在机械开式系统中，自然开式不能满足隧道内温湿度要求，隧道通风机启动，进行机械通风。外界大气从列车运行后方的隧道通风井经隧道通风机送至隧道内，此方式为送风方式。外界大气从列车运行的前方隧道通风井经隧道通风机排出地面，此方式为排风方式。

综上所述，可见区间隧道通风系统的运行模式以及通风方式是个较为复杂的问题，它不是完全独立的系统，与车站大系统有很多联系，运行中将与车站大系统共同动作。

正常情况下隧道通风系统由环调通过中央级 EMCS 控制，隧道风机可以根据 EMCS 系统设定的时间表，按设定工况定时执行早晚换气模式和正常通风模式。

时间表由环调根据运营时间制定，环调通过中央 EMCS 工作站监视隧道通风设备按设定时间和设定模式运行。

列车正常运行期间，隧道通风处于活塞风状态，车站轨道通风目前暂不开启。环调在运营结束后执行 0.5 h 的早晚换气模式，第二天运营前执行 0.5 h 的早晚换气模式，以全面检验隧道风机的性能。

工作任务二　环控系统阻塞工况下的使用

阻塞事故运行是指列车在正常运行时由于各种原因停留在区间隧道内，此时乘客不下列车，这种状况下称其为阻塞事故运行。

在车站空调、通风系统中，当列车阻塞在区间隧道内时，车站空调、通风系统按正常运行，当 TVF 风机需运转时，车站按全新风空调通风运行。在运行 TVF 风机时，该端站台回、排风机停止运行，使车站的冷风经 TVF 风机送至列车阻塞的隧道内。

在区间隧道通风系统中，在闭式机械运行环境下，当车站自然闭式运行时，若发生列车在区间隧道内阻塞，TVF 风机运转，将车站冷风送至隧道内；在开式机械运行环境下，当车站开始运行时，若发生列车在区间隧道内阻塞，TVF 风机按机械开式的模式运行。

列车阻塞在区间隧道停车时间超过 4 min，信号 ATS 系统自动发送阻塞信号到中央级 EMCS，此时环调应向行调确认是否发生列车阻塞，并根据具体情况决定是否执行阻塞模式。关闭列车后方事故机房内的旁通风门，事故风机区间隧道送人新风，前方事故风机将在区间隧道内的空气排至地面。区间内的气流方向与列车运行方向保持一致。隧道阻塞工况通风如图 7.1.24 所示。

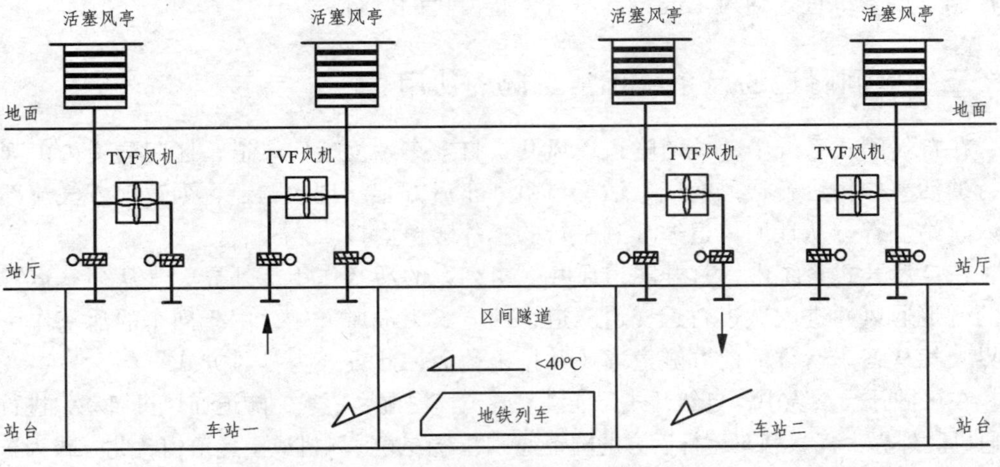

图 7.1.24　隧道阻塞工况通风

工作任务三　环控系统火灾工况下的使用

当站厅层、站台层公共区或区间隧道发生火灾时，通风的任务一方面是向乘客和消防人员提供必要的新风量，形成迎风速，诱导乘客安全撤离火灾现场；另一个很重要的方面，就是控制热烟气的流动，使烟气与通风气流朝同一方向流动，若通风气流不足，将使烟气与通风气流朝相反方向流动，形成回流。因此通风时风速必须大于形成回流的临界风速。

地下铁道空间狭小，一旦发生火灾，乘客疏散和消防条件较地面更为恶劣，因此，设计中将其应作为重点解决的问题。火灾时一切运行管理都应绝对服从乘客疏散及抢救工作的需要。火灾事故包括区间隧道火灾及车站火灾，其中车站火灾又包括车站内列车、站台、站厅的火灾。

列车在区间隧道内发生火灾时，应首先考虑将列车驶入车站，如停在区间时，应判断列车着火的部位、列车的停车位置，按火灾运行模式向火灾地点输送新鲜空气和排除烟气，让乘客迎着新风方向撤离事故现场，同时让消防人员进入现场灭火抢救。

列车及站台发生火灾时，应使站台到站厅的上、下通道间形成一个风速不低于 1.5 m/s 的向下气流，使乘客从站台迎着气流撤向站厅和地面，因此，除车站的站台回、排风机运转向地面排烟外，其他车站大系统的设备均停止运行。

一、大系统火灾

1. 站厅层火灾

当站厅层发生火灾时，关闭作为大系统冷源的那部分水系统，只运行与小系统有关的部分，控制风管的相关风阀开/闭，向站台层送风，停止向站厅层送风，站厅层进入排烟状态，使得站厅层对地面、站台层形成负压，阻止了烟雾向站台层蔓延，并形成了地面楼梯通道的逃生通道。

站厅发生火灾时（这里需要指出的是，上述模式的功能转换与实现必须借助设备监控系统和防灾报警监控系统来自动完成），根据在车站的风亭，风道，送、排风室，站厅，站台，区间隧道以及各管理设备用房内安装的温湿度、CO2 浓度和火灾报警探测器所探测的数据，经设备监控系统和防灾报警监控系统的协同工作，得出不同的结果，以确定出不同的运行模式，同时控制各种设备按运行模式投入运行。站厅火灾排烟如图 7.1.25 所示。

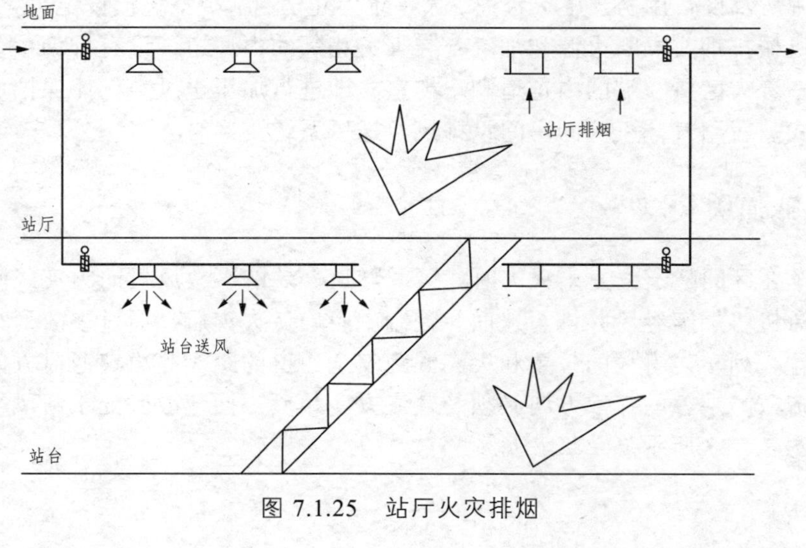

图 7.1.25　站厅火灾排烟

2. 站台层火灾。

站台层发生火灾时，停止车站冷水系统，控制风管的相关风阀开/闭，向站厅层送风，停止向站台层送风，站台层进入排烟状态，使得站台层对站厅层形成负压，阻止了烟雾向站台层蔓延，并形成了地面楼梯通道的逃生通道。站台火灾排烟如图 7.1.26 所示。

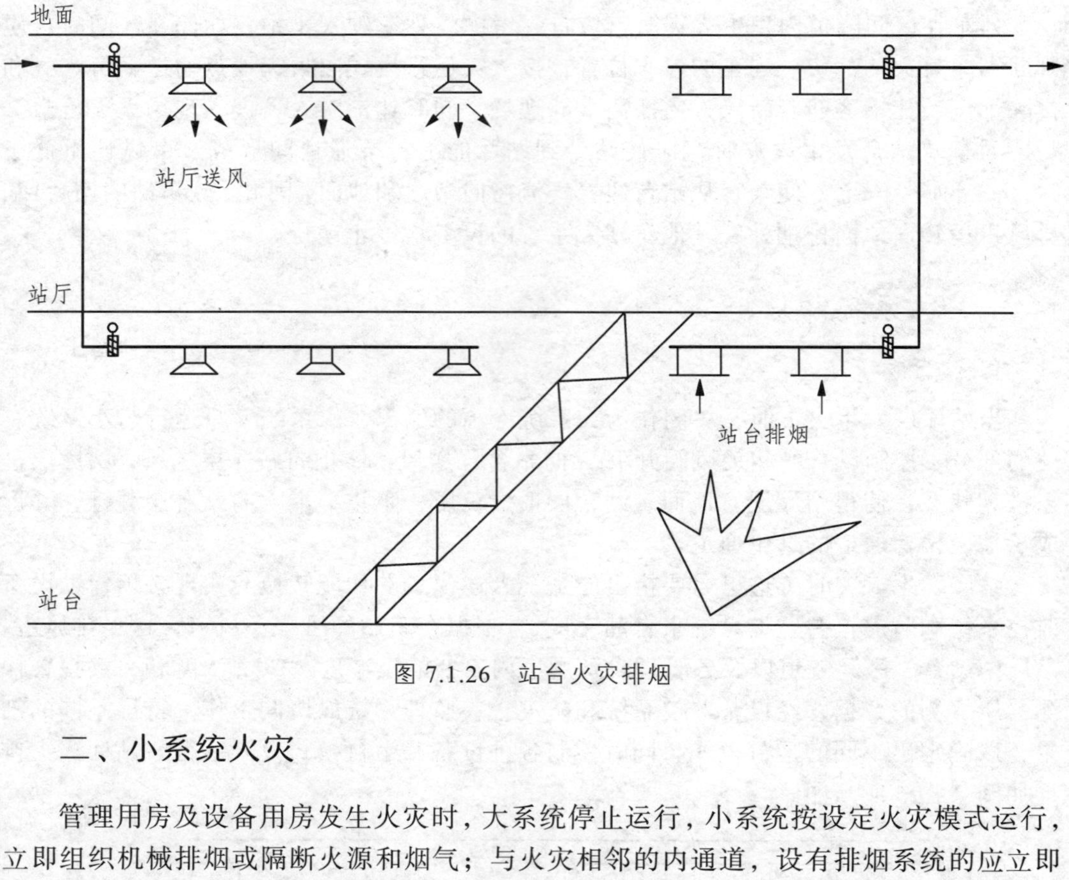

图 7.1.26　站台火灾排烟

二、小系统火灾

管理用房及设备用房发生火灾时，大系统停止运行，小系统按设定火灾模式运行，立即组织机械排烟或隔断火源和烟气；与火灾相邻的内通道，设有排烟系统的应立即进行排烟；着火区所在端的内走道和车控室立即进行加压送风；气体保护房间执行气体保护模式。对用气体灭火的房间设排风及送风系统。

三、隧道火灾

当列车在区间隧道内发生火灾时，区间隧道一端的事故风机向火灾区间送风，另一端事故风机将烟雾经风井排至地面。控制中心确认火灾后，通过事故列车在区间隧道内的位置、列车内事故的位置和火灾源距安全通道的距离等决定通风方向，以利于乘客安全疏散。乘客的疏散方向必须与气流方向相反，使疏散区处于新风气。隧道火灾工况如图 7.1.27 所示。

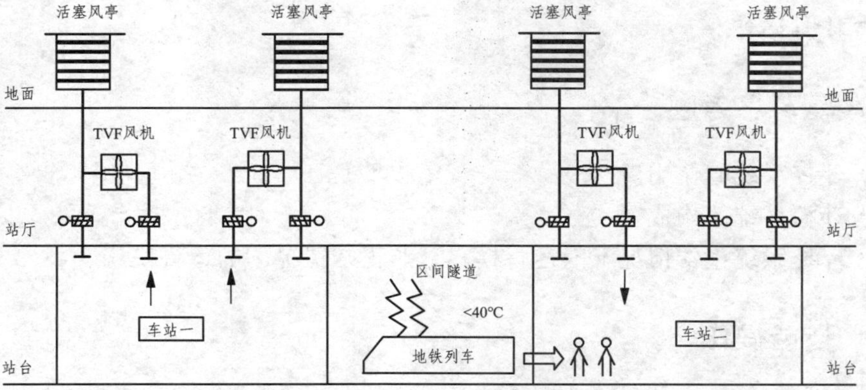

图 7.1.27　隧道火灾工况

【知识拓展】

通过本项目学习，延伸其他环控系统的组成及工作特点。

【案例展示】

下面以我国广州地铁 2 号线集中供冷系统为例，参考相关文献资料对水系统组成及工作情况作简要介绍。

第一部分为冷水一次环路，主要由一次冷水泵、冷水机组、冷却水系统及其附属设备组成，主要功能是空调系统根据系统控制的时间表。早晨运营前进行系统预冷和晚间利用余冷提前关机，正常运营制备空调冷水。

正常运营时，根据二次环路的实际冷负荷同时参考比较环路上所设置温度测点的温度值及检测末端比例积分二通阀的开度，确定一次环路中冷水机组的开启台数并进行相应的联锁控制，冷站的冷水机组与一次冷水泵联动由冷水机组的主控制器完成。一次冷水泵与冷水机组一一对应。

第二部分为冷水二次环路，由二次泵、变频器、管网等组成。主要实现的功能是通过监视末端的阀门开度，计算末端的负荷量，调节阀门的开度来满足车站实际冷负荷需求，二次泵的变频由末端差压控制。

由于管网较长，水网稳定性差，为保证最远端的资用压头，造成中间车站资用压头超标，需用平衡阀进行水力平衡和减压。由于是集中供冷系统，为减少流量，降低投资，采用大温差系统，供回水温度为 7.5/16.5 °C。

第三部分主要由组合式空调器、风机盘管及前后的控制阀门组成。每个站基本都有一台组合式空调器，空调表冷器的过水量由出水管上的比例积分二通阀控制。空调表冷器的冷水量由站台、站厅温度探头通过车站可编程逻辑控制器（PLC）计算将控制信号传给比例积分二通阀控制阀门开度来控制，车站 PLC 可将站台、站厅及进出水温度通过网络传给冷站控制室。

【学习评估】

一、复习思考题

（1）环控系统的作用。
（2）环控系统的构成。
（3）环控系统正常情况下的运行模式、非正常情况下的运行模式。

二、技能操作

（1）环控系统正常运行时的操作。
（2）环控系统非正常情况下的操作。

任务二 城市轨道交通环控系统的运行管理

【任务导入】

地铁环控设备运行的正常与否，不仅直接关系到乘客的乘车环境、工作人员的工作环境和重要设备的运行环境还直接关系到地铁运营的安全保障。因此，做好环控设备的维修管理工作，对保证环控设备以良好的状态投入运行具有重要意义。本任务包含环控设备的日常运行管理、环控设备的日常巡视（按工艺流程进行，不再赘述）、环控系统的维修管理。通过该任务学习，使学生掌握环控系统运行维修管理规定。

【任务实施】

工作任务一　环境控制系统设备运行管理

环控系统正常运行是地铁系统正常工作的保障，更是地铁运营安全的基础，掌握地铁环控系统运行管理的相关规定，能为地铁环控系统的使用提供便利。

一、大系统的运行管理

正常情况下车站大系统运行时间为每天 6：30—23：00，由 EMCS 根据设定的时间表定时启动和关闭。

二、小系统的运行管理

由车站级 EMCS 控制，环调通过中央级 EMCS 协助监视车站重要设备管理用房的温湿度情况，必要时指挥车站调整小系统运行模式，满足车站设备管理用房的温度湿度需求。重要设备管理用房需要全年每天 24 h 运行，遇设备故障时，由环调负责指导车站执行合理的通风模式，部分不重要设备管理用房小系统按列车运营时间启停。

三、车站冷水系统

车站冷水机组是全天 24 h 不间断运行（夜间为小系统供冷），其能耗会随空调负荷的变化自动调节（包括在低负荷时自动停机）。

正常情况下车站大、小系统的冷冻水流量由电动二通阀自动调节，EMCS 根据不同的目标控制温度来自动调节各系统的电动二通阀开度。如果冷水系统电动二通阀自动调节不能满足车站温湿度要求，也可通过车站 EMCS 手动调节冷水系统电动二通阀开度，或采取手动模式就地增加或减少冷水机组的运行台数。

工作任务二　环境控制系统设备维护管理

环控系统正常运行是地铁系统正常工作的保障，更是地铁运营安全的基础，只有掌握地铁环控系统维护管理的相关规定，才能为地铁环控系统维修工作提供便利。

一、维修作业分类

维修作业分为计划维修（保养）、状态维修（保养）、主动维修、非计划维修（事后维修）和委外维修 5 种方式。

（1）维修（保养）一般按设备使用的周期和季节性特点按预先制定好的维修计划作业进行维修。

（2）状态维修（保养）通过检测手段，对设备的运行状态进行检测分析后，根据设备状态来制定的维修。

（3）主动维修：运用先进的方式和修复技术来显著的延长机器寿命的维修。

（4）非计划维修（事后维修）：

临修：当设备发生故障，但对正常运营安全不构成直接或间接影响，可在事后进行维修。

抢修：当设备发生故障，危及列车正常运行或构成严重安全隐患的，必须对设备进行快速修复基本功能的维修。

（5）委外维修：由于不具备维修能力、维修条件，或自己维修成本较高，需由外单位承担的维修。

二、维修作业等级

（1）一级保养：指日常保养，每天对设备进行必要的清洁、检查，按要求添加润滑脂、润滑油等，一般由操作人员按保养规程进行的作业。

（2）二级保养：指对设备的重要部位做定期检查、清洁、局部拆卸清理，加注或更换润滑脂、润滑油等。是由维修人员按保养规程进行的作业。

（3）小修：指对发生故障的设备进行局部修理或更换或修复少量的零部件，以及研磨、调整、校准等，由维修人员按维修规程进行的作业。

（4）中修：指更换和修复设备的主要零部件和易损件。对结构和系统进行全面检查和调整，是由专业技术管理人员和维修人员，按维修规程进行的作业。

（5）大修：将设备全部解体，更换和修复易损零件，全面检测调整使设备恢复全部功能状态和技术性能，一般由制造厂商来承担。

【知识拓展】

通过本项目学习，延伸其他环控系统的组成及工作特点。

【案例展示】

下面以我国广州地铁 2 号线集中供冷系统为例，参考相关文献资料对水系统组成及工作情况作简要介绍。

第一部分为冷水一次环路，主要由一次冷水泵、冷水机组、冷却水系统及其附属设备组成，主要功能是空调系统根据系统控制的时间表。早晨运营前进行系统预冷和晚间利用余冷提前关机，正常运营制备空调冷水。

正常运营时，根据二次环路的实际冷负荷同时参考比较环路上所设置温度测点的温度值及检测末端比例积分二通阀的开度，确定一次环路中冷水机组的开启台数并进行相应的联锁控制，冷站的冷水机组与一次冷水泵联动由冷水机组的主控制器完成。一次冷水泵与冷水机组一一对应。

第二部分为冷水二次环路，由二次泵、变频器、管网等组成。主要实现的功能是通过监视末端的阀门开度，计算末端的负荷量，调节阀门的开度来满足车站实际冷负荷需求，二次泵的变频由末端差压控制。

由于管网较长，水网稳定性差，为保证最远端的资用压头，造成中间车站资用压头超标，需用平衡阀进行水力平衡和减压。由于是集中供冷系统，为减少流量，降低投资，采用大温差系统，供回水温度为 7.5/16.5 °C。

第三部分主要由组合式空调器、风机盘管及前后的控制阀门组成。每个站基本都有一台组合式空调器，空调表冷器的过水量由出水管上的比例积分二通阀控制。空调表冷器的冷水量由站台、站厅温度探头通过车站可编程逻辑控制器（PLC）计算将控制信号传给比例积分二通阀控制阀门开度来控制，车站 PLC 可将站台、站厅及进出水温度通过网络传给冷站控制室。

【学习评估】

一、复习思考题

（1）环控系统的作用。
（2）环控系统的构成。
（3）环控系统正常情况下的运行模式、非正常情况下的运行模式。

二、技能操作

（1）环控系统正常运行时的操作。
（2）环控系统非正常情况下的操作。

项目八

环境与设备综合监控系统

学习指导

学习指导书

	环境与设备综合监控系统	
学习目标	知识目标	1. 理解 BAS 系统的基本概念 2. 掌握 BAS 系统的构成和功能 3. 掌握 BAS 系统监控的基本内容 4. 能够识别 BAS 系统的操作界面 5. 了解机电设备运行管理组织的主要职责 6. 了解正常运营下机电设备监控系统的运行规程 7. 了解非正常运营下机电设备监控系统的运行规程
	技能目标	1.掌握 BAS 系统对空调通风系统的控制 2.掌握 BAS 系统对隧道通风系统的设置 3.掌握 BAS 系统对照明系统的控制 4.掌握 BAS 系统对给排水系统的控制 5.掌握 BAS 系统对电扶梯的控制 6.掌握 BAS 系统对屏蔽门系统的控制
学习内容	任务一　BAS 系统的使用 工作任务一　BAS 系统对空调通风系统的控制 工作任务二　BAS 系统对隧道通风系统的监控 工作任务三　BAS 系统对照明系统的控制 工作任务四　BAS 系统对给排水系统的监控 工作任务五　BAS 系统对电扶梯系统的监控 工作任务六　BAS 系统对屏蔽门系统的监控 任务二　机电设备监控系统的运行管理 工作任务一　正常运行下 BAS 系统的运行管理 工作任务二　非正常运行下 BAS 系统的运行管理	
学习准备		

任务一 BAS 系统的使用

【任务导入】

随着社会经济发展和人民生活水平的提高，城市化进程越来越快。城市的迅速扩大，城市人口的迅速增加导致车辆增多、交通拥挤、土地资源紧张、环境污染等一系列问题，这已成为制约城市可持续发展的瓶颈。针对这一系列的问题，亟待发展的地铁作为城市轨道交通的重要命脉应运而生。由于地铁身处地下又是人流聚集的公共场所，为了营造安全舒适的地下乘车环境，就必须对地铁环控系统设备和其他机电设备进行全面、有效的自动化监控和管理，确保设备处于高效、节能、可靠的最佳运行状态。特别是在地铁发生火灾或阻塞等紧急情况时，要通过协调和调度车站设备的运行，以充分发挥各种设备应有的作用，保证乘客的安全和设备的正常运行。地铁运营过程中使用了一种基于计算机及网络技术的自动化系统 —— 环境与设备监控系统来进行安全监控 。

以苏州地铁 2 号线 BAS 系统为例，苏州地铁 ISCS 系统中集中了 BAS 系统的全部功能，主要实现监视、控制 BAS 基础设备，包括：车站通风空调系统，区间隧道通风系统，车站低压配电与动力照明系统，电扶梯和给排水系统等等；同时，向操作员提供模式监控、设备点控、阻塞 BAS 联动和各站时间表管理的有效手段。在本任务中，我们通过六个任务来对 BAS 系统操作进行掌握。

【知识准备】

BAS 系统结构图
扫码观看

一、BAS 系统的组成

BAS 系统由中央级监控、车站级监控系统以及就地级监控（包括 IBP 后备盘）以及将它们连接的 BAS 监控网组成。为避免中央控制和车站控制同时操作同一对象，而引起的冲突；在操作员站设有“运行控制中心/车站控制”选择开关。当开关在运行控制中心位置时，运行控制中心的操作员站可操作。当开关在车站位置时，车站控制操作员可进行操作。如 BAS 系统结构为无中心功能，则中央级监控及 IBP 盘为综合监控系统设置。

（一）中央控制

中央控制装置设在中央控制中心，可对地铁线路的隧道通风系统进行监控。执行隧道通风系统预定的运行模式或向车站下达各种隧道通风系统运行模式指令；同时还能对全线车站通风空调系统进行监视，向车站下达各种大小系统和水系统运行模式指令。中央 BAS 监控系统如图 8.1.1 所示。OCC 冗余实时服务器、冗余历史服务器、操作员工作站、网络通信设备等部分组成。用于监视全线各个车站机电设备系统的运行状态，完成中央级的操作控制功能。

中央级 BAS 系统
扫码观看

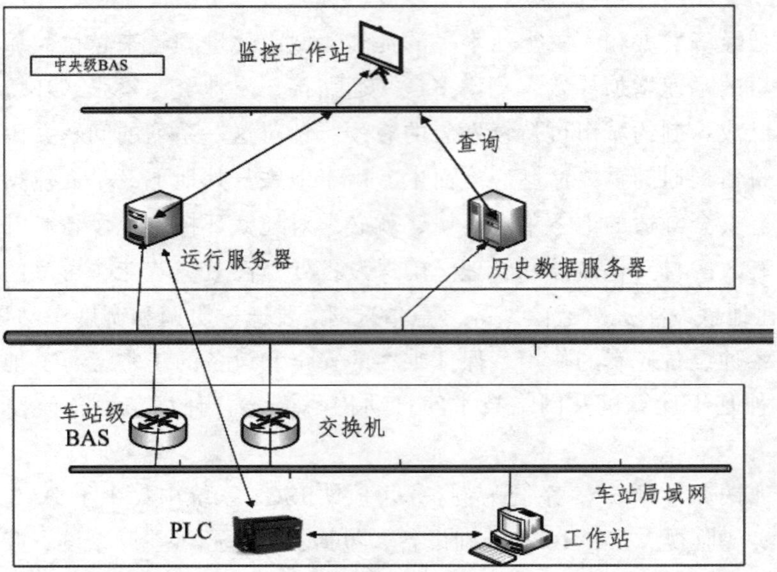

图 8.1.1　中央级控制示意图

（二）车站控制

车站控制室配置车站级工作站，在正常情况下可监视车站所管辖范围内的隧道通风系统、车站大小系统和水系统，向中央控制室传送信息，同时可执行中央控制室下达的各项运行模式指令；在紧急情况和控制中心授权下，车站级工作站为车站应急指挥中心，能根据实际情况将车站大小系统转入紧急运行模式和执行控制中心下达的区间隧道紧急运行模式；当车站工作站出现故障时，在 IBP 后备盘上可以执行下达的所有紧急模式运行指令。

车站级 BAS 监控系统由车站 BAS 总线网络、冗余控制器、RI/O、UPS、BAS 工作站等部分组成。用于监视车站机电设备系统的运行状态，完成车站级的操作控制功能，如图 8.1.2 所示。

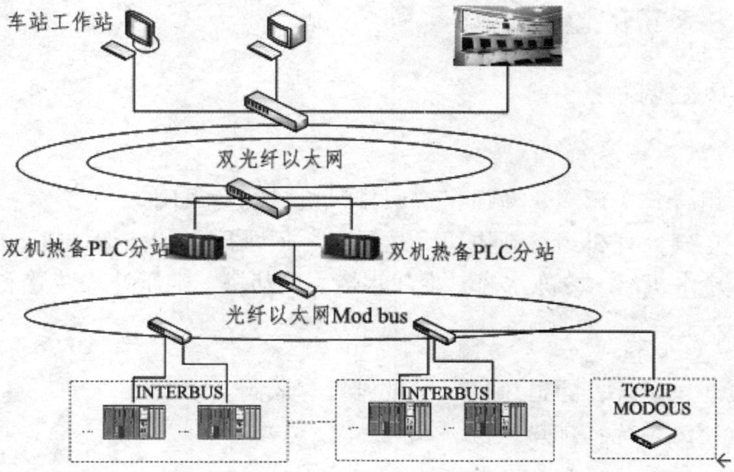

图 8.1.2　车站级控制示意图

（三）就地级控制

就地控制设备包括就地控制柜（箱）和传感器等，主要设置在各车站环控电控室等位置，其具有单台设备就地控制功能，以方便设备的调试、检查和维修。就地控制具有优先权，如图 8.1.3 所示。

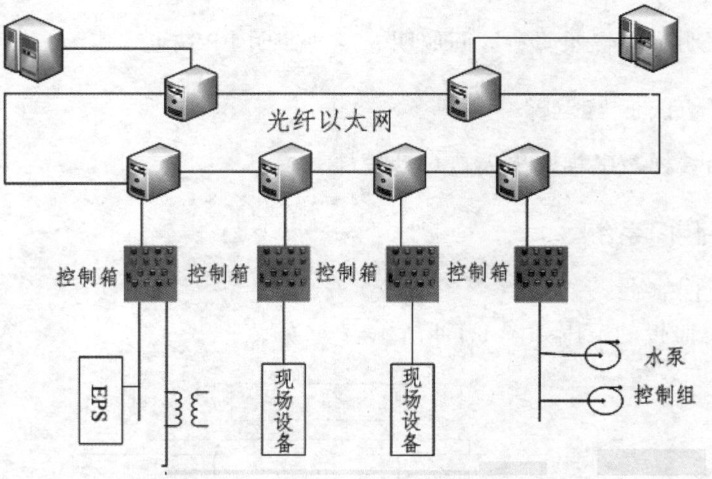

图 8.1.3　就地级控制示意图

就地级一般集中于环控电控室、车站的重要房间及公共区域，现场主要由 PLC、RI/O、电源模块、通信模块、现场总线等设备组成，它可以实现对监控设备的直接控制，并传送设备的运行状态及故障信息给车站工作站，执行车站级发出的指令。就地级设备执行车站级 PLC 控制器的控制指令，并能采集和记录车站及区间机电设备的运行状态、故障报警信息和监测数据，并报送车站级 PLC 控制器。就地级控制网络采用冗余现场总线或光纤的单环以太网。BAS 系统在以太网设备选择方面，由于受到安装环境的限制，采用工业以太网作为 BAS 系统的网络设备。

二、BAS 系统的监控范围

(一) 通风空调系统

1. 车站通风空调系统

大系统：组合式空调箱、新风机、回排风机、电动风阀。

小系统：空气处理机组、新风机、送风机、回排风机、排烟风机、电动风阀。

水系统：冷水机组、冷冻水塔、冷却水塔、冷却塔、定压补水装置和各种调节阀。

2. 隧道通风系统

区间隧道通风系统：隧道风机、射流风机、风阀。

车站隧道通风系统：排热风机、风阀。

3. 公共区环境温湿度

各类温湿度传感器。

(二) 给排水系统

各种排水泵、超声波液位计。

(三) 动力照明系统

公共区照明、广告照明、区间照明、应急照明 EPS 柜。

(四) 自动扶梯与电梯

站内自动扶梯与电梯、出入口自动扶梯。

(五) 屏蔽门系统

站内屏蔽门。

BAS 系统监控的范围如图 8.1.4 所示。

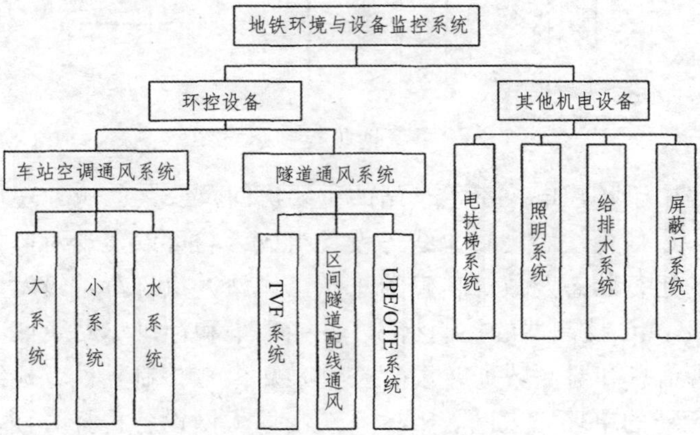

图 8.1.4　BAS 系统监控的范围

三、BAS 系统的监控模式

BAS 监控系统根据正常、阻塞、火灾环控工况运行要求对设备进行模式控制，还包括时间程序控制、风机与阀门的联锁控制以及风机间联锁控制和顺序控制。

车站通风系统工作模式分为以下几种。

1. 正常运行模式

分为三种工况，即小新风、全新风、全通风情况。

2. 火灾运行模式

分为站台层火灾、站厅层火灾、列车火灾且停在车站。

3. 区间隧道通风系统工作模式

正常运行模式隧道通风风井运行。利用机车活塞运动把热空气排出去，使冷空气进来。

4. 堵塞运行模式

当机车停在隧道内超过了预设的时间，隧道通风系统要产生一个沿机车运动方向的纵向气流。在堵塞运行时平均隧道气温不高于 40 °C。

5. 紧急运行模式

当机车故障（机车失火）时，在受影响的隧道区间提供排烟模式，定向排出烟雾，允许乘客从另一个方向逃离。

6. 早间通风模式

列车每日营运的前半个小时，当现场控制器接到此模式指令后，马上关闭所有的自然通风风阀。开启隧道风机和风阀，进行半小时的预定模式机械通风（此时，车站隧道通风系统关闭），通风完毕后进入正常运行模式。

7. 晚间通风模式

列车每日营运后半小时，当现场控制器接到此模式指令后，马上关闭所有自然风风阀，开启隧道风机和风阀，进行半小时的预定模式机械排风（此时，车站隧道通风系统关闭）。排风完毕后，停风机和风阀，打开所有自然风阀。

在正常模式工况下，其各种模式可以采用“按时间表管理”的方式。时间表被用于能自动启动或停止若干套环境控制系统设备。OCC 操作员能为每个车站制订运行时间表，如果 OCC 操作人员修改了当前时间表，则环控系统将立即采用新的当前时间表。典型的时间表为：工作日时间表、周六时间表、周日时间表、假日时间表、特殊日时间表。每日早间、夜间的运行模式按当日时间表控制自动完成。

另外，根据季节气候因素，全年空调通风运行划分为四种主要模式：最小新风量降温除湿运行、全新风降温除湿运行、全新风等湿降温运行。

8. 通风运行模式

四种主要工况模式在一天内不可以多次转换。在运行初期根据预测客流以及季节气候的情况。车站级监控站在取得 OCC 操作人员授权的情况下，可根据统计数据进行修订时间表。进行模式的控制和工况的转换控制。

另外当车辆阻塞、火灾事故发生时，阻塞、火灾模式的运行可以按规定条件经触发（激活）自动运行。一旦监控系统探测到一系列特定条件成立。则某种模式将被自动激活。模式的激活可以是半自动的，灾害报警监控系统向值班操作员发出报警信息并发出操作提示，由操作员人员确认通风空调模式后再执行；模式的激活也可以以人工触发，由车站值班操作员接收中央级 OCC 操作员的模式命令后，人工启动需要的模式运行（即软手操功能）。

总之，对于所有被监控的设备，都可以在车站级至 OCC 中央级工作站上实现单独控制、联锁联动控制，各种模式手动和模式自动。模式的实施执行情况将受到监测，如果探测到联锁控制和顺序控制是错误的操作，系统将拒绝执行（即系统具有自诊断功能），发出报警直到回到正常状态。在车站的综合控制室，车站级 FAS 系统通过通信接口与 BAS 系统进行数据通信。BAS 系统根据收到的 FAS 信号，选择相应的运行模式，保证乘客的安全疏散。

【任务实施】

工作任务一　BAS 系统对空调通风系统的控制

【理论知识链接】

苏州轨道交通 2 号线 BAS 系统简介

苏州市轨道交通 2 号线综合监控系统（ISCS）为分层分布式监控系统，其在车站和中心的 BAS 各项功能的实现机制完全相同；区别在于两者的监控对象的范围不同，以及车站和中心操作员的操作权限的不同。ISCS 集成的 BAS 功能分为中心级和车站级，中心 ISCS 位于广济路控制中心，车站 ISCS 则分布于各个车站和车辆段（含停车场）。在 OCC 设置冗余实时服务器和冗余历史服务器，在车站设置本站的实时服务器（兼历史服务器），通过站点间的通信骨干网实现数据的处理。

BAS 系统基础设备物理上位于全线各车站、车辆段（含停车场）及区间隧道、中间风井等处。BAS 系统管理的设备繁多，根据 BAS 系统设备的工艺相关性，将互相之间有工艺联系的若干设备归在一起进行控制、管理，定义它们为 BAS 子系统（Subsystem），如：组合空调机组与风路上的风阀等；冷水机组与冷冻泵、冷却泵、蝶阀等。ISCS 对 BAS 设备高效可靠的监控管理面向有工艺相关性的若干 BAS 子系统，面向 BAS 子系统的监控可以高效率地实施对地铁乘客环境的实时控制，以及节能优化控制。

根据苏州轨道交通 2 号线的招标要求，设计院需提供下几个 BAS 子系统的模式表：

车站隧道通风系统、车站通风空调系统(包含大系统控制模式表和小系统控制模式表)、车站空调水系统及车站照明等。从系统控制的角度来看，这几类子系统间没有工艺上的联系与制约，各自的模式表也不相关。所以，初步将 ISCS 集成的 BAS 基础设备划分为下列六个 BAS 子系统。

(1)车站照明配电子系统。

① 站内各种类型照明设备(含逃生导向标志、应急照明、工作照明、节点照明、广告照明等);

② 区间隧道照明。

(2)车站通风空调子系统。

① 车站大系统(公共区域通风空调系统)。

② 车站小系统(值班及设备用房通风空调系统)。

(3)区间隧道通风系统子系统(仅在 OCC 管理)。

(4)车站空调水子系统。

(5)给排水子系统。

(6)屏蔽门系统。

登录到 ISCS 系统后，在子系统栏里点击“机电”进入设备监控界面。

BAS 系统监控的范围如图 8.2.5 所示。

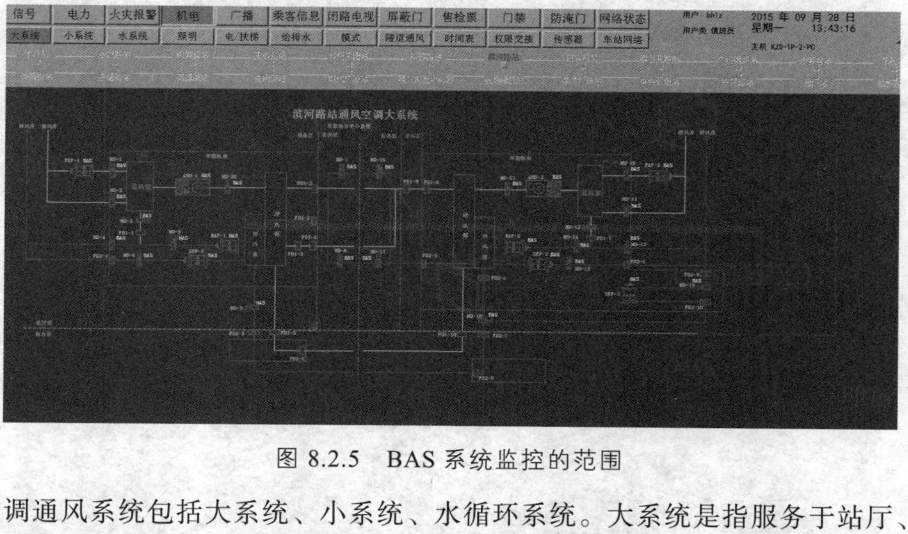

图 8.2.5　BAS 系统监控的范围

空调通风系统包括大系统、小系统、水循环系统。大系统是指服务于站厅、站台公共区(即乘客所处区域)的通风空调及防排烟系统，又称公共通风环控系统。车站大系统空调通风系统包括站厅层、站台层公共区的所有环控设备。小系统是指服务于设备、管理用房区(即工作人员及设备所处区域)的通风空调及防排烟系统。车站空调通风小系统是一套独立的系统。其运行方式比较简单，在正常运行时，送/排风是固定的，不随季节的变化而变化。当出现火情时，系统按照预定的灾害程序运行。水系统是指为大、小系统提供冷源的一套系统，对冷却泵来说，通常以冷凝器进水和回水间的温差控制。系统由冷冻水泵、冷却水泵、冷水机组、膨胀水箱、集水器、分水器、设备之间的连接管线和一些阀门组成。

【学习目标】

通过该情境的教学，使学生掌握 BAS 系统对空调通风系统的控制。

【任务描述】

如果想控制大、小系统的某个单独的空调设备，或是想查看空调设备的运行状态，或是监控水泵的运行，在进入 BAS 系统后，在功能栏里可以选择的“大系统”“小系统”“空调水系统”，可以对里面的电机设备进行单独操作。

【学习过程】

在登录 ISCS 系统后，点击“水系统”进入如图 8.2.6 所示的画面。

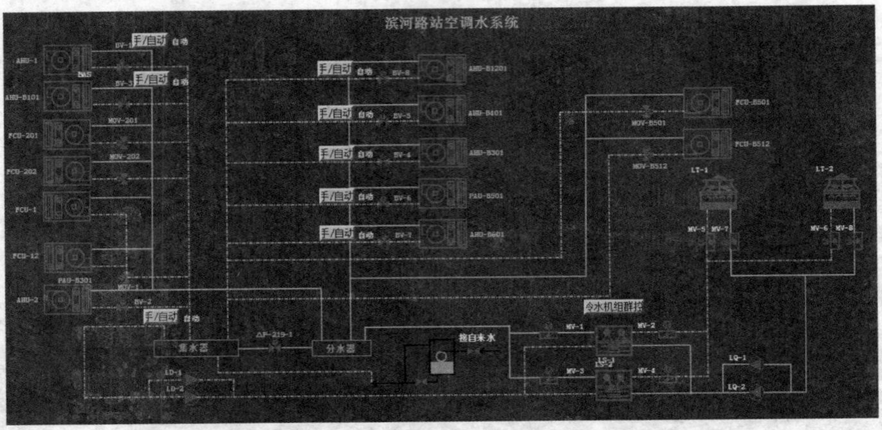

图 8.2.6　空调水系统画面

点击“大系统”或“小系统”可以进入如图 8.2.7 和图 8.2.8 所示的画面。

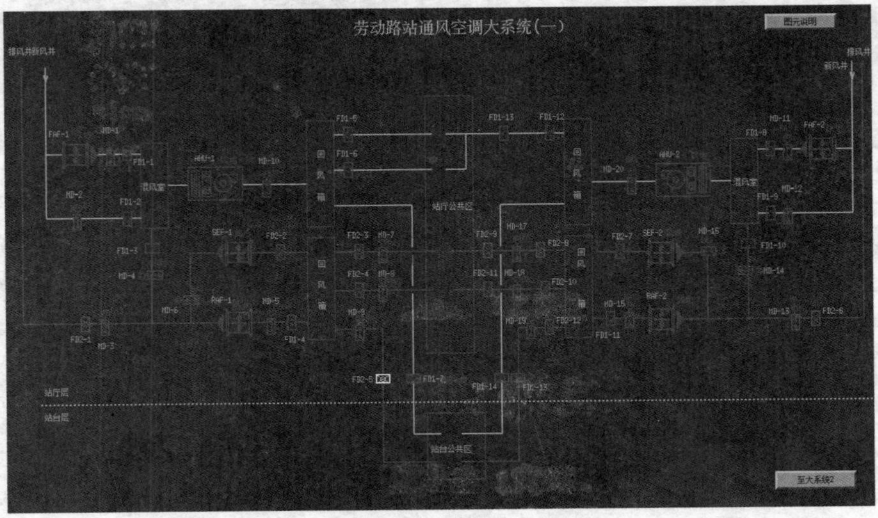

图 8.2.7　空调大系统画面

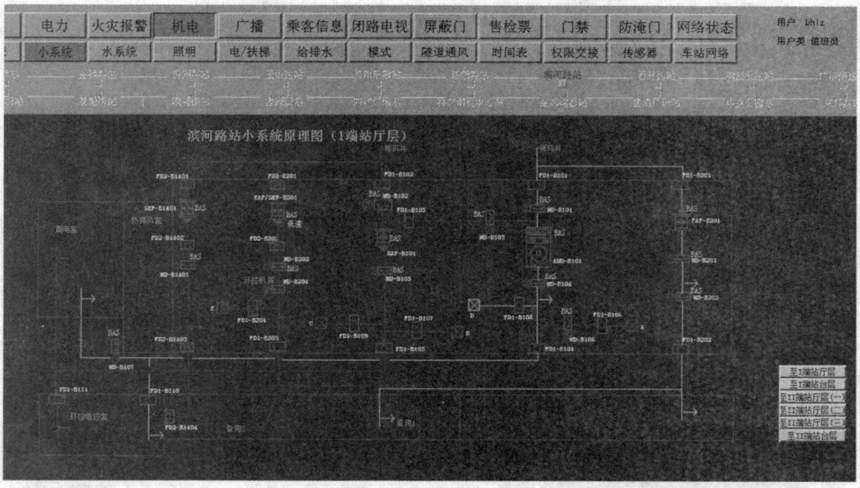

图 8.2.8 空调小系统画面

在空调大通风系统当中可以很直观地监测电机的运行状态，绿色部分的图标为运行状态，而蓝色图标为设备停运状态，也可以点击图标对某个具体的设备进行详细状态的查看和控制设备的运行。如图 8.2.9 所示，点击某个电机后就会弹出对话框。

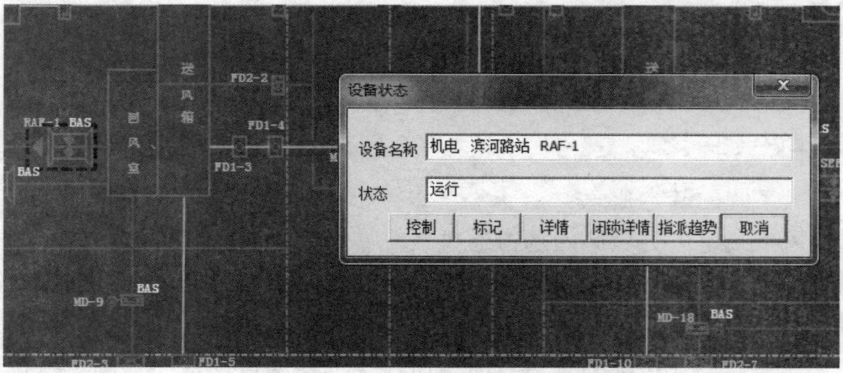

图 8.2.9 设备单独操作面板

点击“详情”可此查看此电机运行的详细情况，如图 8.2.10 所示。

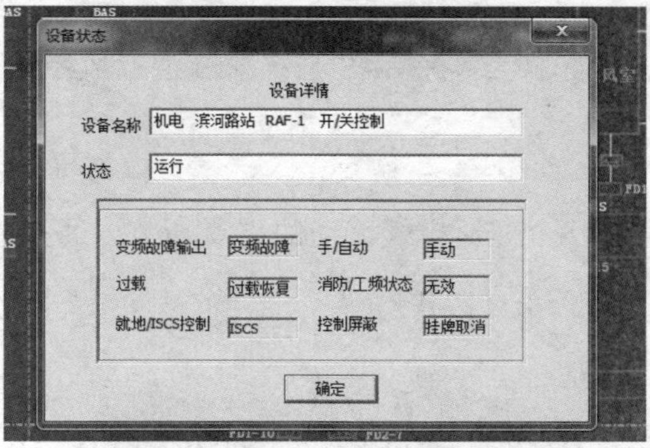

图 8.2.10 设备详情

在设备操作面板里点击“控制”按钮，便可以对设备单独地进行启停控制，如图 8.2.11 所示。

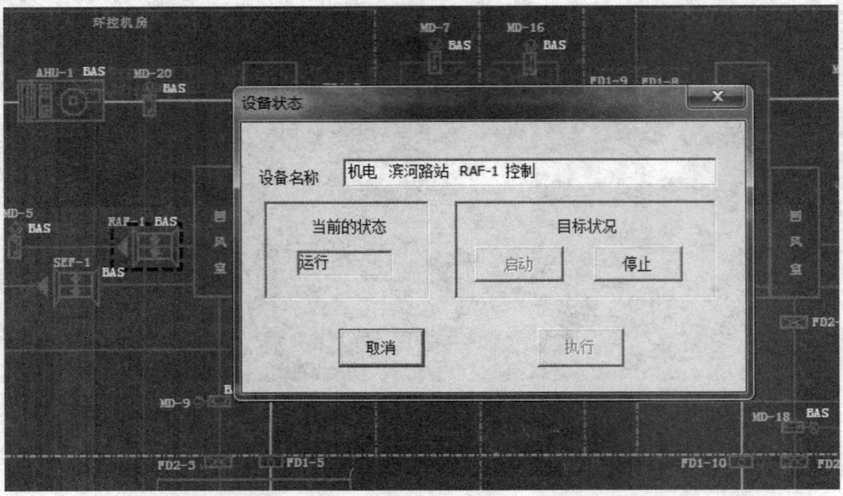

图 8.2.11 启停控制面板

工作任务二 BAS 系统对隧道通风系统的监控

【理论知识链接】

隧道通风系统的基本概念：

隧道通风系统可以分为区间隧道通风系统、车站隧道通风系统。区间隧道通风系统主要用于隧道的通风换气，在隧道中发生火灾，具有报警功能。区间隧道通风系统主要靠通风来降低隧道温度，一方面通过两端的事故风机在夜间列车停运时向隧道送风和排风，另一方面在白天列车运行时，所产生的活塞风由地面上的风亭排除区间内的空气和吸入外界较低温度的空气。

【学习目标】

通过该情境的教学，使学生掌握 BAS 系统对隧道通风系统的控制。

【任务描述】

隧道通风系统是控制整个隧道空气流动的重要环节，通过隧道通风系统将隧道里面的空气和外界进行交换。

【学习过程】

在功能选择栏里，点击“隧道通风系统”，进入如图 8.2.12 所示的界面。

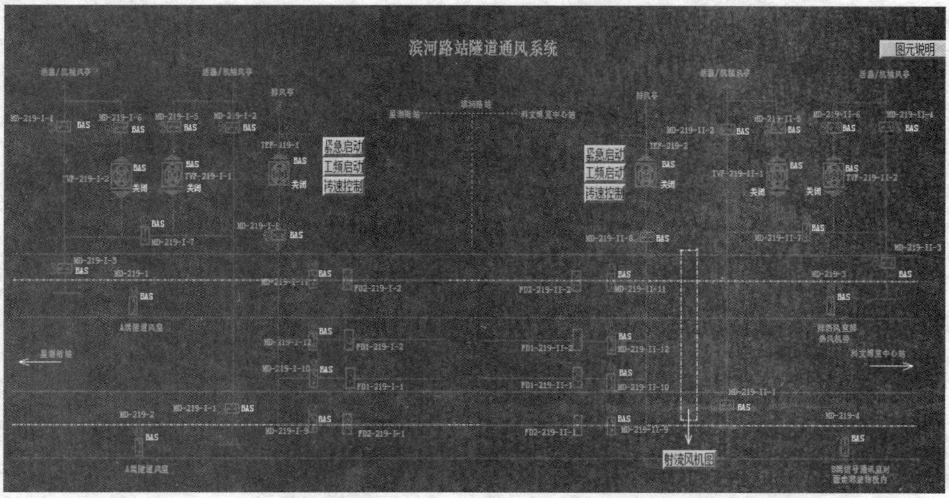

图 8.2.12　隧道通风画面

在主界面的右上角有“图元说明”，点击后进入图 8.2.13 所示的画面，每个图标的具体含义均有说明。

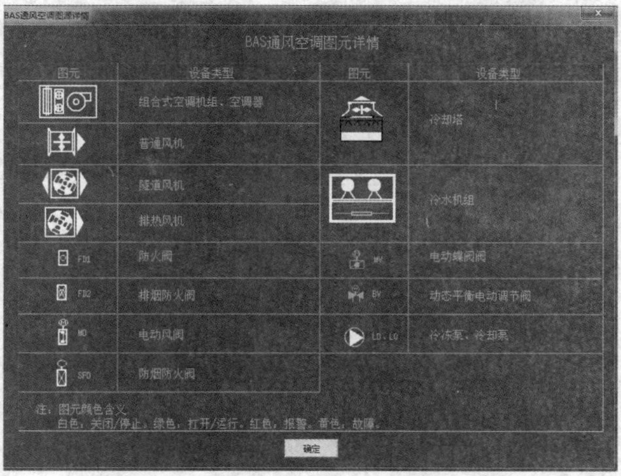

图 8.2.13　BAS 空调图元详情

隧道风机启停控制状态信息能够通过点击图标来进行显示和控制。具体操作和任务一当中的系统一致，不再叙述。

工作任务三　BAS 系统对照明系统的控制

【理论知识链接】

一、车站照明概念

车站照明系统采用 380 V 三相五线制、220 V 单相三线制方式供电。大致包含站台、站厅公共区域的一般照明、节电照明、事故照明、广告照明和设备及管理用房照明、出入口的疏散导向照明、电缆廊道照明。

二、照明控制位置及方法

车站照系统可以分为三级控制。

1. 就地级控制

各设备及管理用房进门处设有就地开关箱，可控制相应设备及管理用房的一般照明。

2. 照明配电室集中控制

照明配电室设有相应照明场所的照明配电箱，可在室内集中控制相应场所的一般照明、节电照明、事故照明及广告照明。

3. 站控室集中控制

站控室内设有一照明柜，通过柜面上的转换开关和按钮，可实现对站台、站厅公共区的一般照明、节电照明、广告照明的手动/自动转换盒人工控制（自动指 BAS 系统的控制）及区间隧道一般照明手动控制。

【学习目标】

通过该情境的教学，使学生掌握 BAS 系统对照明系统的控制。

【任务描述】

在机电设备监控系统 BAS 系统工作站上可监控站台、站厅公共区的一般照明、节电照明、广告照明的工作状态。

【学习过程】

点击功能栏里的“照明”进入如图 8.2.14 所示的界面。

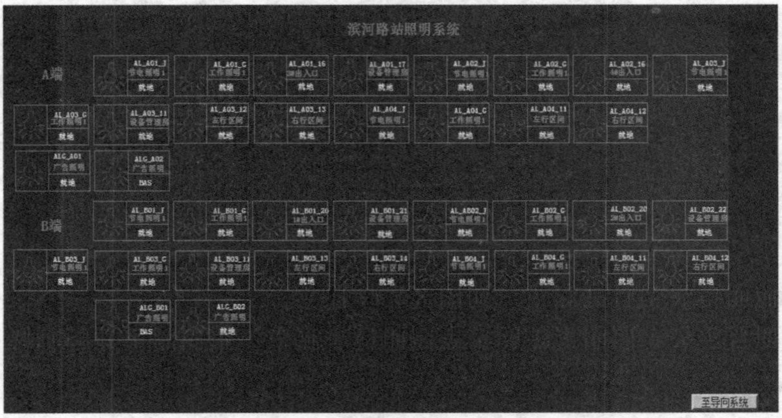

图 8.2.14　照明系统画面

监控画面显示各个照明系统的每个照明设备状态，当照明未开的时候显示灰色，而绿色显示照明设备为打开状态。如图 8.2.15 所示。

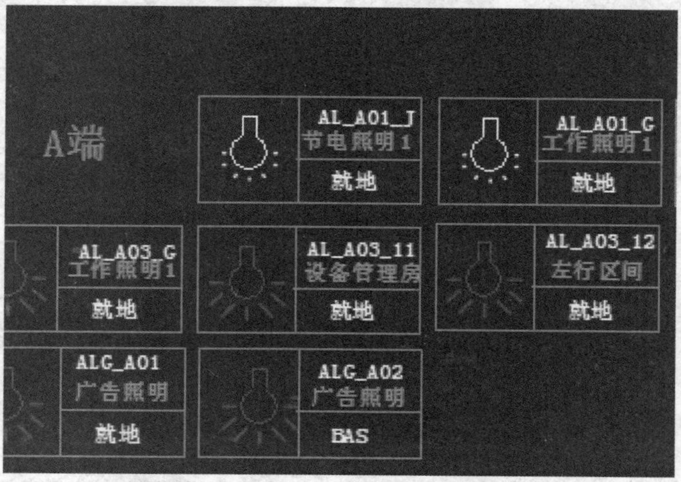

图 8.2.15　某照明设备的开停显示

为了控制某个具体的照明设备，点击某个照明图标，打开如图 8.2.16 所示的界面。

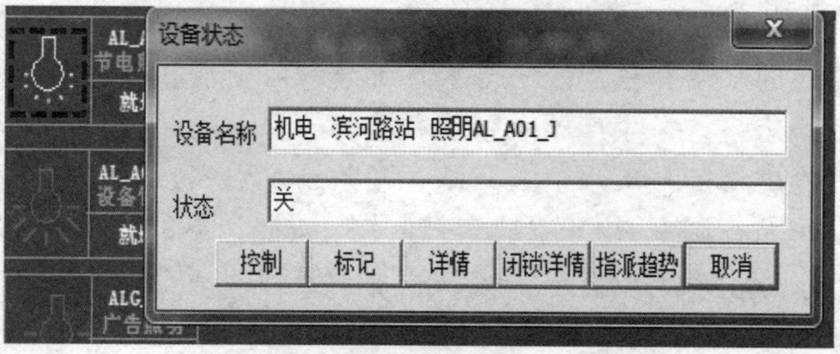

图 8.2.16　照明设备面板

点击“控制”按钮进入控制界面，照明设备的开关就可以远程进行控制了如图 8.2.17 所示。同时点击“详情”还能查看照明系统的详情。

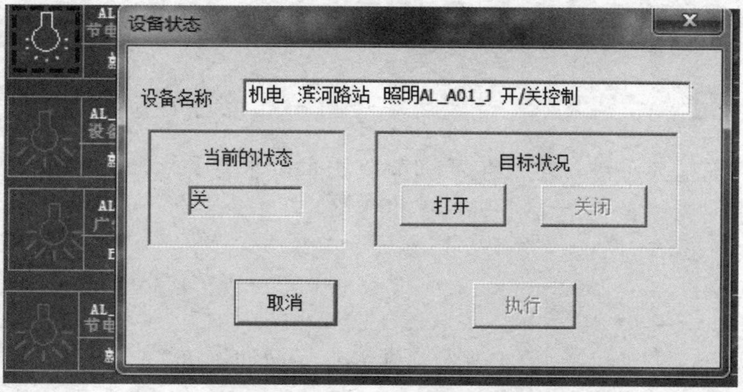

图 8.2.17　设备控制开关界面

在照明设备面板中点击“详情”，可以查看点击的开关状态，如图 8.2.18 所示。

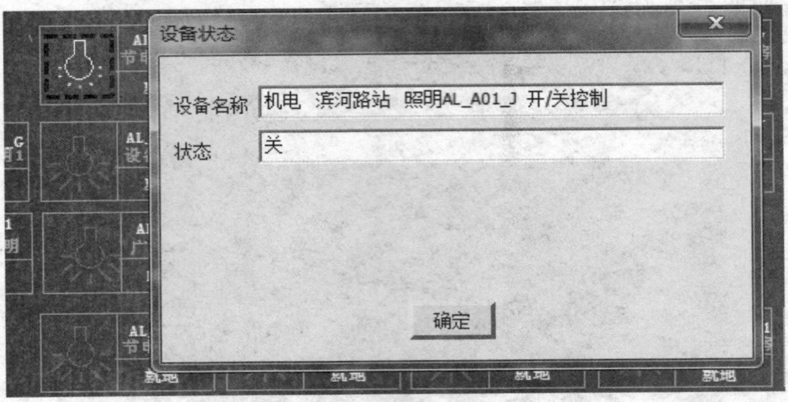

图 8.2.18　照明设备开关状态

工作任务四　BAS 系统对给排水系统的监控

【理论知识链接】

城市轨道交通的车站和车辆段给排水系统分别由给水和排水系统两部分组成。给水系统包括生活给水系统、生产给水系统和消防给水系统，在车站两端的风亭处，分别用两条给水管将城市的自来水引入车站。两条给水引入管上的电动阀及隧道两端的消防电动蝶阀由车站控制室 BAS 系统实行监控，按照消防的要求，车站两条与市政供水管网连接的引水管上应该设有电动蝶阀和手动蝶阀，平时电动蝶阀关闭，一旦发生火灾，BAS 系统开启电动蝶阀，以保证消防水压和水量。排水系统则包括污水系统、废水系统和雨水系统。

【学习目标】

通过该情境的教学，使学生掌握 BAS 系统对给排水系统的控制。

【任务描述】

给排水系统是为了满足生产生活和消防用水对水量和水质的要求，保证车站和车辆段排水畅通，为轨道交通安全运营提供服务。

【学习过程】

在功能栏里点击“给排水”，进入给排水主界面如图 8.2.19 所示。给排水界面显示了各个排水设备的编号及状态和位置信息，在状态栏下，绿色的图标说明设备正在运行状态，位置信息对应了每个水泵设备所在的位置。

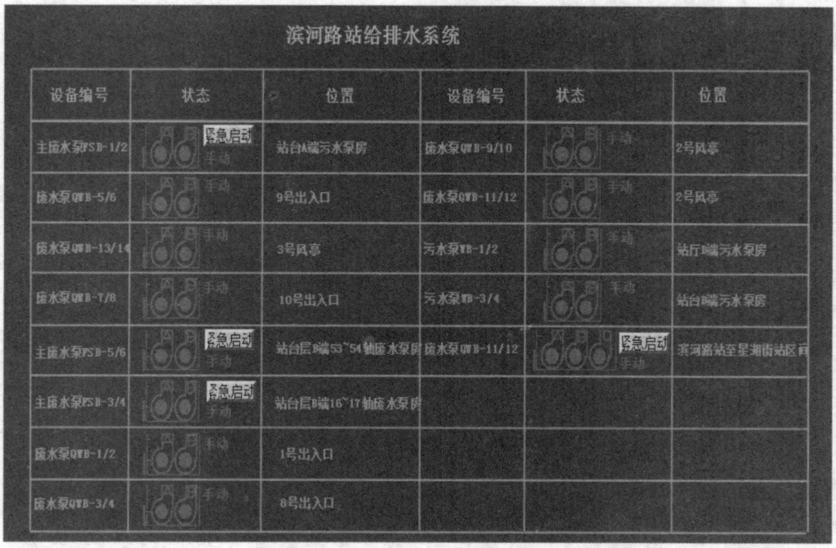

图 8.2.19　给排水系统

点击状态下的设备图标便可查看水泵的具体详情，如图 8.2.20 所示。

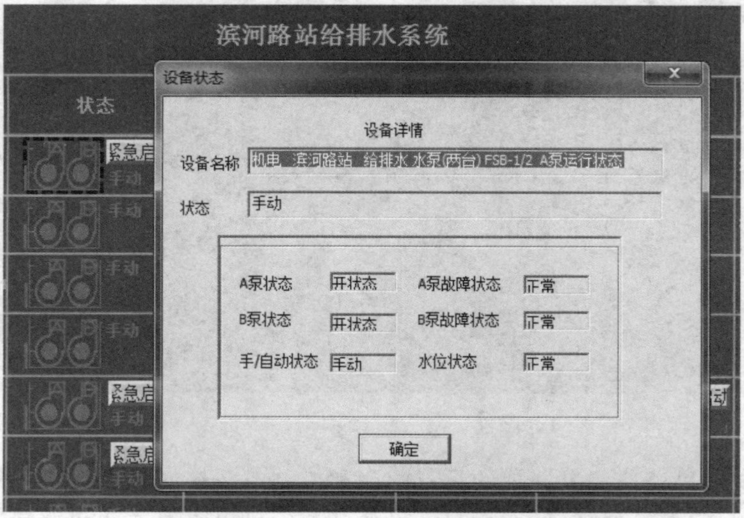

图 8.2.20　给排水系统单个设备状态图

工作任务五　BAS 系统对电扶梯系统的监控

【理论知识链接】

电梯系统由液压梯、自动扶梯及楼梯升降机组成，是城市轨道交通系统的一个重要组成部分，它每天担负着运送大量客流的任务，其对客流的及时疏散起到至关重要的作用。城市轨道交通系统配置液压梯、自动扶梯及楼梯升降机的基本原则是：站台至站厅间根据车站远期客流设置上下行自动扶梯；出入口过街隧道根据人流量设置上、下行或上行自动扶梯；当提升高度达到 6 m 以上时，设上、下行自动扶梯，以保证人流的疏散和服务质量；车站内还设置残疾人液压梯和楼梯升降机，以满足残疾人等特殊人群的需求。

【学习目标】

通过该情境的教学，使学生掌握 BAS 系统对电扶梯系统的控制。

【任务描述】

电扶梯系统是城市轨道交通的人口疏散的关键设备，BAS 系统上设置了对电扶梯系统的控制功能。

【学习过程】

在功能栏里点击“电扶梯”，进入电扶梯监控主界面，如图 8.2.21 所示。

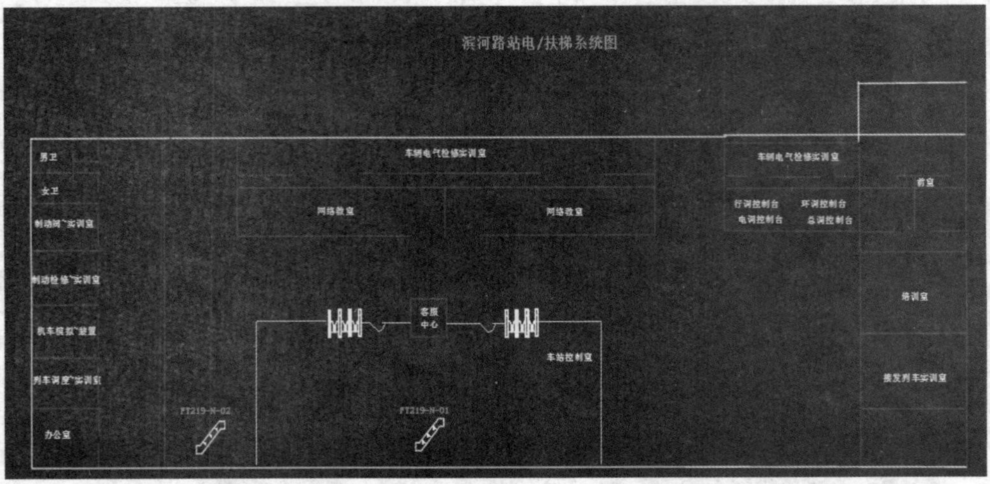

图 8.2.21　电扶梯系统界面

通过系统图可以监测电扶梯的运行画面和控制电扶梯的运行，白色为停止状态，绿色为运行状态。点击扶梯的图标显示设备状态，可以查看详情和控制电扶梯的运行停止，如图 8.2.22 所示。

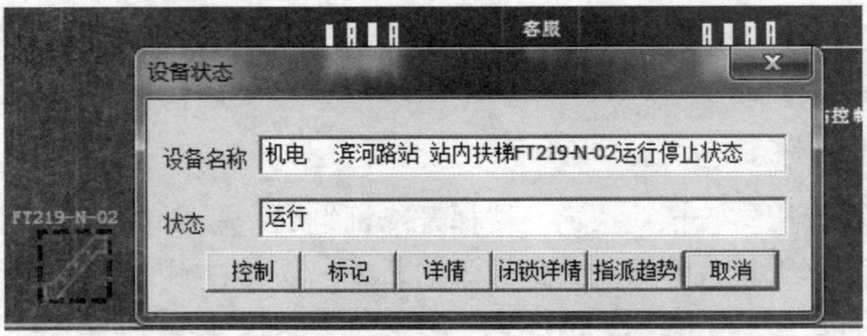

图 8.2.22　电扶梯系统的设备面板

在图 8.2.22 的画面当中可以查看详情和控制电扶梯。点击详情后，界面如图 8.2.23 所示。

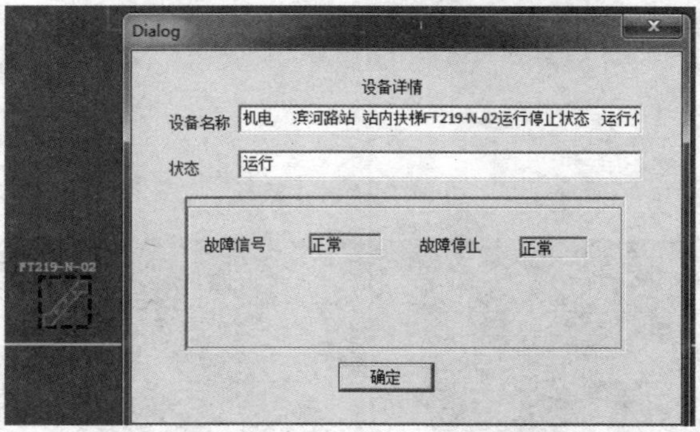

图 8.2.23　电扶梯运行详情

点击“控制”后，如界面图 8.2.24 所示。在界面里可以启动和停止电扶梯的运行。

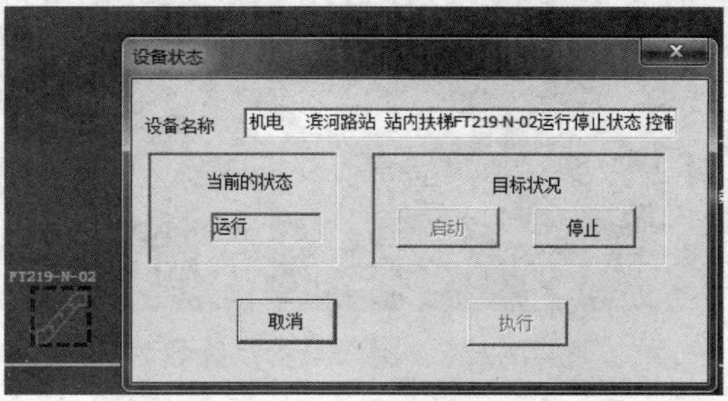

图 8.2.24　电扶梯控制面板

工作任务六　BAS 系统对屏蔽门系统的监控

【理论知识链接】

屏蔽门系统是安装于城市轨道交通沿线车站站台边缘，将车站站台区域与轨道区域隔离开来，用以提高运营安全系数、改善乘客候车环境、节约成本的一套机电一体化的机电设备。屏蔽门系统控制模式有系统级、站台级和人工操作 3 种正常控制模式。系统级控制即执行信号系统命令的控制模式；站台级控制即执行站台 PSL 操作盘发出命令的控制模式；人工操作即站台工作人员在站台侧用专用钥匙解锁或由乘客在轨道侧推动解锁装置打开滑动门。此外，屏蔽门系统还设置有火灾控制模式，即在相应的火灾模式下，车站值班人员在车站控制室操作消防联动盘操作屏蔽门紧急控制开关，配合打开滑动门，疏散乘客和配合环控系统排烟。

【学习目标】

通过该情境的教学，使学生掌握 BAS 系统对屏蔽门系统的控制。

【任务描述】

屏蔽门系统作为站台公共区与轨道列车之间的可控通道，工作人员可以通过 BAS 系统对其进行监控操作。

【学习过程】

在子系统栏里点击“屏蔽门”进入屏蔽门系统，如图 8.2.25 所示。

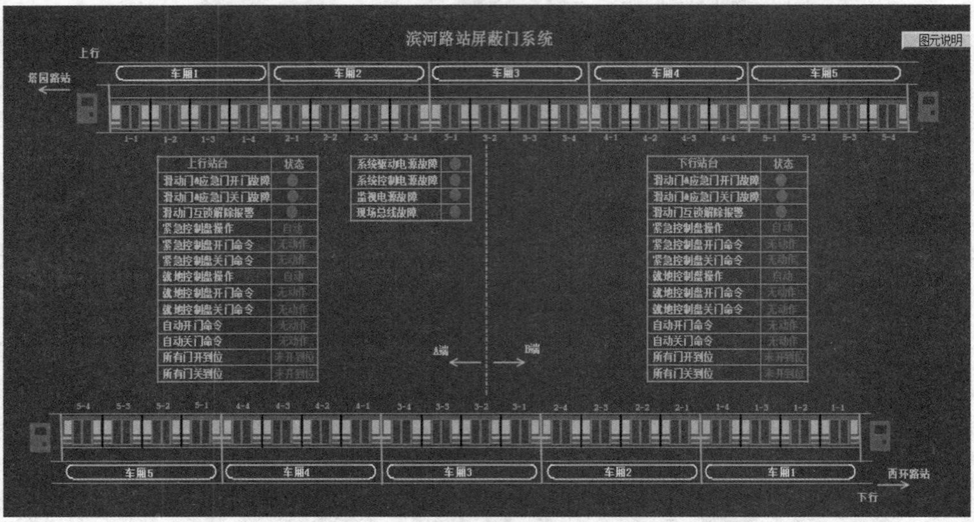

图 8.2.25　车站屏蔽门系统画面

在“图元说明”里可以查看各个图标的具体含义，如图 8.2.26 所示。

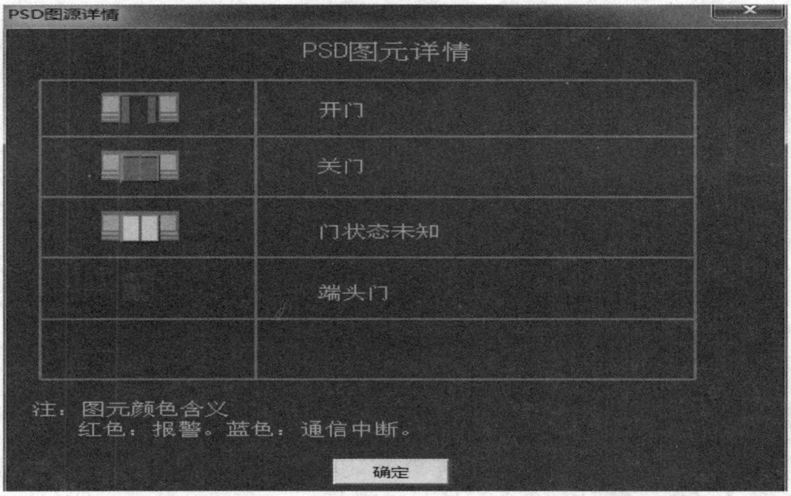

图 8.2.26　PSD 图元详情

点击屏蔽门图标可以查看各个屏蔽门的状态，如图 8.2.27 所示。图 8.2.27 中的界面可以看出屏蔽门是否处于开关状态，确认屏蔽门的模式状态等。

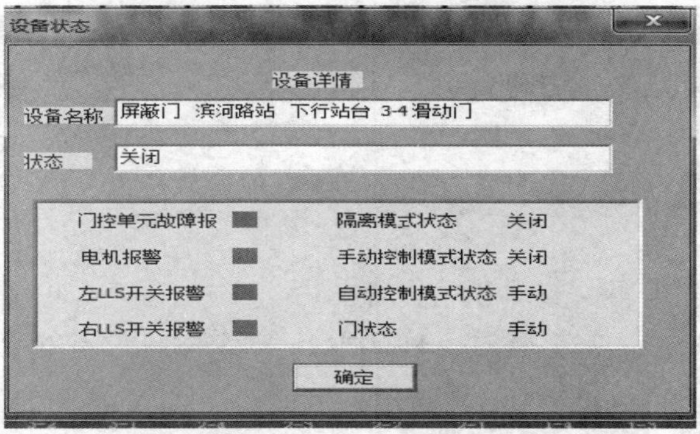

图 8.2.27 屏蔽门的状态信息

【知识拓展】

地铁狭义上指以地下运行为主的城市铁路系统或捷运系统，但在广义上，由于许多此类的系统为了配合建筑的环境，可能也会有地面化的路段存在，因此通常涵盖了都市地区各种地下与地面上的高密度交通运输系统。现代城市尤其在一线大城市，人口众多，地面车辆过量等问题导致交通拥堵，环境污染严重，给大家的出行带来了很大的不方便。地铁具有高速、安全、准时、载客量大的独特优势，是现代城市解决交通拥堵、降低污染的有效手段，随着人们生活、工作节奏的不断加快，地铁逐渐成为人们出行优先选择的交通工具。近年来，我国很多二线城市由于人口的猛增也相继开始修建地铁。在地铁给乘客带来更快捷出行速度的同时，人们也对地铁的舒适性提出了更高的要求。

现代都市交通运输十分拥塞，且人们的行程安排日益紧张，所以大众普遍要求，搭乘时等车时间不能太长。为此，列车的运行间隔被设定 10 min 以下。北京地铁 1 号线高峰时最小发车间隔为 2 min 15 s，2 号线在高峰期最小发车间隔为 2 min。世界大部分的地铁交通线路，从早晨 4 点营运到晚上 12 点，通常于早晨 4 点至 7 点发首班车，晚上 10 点至凌晨 1 点发末班车。有少数例外，美国芝加哥和美国纽约为 24 小时运营。而北京地铁 10 号线开往巴沟方向的运营时间为凌晨 5 点 53 分至晚上 11 点 13 分，开往劲松方向的运营时间为凌晨 5 点 5 分至晚上 10 点 25 分。

环境与设备监控系统应用了通信、计算机、工业控制、软件技术、网络等科学技术，是以现代技术改造传统技术和传统控制的一门新兴科学。对电梯系统设备、通风空调、给排水系统设备、导向系统、动力照明和低压配电等车站系统和设备进行高效、全方位的自动监管，并对设备运行状态和启停、环境参数检测及节能管理、进行程序监视，以确保线上所有设备均处在高效、节能、安全、可靠的状态，提高系统运行效率。当列车阻塞或发生火灾时，启动预设的紧急或灾害模式，更好地协调车站设备的运行，充分发挥各种设备应有的作用，保证乘客的安全和设备的正常运行，改善地铁环境的舒适度，提高地铁自动化运行的水平，起到安全、可靠、节能的作用。

地铁环境中，各种设备分布零散，布置区域较广，这种现状刚好与现代工业控制思想的核心“分散控制、集中监控”相适应，如何发挥BAS系统的有效作用，关键在于合理的设计与选型，从而达到安全、可靠、节能的目的，满足人们对地铁自动化控制越来越高的要求。

【案例展示】

BAS系统时间表编辑、查看相关内容如下。

苏州地铁2号线在正常运营时，每日所有BAS系统设备的启停等控制由BAS系统时间表功能实现。

苏州地铁2号线为每个车站提供了最多10张的时间表。BAS系统时间表功能允许有权限的操作员编辑每个车站的BAS系统时间表，并可进行时间表下发操作。时间表的编辑和下发功能只能在中心级BAS系统实现。车站级BAS系统可以查看本站10张时间表的内容及相关设置。

① 时间表功能包括许多组成部件。

② 对时间表进行改名、删除和编辑的工具。

③ 管理各站时间表下发的工具；

管理全线共用时间表的工具。

这些管理工具可以从时间表管理的主画面点击进入，如图8.1.28所示。

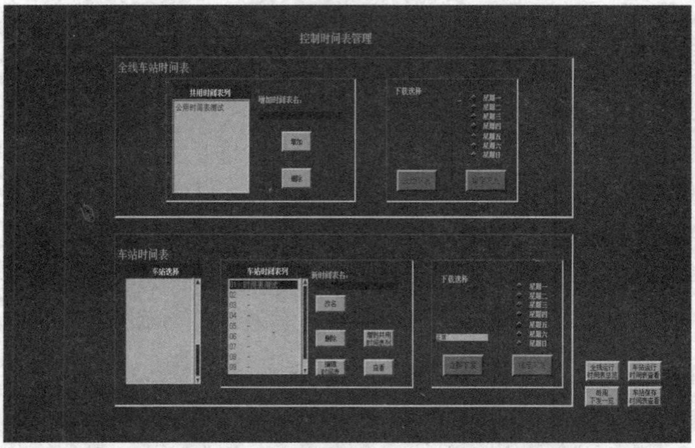

图8.1.28　BAS系统时间表管理主界面

编辑好的时间表可以被操作员保存以及下发。

时间表的保存是指：操作员点击画面中的保存按钮后，BAS系统会自动把当前编辑的时间表内容保存在对应车站的服务器中，供后续的调阅、编辑和下发所用。

时间表的下发是指：BAS系统拥有“立即下发”和“排定下发”两种方式的下发功能，操作员点击“立即下发”按钮（或者系统在“排定下发”定义的那天）时，BAS系统会把该时间表从对应的车站服务器找到，并通过FEP下发到BAS系统的主PLC控制器中，BAS系统的主PLC控制器收到该时间表后，将立即执行。

需要注意的是，BAS系统主PLC间在下发/读回过程中仅使用一张完整的时间表。

每个车站的 BAS 系统主 PLC 控制器将保持住下发的最新一张时间表，并执行最新的时间表。

苏州地铁 2 号线每个车站的 10 张 BAS 系统时间表全部保存在车站服务器，操作员对时间表“改名”“编辑”的信息会被实时地保存到车站 ISCS 服务器。

BAS 系统仅允许中心 BAS 系统进行时间表内容的编辑、进行时间表名的修改，系统内允许为每个车站编辑最多 10 张的时间表，每张时间表内最多允许 40 个模式号。

时间表内各个 BAS 子系统允许选择的模式号由设计院的程序表决定，每个 BAS 子系统内同一时间内只允许运行一个模式号。从“时间表管理”画面中先选择车站及对应的时间表，然后点击【编辑】按钮进入时间表的编辑画面如图 8.1.29 所示。

时间表的编辑画面如下图所示，允许操作员按 BAS 子系统分别编辑时间表。

操作员首先要选择子系统，然后在下面的 模式 栏中会列出该子系统内允许使用的所有模式号；操作员选择模式号，再选择一个时间（ 0 : 0 ），然后点击【添加】按钮，对应的模式号与设定时间将出现在 时间表内容 栏内。依此方法编辑所有 BAS 子系统的时间表内容完成后，点击【确认保存】按钮，系统将保存（保存至车站 ISCS 服务器）所编辑的内容，同时该时间表的版本号自动加 1。

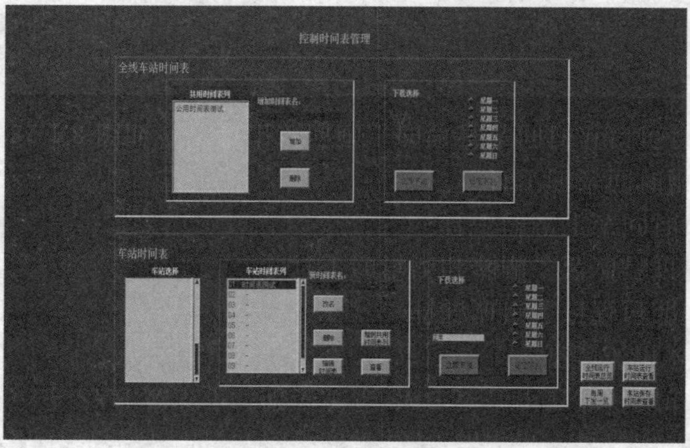

图 8.1.29　BAS 系统时间表管理画面

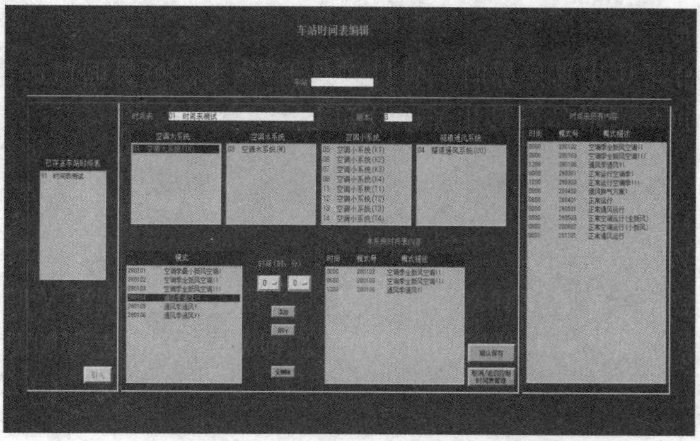

图 8.1.30　BAS 系统时间编辑表画面

在实际运营中，经常需要在现有时间表的基础上修改部分内容生成另一张新的时间表，苏州地铁 2 号线 BAS 系统软件提供了时间表“引入”编辑的功能。操作员在“时间表管理”画面中新建一张时间表，进入编辑状态，在 已存在车站时间表 栏中选择某个已有的时间表，然后点击 引入 按钮，系统则在 时间表内容 栏内显示该时间表的内容；操作员可以根据需要在此基础上做部分的修改，点击【确认保存】按钮，系统将保存（保存至车站 ISCS 服务器）所编辑的内容，同时该时间表的版本号自动加 1。

中心级的时间表“保存”指令，发送给车站服务器，车站服务器根据指令将操作员所编辑的时间表内容保存起来。同时，系统将在事件列表中记录操作员对时间表修改后的“保存”操作事件。

中心或车站的操作员可以查看本站保存的所有 10 张时间表的内容，画面如图 8.1.31 所示。

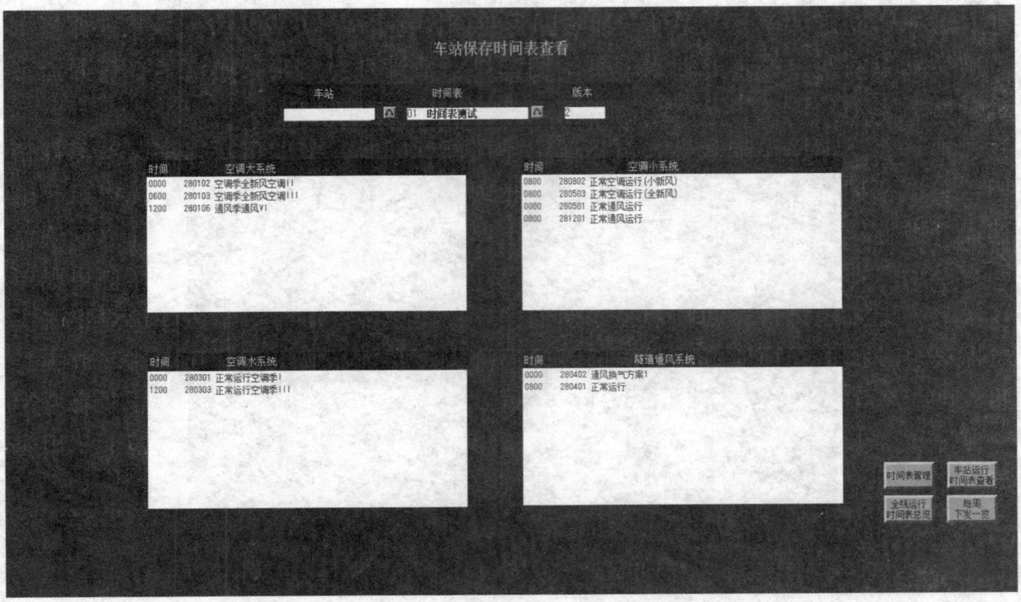

图 8.1.31　BAS 系统时间查看表画面

需要注意的是，如果某个车站的服务器从骨干网离线（所有的网络连接全部断开），那么中心级的操作员则无法查看、编辑该站所有的时间表。

【学习评估】

一、复习思考题

（1）简述 BAS 系统监控的内容。

（2）简述 BAS 系统的构成。

二、技能操作

通过 BAS 系统进入空调小系统，观察其控制范围和每个设备的控制属性。

任务二
机电设备监控系统的运行管理

任务二　机电设备监控系统的运行管理的相关内容请扫码观看

参考文献

[1] 上海申通地铁集团有限公司轨道交通培训中心. 城市轨道交通自动售检票系统[M]. 北京：中国铁道出版社，2012.

[2] 赵时旻. 轨道交通自动售检票系统[M]. 上海：同济大学出版社，2007.

[3] 上海申通地铁集团有限公司轨道交通培训中心. 城市轨道交通车站机电设备[M]. 北京：中国铁道出版社，2013.

[4] 上海申通地铁集团有限公司轨道交通培训中心. 城市轨道交通车站消防系统[M]. 北京：中国铁道出版社，2012.

[5] 张新宇，王越，王旭伟，等. 城市轨道交通设备管理[M]. 北京：人民交通出版社，2013.

[6] 张莹，吴冰. 城市轨道交通车站设备[M]. 北京：电子工业出版社，2011.

[7] 仇海兵. 城市轨道交通车站设备[M]. 北京：人民交通出版社，2010.

[8] 林瑜筠. 城市轨道交通运输设备[M]. 北京：中国铁道出版社，2010.

[9] 刘婉玲. 城市轨道交通运输设备[M]. 成都：西南交通大学出版社，2010.

[10] 陈兴华. 地铁设备监理[M]. 北京：中国铁道出版社，2007.

[11] 铁道部第二勘测设计院.地铁工程设计指南[M]. 北京：中国铁道出版社，2006.

[12] 冯炼. 地铁屏蔽门的环境控制效果研究. 西南交通大学学报，2002.

[13] 孙增田. 屏蔽门系统在地铁中的应用前景[J]. 都市快轨交通，2005.

[14] 李国庆，张春生. 城市轨道交通发展中的屏蔽门创新，2007.

[15] 刘承东. 屏蔽门系统在地铁中的应用[J]. 城市轨道交通研究，2000.

[16] 朱颖心. 地铁系统环控方案分析[J]. 地铁与轻轨，1991.

[17] 王珩. 浅谈地铁屏蔽门电气控制系统[J]. 地铁与轻轨，2003.

[18] 周悦. 上海市轨道交通车站应急照明系统改进方案及其分析[J]. 城市轨道交通研究